筋膜训练

改善灵活性、提升运动表现、促进恢复的科学训练指南

[英] 埃斯特尔·阿尔比尼（Ester Albini） 著

汪敏加 叶正扬 译

MYOFASCIAL TRAINING

Intelligent Movement for Mobility,
Performance, and Recovery

人民邮电出版社
北京

图书在版编目（CIP）数据

筋膜训练：改善灵活性、提升运动表现、促进恢复的科学训练指南 /（英）埃斯特尔·阿尔比尼（Ester Albini）著；汪敏加，叶正扬译. -- 北京：人民邮电出版社，2025.10
ISBN 978-7-115-57182-3

Ⅰ. ①筋… Ⅱ. ①埃… ②汪… ③叶… Ⅲ. ①健身运动－运动训练－指南 Ⅳ. ①G883.2-62

中国版本图书馆CIP数据核字(2022)第037655号

免责声明

本书内容旨在为大众提供有用的信息。所有材料（包括文本、图形和图像）仅供参考，不能用于对特定疾病或症状的医疗诊断、建议或治疗。所有读者在针对任何一般性或特定的健康问题开始某项锻炼之前，均应向专业的医疗保健机构或医生进行咨询。作者和出版商都已尽可能确保本书技术上的准确性以及合理性，且并不特别推崇任何治疗方法、方案、建议或本书中的其他信息，并特别声明，不会承担由于使用本出版物中的材料而遭受的任何损伤所直接或间接产生的与个人或团体相关的一切责任、损失或风险。

内 容 提 要

筋膜在运动中起着至关重要的作用。本书通过 9 章内容系统阐述了筋膜的概念及其训练方法，以帮助练习者针对不同目的开展有效的筋膜训练。本书从什么是筋膜讲起，进而讲解了人体的肌筋膜线、筋膜释放，在此基础上从感受、灵活性、拉伸、能量和释放五大策略入手，提供了丰富的训练动作，最后，本书提供了具有针对性的训练方案，以达到帮助练习者改善筋膜功能的目的。本书不仅用通俗易懂的语言阐释了筋膜的理论知识，还利用图文结合的形式介绍了丰富的训练方案，适合教练、运动员及普通健身爱好者阅读。

◆ 著　　　　[英] 埃斯特尔·阿尔比尼（Ester Albini）
　　译　　　　汪敏加　叶正扬
　　责任编辑　林振英
　　责任印制　周昇亮

◆ 人民邮电出版社出版发行　　北京市丰台区成寿寺路 11 号
　　邮编　100164　　电子邮件　315@ptpress.com.cn
　　网址　https://www.ptpress.com.cn
　　北京九天鸿程印刷有限责任公司印刷

◆ 开本：700×1000　1/16
　　印张：19.5　　　　　　　　2025 年 10 月第 1 版
　　字数：389 千字　　　　　　2025 年 10 月北京第 1 次印刷
　　著作权合同登记号　图字：01-2020-5579 号

定价：148.00 元
读者服务热线：(010)81055296　印装质量热线：(010)81055316
反盗版热线：(010)81055315

目录

致谢

我们每个人都有一双翅膀，但只有那些有梦想的人才能学会飞翔。
吉姆·莫里森（Jim Morrison）

我乘着梦想的翅膀在天空翱翔，这样我就能离您更近一些，爸爸。

我也用我的力量和爆发力让你在天空翱翔，吉吉（Gigi）。

我将继续为每一个相信过我并将继续相信我的人展翅高飞。

非常感谢……我永远不会厌倦飞行。

对于雅各布（Jacob）和妮科尔（Nicole）：我最希望的就是你们能展翅自由飞翔。

吉多（Guido）是我的飞行员和飞行伙伴，他一直在我身边，指引我回到正确的道路：我喜欢和你一起飞行到神奇的、未知的地方，一起穿越风暴。唯一重要的是你在我身边，愿我们的旅程永不结束。

感谢我忠实的学生，他们多年来一直追随我：乌戈（Ugo）、洛雷达纳（Loredana）、伊莎贝拉（Isabella）、西蒙娜（Simona）、诺韦拉（Novella）、贝妮代塔（Benedetta）、葆拉（Paola）、安娜（Anna）、苏西（Susi）、克里斯蒂娜（Cristina）、伊娃（Iva）、西尔维娅（Silvia）、卢瓦纳（Luana）、莫妮卡（Monica）、弗朗西丝卡（Francesca）、瓦莱里娅（Valeria）、安东内拉（Antonella）、焦万纳（Giovanna）、伊尔丝（Ilse）、萨拉（Sara）和吉吉。我非常感谢你们，因为你们是我旅程的一部分。

感谢我训练课程的粉丝：诺拉（Nora）、伊莎贝拉、安东涅塔（Antonietta）、米米（Mimi）、劳拉（Laura）、卡门（Carmen）、安娜、吉塞拉（Gisela）、萨比娜（Sabina）、乔瓦娜、埃琳娜（Elena）、安东内拉、米凯拉（Michela）、阿涅塞（Agnese）、保罗（Paolo）、丹妮拉（Daniela），以及所有追随我的人。

感谢我的好朋友杰基·克洛斯纳（Jacky Klossner），他虽然离我很远，但我们总是感觉很亲近。

至于卡琳·洛克（Karin Locher），她让我看到了一个关于我自己的迷人世界，我从心底感谢她。

最后，感谢伊莱卡（Elika），她一直耐心地等待我的书出版。

序言

FReE：筋膜释放

FReE（Fascial Real Emotion，筋膜释放）不仅是一种运动，还是能够改变你每天所穿"筋膜"衣服的关键：你会立刻感到自己变得更年轻了，身体变得更柔软、更有活力了。不是昨天，也不是明天，现在正是改变的时候，你还在等什么？

在本书中，我将从简单的动作开始，提供循序渐进的指导。为了做出改变，你必须认真承诺自己会将这些练习付诸实践，并听从我的建议；否则你不会看到预期的结果。

本书提供的练习很容易做，并且会对筋膜产生显著的影响，但坚持每天重复练习可能具有挑战性。如果你为自己设置一个目标，并付诸实践，你就会看到效果。摆脱你的旧习惯，你将达到新的高度！

打开智能运动的新钥匙

纵观我30年来的经验，我的目标一直是让人们感觉自己身心状态良好，因为身与心是息息相关、不可分割的整体。这就是为什么我一直致力于提升自己对人体运动各个方面的理解。

我曾在莱美、锐步、极地和瑞士的Airex BeBalanced（功能性训练机构）担任讲师多年，也做过健身教练和私人教练，并且已经获得了包括姿势学（Bricot, Mézierès）、普拉提（Polestar, Balance Body, Fletcher, Hermann, Locher）、功能方法、壶铃训练（伦敦，国际壶铃和健身联盟）等的资格证书。每隔一年，我就会去美国参加培训，以提高我的健身技能水平。我学习的每一门课程都为我的专业技能和训练增添了新的内容。基于以上经历，我积累了越来越多的资源、方法和经验。

多亏了托马斯·迈尔斯（Thomas Myers）的一本书，我第一次了解到肌筋膜这个概念。说实话，当时我不太理解它的大部分内容，但我喜欢它。事情一旦发生，就有其必然性，这是真的！我决定跟着直觉走。

我开始辗转多地，参加托马斯·迈尔斯（美国、瑞士、德国、荷兰）、米霍尔·达尔科特（Michol Dalcourt）（美国和荷兰）、罗伯特·施莱普（Robert Schleip）（德国）和卡琳·洛彻（英国和瑞士）开办的课程。当然，每个学科的知识都需要时间来吸收、感受、感知和应用。我小心翼翼地进入了肌筋膜世界，用经典的意大利式欢乐和轻松的心情逐渐了解它，最重要的是，它成了我生活中的一部分。

一个平常的下午，我意识到自己身上发生了一些事情；我第一次感觉到自己发生了改变，我对自己的感觉也不一样了。总之，我自由了。

这就是FReE这个名字的由来，它用一个缩写词解释了肌筋膜训练的真正意义。通过对身体进行更深入的研究，我们可以理解通常被忽略的事情。通过感知我的身体并尝试一种新的使用方法，我发现了我所做的事情背后的意义，并意识到我打开了通往运动的新世界的大门（本书中的很多动作都只针对身体的一侧进行了描述，类似的动作也要用在身体的另一侧）。

欢迎来到FReE的世界。感受阅读的快乐！

一起来体验FReE!

埃斯特尔·阿尔比尼

什么是筋膜

1.1　筋膜和筋膜系统

1.1.1　背景

我们可以将筋膜想象成清晨挂满露珠的蜘蛛网。

它是身体中的一张网。如果你能看穿人体最外层的皮肤，你会看到筋膜是贴身的、白色的，它非常轻薄，从头到脚覆盖着整个身体。

当我让人们说出他们第一时间想到的人体的解剖图像时，大家谈到的往往是骨骼、肌肉和内脏。几乎没有人能想象出一个几乎透明的系统，即筋膜，这个系统近年来引起了运动治疗师、整骨医师和手法治疗师的注意。

为什么人们会缺乏这种想象呢？

答案之一在于"解剖"（anatomy）这个词的起源。它来源于希腊文ανατομή，意思是"解剖"。这个词源解释了我们是如何写出如此详细的解剖学图书，以及如何获得现今关于人体结构的概念：通过解剖尸体。

回望过去，解剖尸体是最早的解剖学家对人体进行探索性研究的唯一方法。事实上，包括意大利的莱奥纳尔多·达芬奇（Leonardo da Vinci）在内的解剖学家的工作，是人体研究的重要基础，他们的发现影响了我们数个世纪以来的信念。当时，这类研究所需的工具还没有发明出来，手术刀和其他精密仪器是在很久之后才出现的。

因此，解剖是为了更好地了解人体。不幸的是，这些先驱者将人体组织之间的所有东西都切分开来，而没有关注筋膜组织，无意中忽略了它的重要作用。结果，几个世纪以来，人体的概念已经与这种划分联系在一起，即认为各种系统是独立的实体，几乎每一本解剖学课本中都是这样介绍的。几个世纪以来，我们一直专注于研究人体各个独立的部分，却从未意识到它们只有在一个统一的系统里不断地相互合作，才能发挥作用。我的观点是，就像生活的其他方面一样，我们倾向于先关注大的事情，然后关注小的事情；但是，尽管它们很小，它们也同样重要。

1.1.2　筋膜的定义

筋膜造就了人体，由结缔组织构成。结缔组织，简单来说就是所有能够结合和连接人体组织的东西。

我们可以把筋膜想象成一个紧密的半透明的网。它把人体包裹起来，将人体从头到脚地连接起来，并且充当一个外部神经系统，对感觉和机械刺激进行处理与反应。

筋膜组织遍布全身，包围并渗透血管、神经、器官、脑膜、骨骼和肌肉，与它们相互作用，在不同的深度形成各种各样的层，形成机械、代谢、弹性和神经营养特性的四维矩阵。它是四维的，因为它超越了3个物理维度，与中枢神经系统联系和互动——它是真正的四维结构。由此看来，筋膜对人的健康有很大的影响。因此，深入了解其功能及其在人体中控制的区域对于保持个人健康来说尤为重要。

如果我们能透过身体的其他部分观察筋膜结构，我们就会看到一张非常密集的四维网络。它没有起点和终点，它将人体分离、连接并塑造。它是一个半透明的网络，从皮肤开始，在环绕肌肉、骨骼和内脏的纤维组织中变厚。它是一个连续的系统，覆盖并穿过我们的身体，占据我们体重的20%。

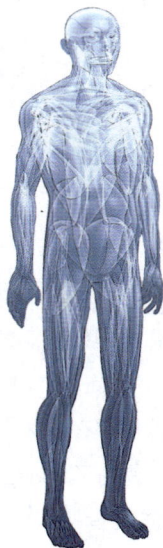

然而，专家们无法对筋膜的定义达成共识，其主要原因有以下两个。

（1）筋膜的厚度、功能、深度、连贯性、位置极其多变。

（2）筋膜是一个直到最近才被广泛接受的概念，因此对它的定义还在进行中。

我找到的对其最简单的定义是"筋膜是绷带"，这个概念出现于18世纪的文献中[15]。

筋膜组织是一个四维结构，它环绕人体并分隔人体的每一个部分，是赋予所有组织和器官形状与功能的连续性结构。人体是一个功能单元，每个区域通过筋膜与另一个区域进行联系。

为了简化这个概念，我希望你把人体想象成一个橙子。在我的训练课程中，我用这一比喻作为视觉上的辅助。将一个橙子切成两半。如果你查看其横截面，就会看到由白色橙络分隔的各个部分。

橙子被一层白色的细胞组织包围，它能同时保持果肉的连贯性和形状，我们的身体（在皮肤层下）也被一种叫作浅筋膜的结缔组织所包围和覆盖。此外，橙子被分成几瓣，每一瓣里都是装满果汁的小果

> 筋膜可以被定义为一个四维结构，因为它超越了3个物理维度（宽度、高度和深度），包含一个神经或感觉维度，这表明它与中枢神经系统有着密切联系。

粒。人体与之非常相似，因为人体的每一个结构、每一块肌肉、每一个器官都被一层结缔组织包围。甚至橙汁也可以与体内的基质（水凝胶）相类比。

让我们从表层（皮肤）到深层（骨骼）研究一下自己的身体结构。第一层皮下脂肪与第一层结缔组织（即所谓的浅筋膜）交织在一起，可以在皮肤（真皮）下找到。深筋膜位于深层脂肪之下。继续探索，我们来到了肌外膜，它包裹着整块肌肉；肌束膜覆盖着肌束；然后是肌内膜，它包裹着每一条纤维。最后，我们来到骨膜，它是覆盖骨头的一层筋膜。

回到橙子的类比，白色的橙络代表筋膜，将其去掉只会留下小果粒。在人体中的原理是一样的：如果筋膜层（浅筋膜、深筋膜、肌外膜、肌束膜、肌内膜和骨膜）被去除，肌肉就会失去形状和连贯性。

在与托马斯·迈尔斯一起完成筋膜解剖认证的过程中，我学到的一切彻底改变了我对人体解剖学的看法，因为在那之前我只研习过传统的解剖学教材。那些只不过是彩色的肌肉解剖图谱，其中筋膜甚至是不可见的，因此无法引起我特别的重视。在那些图谱里，每一块肌肉都被描绘成有一个附着点和一个起点，各块肌肉之间彼此独立，但真实情况并不是这样的。事实上，每一块肌肉都通过筋膜与邻近的肌肉相连。

试着用橙子来表示：如果你想把橙子的各个部分分开，你就需要把白色的橙络剥掉；小果粒本身并不是紧紧地结合在一起的，它们彼此通过橙络相连。我们的肌肉也是如此。因此，这是一个非常重要的发现，因为它影响了我看待人体的方式以及我的训练方法。记住：筋膜既是独立有形存在的，又是相互联系的。

橙子和肌肉的横截面视觉对比

我们在右侧的图中可以清楚地分辨出肌外膜、肌束膜和肌内膜。

- **肌外膜**：包裹整块肌肉。
- **肌束膜**：覆盖成束的肌纤维，并将它们连接起来，形成身体最丰富的筋膜组织，将血管和神经传导到肌束（控制肌束膜的营养功能）。它是一个活动层，在收缩过程中，允许肌肉在其中滑动。
- **肌内膜**：包裹每一条肌纤维，形成一个单独的单元。它以管状排列，缠绕在每一条肌纤维上。

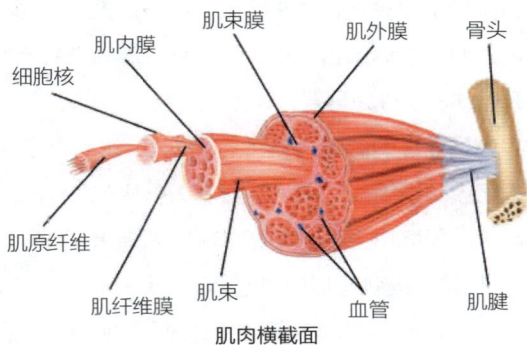

肌肉横截面

同样不应该忘记的是，橙子的白色橙络是由流质和纤维构成的。从整体上看，橙子的这种结构模型与苹果的相比，更不易变形。我们用手指按压苹果会产生一个永久的压力点；然而，如果我们对橙子施加轻微的压力，它会变形，但随着时间的推移会恢复到原来的形状。

筋膜组织具有以下功能。

连接功能

筋膜可以充当肌肉和器官的"占位符"，从而稳定身体。

整个骨骼系统都与结缔组织、关节囊和韧带相连。肌肉通过肌腱与骨骼相连。肌肉、器官和皮肤通过筋膜结构与周围组织相连。筋膜是一个四维的网络，包裹着整个身体，没有起点和终点。

身体感知

由于感觉交流，身体具有感知功能，这种交流更多地依赖于筋膜结构，而不是关节和肌肉结构。负责人体感知的感受器在筋膜中的含量是肌肉中的6倍。筋膜的感知能力对于加速愈合过程、增强幸福感和提升运动表现极为重要。

对身体灵活性的影响

筋膜组织组成的网络连接着人体中的一切。一方面，如果筋膜水合良好且富有弹性，其相邻结构就可以自由地滑动。另一方面，脱水的筋膜组织对柔韧性有负面影响，会不利于健康和运动表现，增加受伤风险。

运动质量

筋膜与人体的每一个动作都息息相关。运动的质量取决于肌肉和筋膜的结构，以及它们的协调性。

肌肉能量的传递

人们发现，在运动过程中，肌肉产生的能量不仅通过韧带、肌腱和关节囊转移到身体的其他部位，而且还更多地利用了肌肉周围的筋膜结构。如果筋膜的传导特性良好，运动员就能发挥出最佳水平。然而，如果筋膜没有经过训练，这些性能可能会被改变和抑制，从而导致运动员表现水平下降，并增加受伤的风险。

防护功能

从免疫学角度来看，筋膜有着防护功能。事实上，我们身体的免疫系统依赖于筋膜的质量。

在一个平衡和健康的筋膜结构中，废物会被运输出人体。基质中存在许多吞噬细胞，而基质类似于透明的凝胶，包围着体内的所有细胞。这些吞噬细胞就像垃圾收集器一样，吞噬并摧毁细胞碎片和细菌。然而在脱水的筋膜中，由于缺乏运动或单侧运动而导致的液体缺乏，会抑制许多具有特定功能的细胞的作用，这些细胞实际上长期处于干燥状态。

运输和营养功能

营养物质通过结缔组织从动脉系统被运输到需要的地方；在另一个方向，代谢废物通过结缔组织被运送到静脉血管系统或淋巴系统。

引起多种疼痛的原因

筋膜结构含有许多痛觉感受器。许多科学家现在都认同这一理论，即人体大约2/3的疼痛与筋膜有关。大量研究表明，肌筋膜疼痛与身体知觉之间存在直接联系。对于持续性的肌筋膜疼痛，身体在疼痛区域的感觉会明显减弱。然而，如果身体在这一区域的知觉得到改善，肌筋膜疼痛就会减少或完全消失。这些研究发现，许多人在使用泡沫滚轴、球、棍子和其他类似器材进行训练后，疼痛减轻了。

1.1.3　筋膜由结缔组织构成

从解剖学上讲，"筋膜"是指由胶原纤维和弹性纤维构成的纤维结缔组织膜，它无缝覆盖着身体的所有肌肉骨骼结构，并通过生物力学将它们彼此连接起来。它是一个由纤维保护组织形成的网络，为身体的器官、系统和复合体提供保护，从浅层到深层，在各个层面上与身体的其他结构相互作用。事实上，筋膜与身体所有其他结构的联系都是这样的，简单地把它定义为结缔组织并不合适。

筋膜系统是一个为肌肉组织与肌内组织、器官与器官之间提供支持和连接的器官或系统。筋膜包围着身体的每一个结构，并与所有的内源性系统联系和交流。这些功能与肌肉、器官、血管和神经之间的同步运动有关。

科学研究表明，筋膜连续体受自主交感神经系统的支配。筋膜连续体在传递肌肉力量、确保正确的运动协调和保持器官在适当的位置方面起着至关重要的作用。筋膜是保证我们独立交流和生活的基本要素。

构成人体的各种结构常常必须对机械应力作出反应或表现出移动或滑动的功能。负责支持这些运动的结缔组织必须具有足够的弹性以应对这些应力，一旦解决了这些问题，该结构就能恢复到原来的大小和形状。

"结缔组织"一词用来描述一组共同来源于胚胎间质的不同组织。间质是所有结缔组织起源的胚胎组织。它由无特定特征的细胞组成，可以分化为构成结缔组织的不同细胞类型[24]。

结缔组织有3种类型。

（1）**固有结缔组织**：包括疏松结缔组织、致密结缔组织、网状结缔组织和弹性结缔组织。

（2）**特殊结缔组织**：包括脂肪组织、软骨组织、骨组织和血液。

（3）**胚胎结缔组织**：包括间质和黏膜。

在这本书中，我们只关注结缔组织本身，根据其纤维的密度、比例和方向，以及它所包含的细胞类型，它被进一步分为两个子类：**疏松结缔组织和致密结缔组织**。

"在疏松结缔组织中，纤维松散地缠绕在一起；而在致密结缔组织中，纤维非常丰富，聚集成大束，使组织具有显著的一致性。"

结缔组织"填满了器官之间的所有自由空间，将自己附着在器官之间并将它们连接在一起"[45]。疏松结缔组织主要由基质（水凝胶）构成，包括胶原纤维和薄的弹性纤维束，它们不太丰富，松散地编织在一起[14]。就其功能而言，它不仅用作填充物，而且还用作储水层、滑动层和无数游离细胞的生存空间。

致密结缔组织的特点是有大量的胶原纤维。因此，它比疏松结缔组织含有更少的基质，可根据胶原蛋白的结构方向进一步细分为**网状致密结缔组织**和**平行致密结缔组织**。

纤维可以呈网状排列［见图（a）］，例如在真皮中，波浪形胶原纤维和弹性纤维呈横向、纵向和斜向排列；或者它们可以呈束状平行地排列在一起［见图（b）］，如在肌腱、韧带和腱膜（规则的致密结缔组织）中。

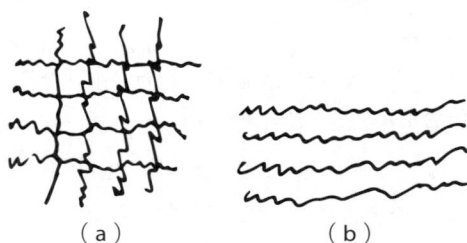

（a）   （b）

最后，某些类型的疏松结缔组织具有特殊的属性，如黏膜组织、弹性组织、网状组织、脂肪组织和色素组织。

网状致密结缔组织［图（a）］具有较大的弹性，具有以下特点。

- 纤维排列：呈网状，这使得它可以向四面八方伸展。
- 部位：内脏器官被膜、真皮、骨膜、软骨膜、神经和肌肉鞘，平坦的部位也有这种网状结构，如足底筋膜（在脚底）、腰部筋膜和肌肉鞘。
- 功能：可对多个方向的作用力施加阻力，能防止器官过度扩张。

相反，平行致密结缔组织［图（b）］主要由非弹性纤维组成，其特征如下。

- 纤维排列：平行结构，这就产生了稳定的作用。
- 部位：在骨骼肌和骨骼之间（肌腱和腱膜），在骨头之间（韧带），在关节囊处，在骨骼肌周围（深筋膜）。
- 功能：在肌腱和骨骼之间提供强健的连接，协调肌肉牵引，减少肌肉之间的摩擦。

下页图展示了结缔组织的不同分类，筋膜组织在组织密度和胶原纤维的排列方向上有所不同[60]。筋膜离体表越近，其组织结构就越松散。

1.1.4　筋膜解剖学

筋膜解剖学是解剖学的一个新分支。

尽管我们经常提到"一个"筋膜网络，但实际上筋膜结构根据其位置和功能可分为4层。尽管人们对于这些分类几乎没有达成共识，但在这本书中，我从 F. 威拉德（F. Willard）提出的模型中获得了灵感[76]：筋膜被认为可以细分为浅筋膜、深筋膜、内脏筋膜、脑膜筋膜4层，形成相互连接的同心纵向圆柱。

浅筋膜

把筋膜层想象成覆盖全身的潜水服，使身体保持在一起，支撑着身体，并使身体成形。

浅筋膜是覆盖全身的最外层，位于皮肤之下，与皮下脂肪交织在一起。它由不同的层次组成，每个层次都有不同数量的成纤维细胞（结缔细胞），呈网状结构（多

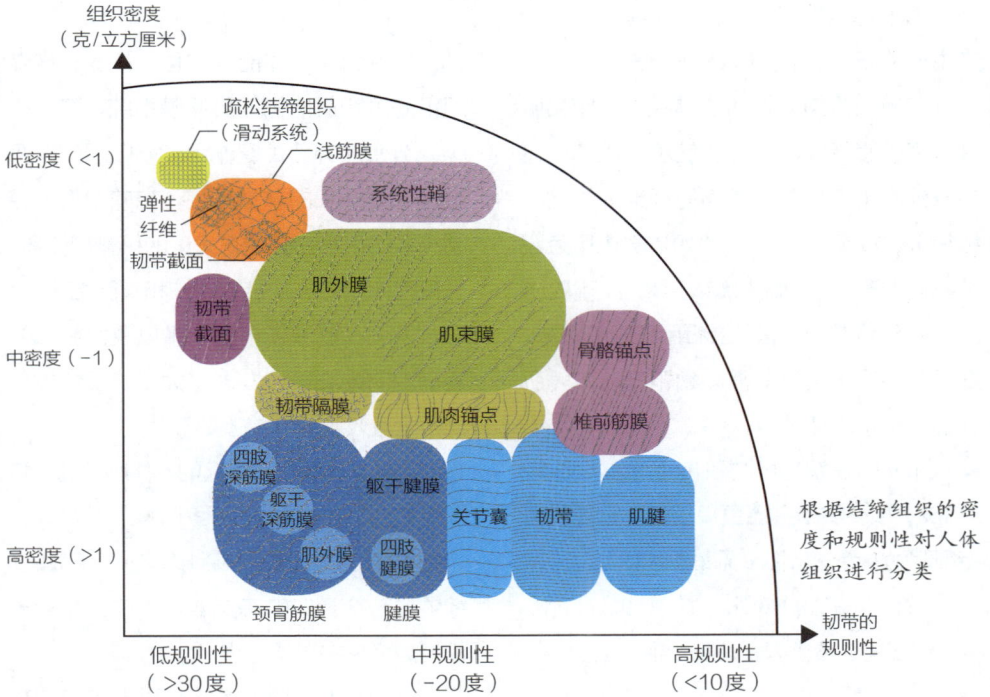

组织密度
（克/立方厘米）

低密度（<1）

疏松结缔组织
（滑动系统）
浅筋膜
弹性
纤维
韧带截面
系统性鞘
肌外膜
韧带
截面
肌束膜
骨骼锚点
中密度（-1）
韧带隔膜
肌肉锚点
椎前筋膜
四肢
深筋膜
躯干腱膜
躯干
深筋膜
关节囊
韧带
肌腱
高密度（>1）
肌外膜
四肢
腱膜
颈骨筋膜
腱膜

根据结缔组织的密
度和规则性对人体
组织进行分类

韧带的
规则性

低规则性
（>30度）
中规则性
（-20度）
高规则性
（<10度）

向）排列。

　　浅筋膜以液晶形式充满水分，由松散的结缔组织（皮下，可能含有编织的胶原纤维和大量的弹性纤维）和脂肪组织组成。

　　这层筋膜是储存水和脂肪的重要部位，它可以防止机械和热变形（绝缘层），它是多条神经和血管的通道，它允许皮肤在深筋膜上滑动。浅筋膜在高度灵活的关节和手背上尤为明显，当你移动手指时，那里的皮肤可以在伸肌肌腱上自由轻松地移动，多层胶原纤维与弹性蛋白的结合促进了这种移动。

　　以网状结构（多向）为主的纤维排列使筋膜向各个方向伸展。浅筋膜通过疏松结缔组织与深筋膜相连。

　　浅筋膜的功能如下。

- 它决定了身体的外观。
- 适应性强，可以提供理想的滑动面。
- 可以向各个方向拉伸。
- 拉伸后，它会回到起始位置。

深筋膜

　　深筋膜是与身体（即骨骼和肌肉）以及器官和血管系统接触之前的最后一层结缔组织。它由重叠的网状致密结缔组织（横向、纵向和斜向排列的波浪状胶原纤维和弹性纤维）组成，在不同层面表现出不同的生物力学特征。它是围绕身体（躯干和四肢）的一种相当有凝聚力的圆柱形结构层，它还形成了一层覆盖在肌肉外部的膜。

　　深筋膜的一个显著特征是，它有结构和功能上的分区，其中包含由特定神经支配的特定肌群。这个结构也赋予了肌肉特

17

殊的形态功能特征：在鞘内收缩的肌肉会产生一种压力来维持自身的收缩。

在单块肌肉中，通过隔膜、腱膜和肌腱，深筋膜继续延伸到**肌筋膜**，肌筋膜包括肌外膜（包裹整块肌肉的纤维弹性结缔组织），并延伸到肌腹。肌腹本身由肌束膜（覆盖肌纤维束的疏松结缔组织）和肌内膜（肌纤维的纤细的结缔组织鞘）组成。在正常情况下，这些隔膜和鞘既能滋养肌纤维，又允许其滑动。

深筋膜在解剖学与机能上与神经肌梭（肌梭）和高尔基腱器直接相连。它还具有特征明确的受体特性（见第1.8节）。

深筋膜的功能如下。

- 它包裹着肌肉，使它们相互连接，将它们组织成功能单元，并允许它们相互滑动。它的适应性很强。
- 它由肌腱、韧带和其他结构组成，为传感器提供有关其位置和运动的反馈，以及单块肌肉和相邻结构的运动信息。

内脏筋膜和脑膜筋膜

人体的每个器官都被筋膜层包围。由于韧带的形成，筋膜层维持着器官的结构位置，并使其作为一个整体与身体的筋膜网络相结合。我们可以想象覆盖脑膜的筋膜（白色层）、包裹心脏的"袋子"，以及覆盖肺壁层胸膜的薄膜（胸内筋膜）。

内脏筋膜和脑膜筋膜的功能如下。

- 它划定相邻结构的界限，并让器官滑动。
- 它将一个器官与其周围的环境连接

起来。

从解剖学和功能学的角度来看，结缔组织筋膜和肌肉构成肌筋膜系统，在平衡和姿势方面起着关键作用。筋膜组织实际上是人体最大的感觉系统，它向中枢神经系统发送信号，并拥有大量的机械感受器，一直延伸到内脏韧带、脊柱和大脑结构。

人们在筋膜到内脏韧带以及大脑和脊髓周围的硬脑膜中发现了大量能够诱发局部和全身效应的机械感受器[11]。

此外，筋膜含有丰富的本体感受器（特别是帕西尼小体和鲁菲尼小体），尤其在关节和筋膜之间、筋膜和肌肉之间。筋膜连续体是一个真实的感觉器官，在日常运动和姿势维持中发挥作用。

总的来说，筋膜系统有以下特点和功能：筋膜包围、分离、支撑和润滑整个身体的其他结构，并使其自身具有弹性和可塑性，以适应通过筋膜的力。我们的外形归功于筋膜——它塑造了我们的身体。

1.2　张拉整体结构

张拉整体性是指系统在张力和压缩力作用下保持机械稳定性的能力，张力和压缩力是平衡分布的。局部张力的微小变化通过筋膜系统传递到全身。从字面上说，"张拉整体结构"（tensegrity）一词是"**张力的完整性**"（tensional integrity）的合成词。

建筑模型也展示了这一结构：对牵引力作出反应的柔性元素和对压缩力作出反应的刚性元素使结构能够实现自我稳定，如美国工程师和建筑师巴克明斯特·富勒

解剖学术语

肌腱和韧带

我们来想象一串串新鲜的香肠,连接它们的就是肌腱。这幅想象出的画面可以帮助我们理解肌腱不是骨骼之间的独立连接部位,而是肌肉或器官周围的筋膜的一部分,它们发挥着不同的作用。

韧带是连接骨头的筋膜结构。

腱膜

腱膜是指覆盖和包裹肌肉的薄薄的纤维筋膜。腱膜被排列成不同厚度的片状,并具有较大的表面积。在实践中,它们充当的是片状的肌腱,而实际的肌腱的形状更像一条条带子。在一边,腱膜直接接入肌肉;而在另一边,它们插入骨骼节段并结合在一起形成肌腱(就像跟腱)。

腱膜沿不同方向与相邻的平面结合,以保证抗阻牵引。在腹侧部和胸腰椎区域,以及手掌和足底区域,腱膜是最厚、最明显的筋膜。

从机械和肌筋膜的角度来看,腱膜是运动协调的机械因素,它需要强大的爆发力,就像弹弓(有关弹弓效应的更多信息,请参阅第7.3节)一样。

隔膜

隔膜将两块肌肉或两组肌肉分开。例如,在大腿,一个外部肌间隔膜和一个内部肌间隔膜将伸肌前隔与屈肌后隔分开。

软骨和关节囊

软骨组织是一种特殊的支持性结缔组织。它由成软骨细胞和软骨细胞组成,浸没在由大量胶原纤维和凝胶基质所形成的细胞外基质中,并由其合成。

关节囊是一种纤维状的抗阻结构,保护并维持整个关节的原位。它使骨的末端(关节面)彼此紧靠,但不连接在一起。关节囊分为两层:一是外层纤维层,它与骨膜直接相连;二是内层(滑膜),它有助于划清关节腔的界限,并使其充满滑液。

（Buckminster Fuller）设计的短程线穹顶[8]。这类穹顶可以很容易地适应可预测和不可预测的力，在不同的程度上取决于使用的材料[8]。三维模型由更多的拉杆和刚性元素组成，无论在空间上受到来自任何方向的压力，无论是被压缩还是牵引，它都可以变形并恢复到初始位置。

这个模型似乎很好地代表了我们体内的细胞和结缔组织，尤其是肌筋膜系统。肌筋膜系统影响身体的运动和稳定性，因为它通过不同的力作用于身体，如张力、压缩力和扭转力等。所有类型的运动和运动输入都成为筋膜响应的信息或请求（无论是伸展、支撑、呼吸或收缩）。这个机制为肌筋膜系统提供了一种新的认识，并创造了新的、更先进的条件，使我们的身体能够适应新的要求。

我们以圆顶帐篷为例。在搭建好后，帐篷保持着它的形状。这就是所谓的预加载或预张力，它指的是通过每个单独的结构元件在其所有元件中均衡地分配力。在搭建过程中，将每个结构元件作为一个单独的单元仔细校准预张力，以便在帐篷搭好后抵抗外力和内力。张拉整体结构是张力整体性的一种融合，由压缩力和适应牵引力组合而成。张力整体或平衡预载使张拉整体结构能够吸收重力、振动、风等，而不会持续受损。这就是为什么在极端大气条件下，最好的帐篷，如徒步旅行者使用的帐篷，都是某种形式的圆顶帐篷。人体也使用这种策略，有明确的证据表明我们体内所有的细胞都是生物张拉整体结构。

1.3　构成筋膜的结构

结缔组织由许多不同的结构构成，本章将对结缔组织的功能加以说明，以让读者更好地理解筋膜训练给人体带来的变化。

筋膜是由纤维和细胞构成的，它们浸没（并交叉）在基质中，基质就像透明的凝胶。网状和弹性胶原纤维存在于基质中，也被称为细胞外基质（细胞间液）。除了水，基质的另一种主要成分是胶原蛋白。胶原蛋白是一种大分子，包含被称为核心蛋白的主要蛋白质轴，复杂的多糖链（被称为糖胺聚糖）被嵌入其中。

筋膜组织的主要成分是基质（也称细胞外基质）、纤维、细胞、水和神经纤维（本节讨论水，而神经纤维在第1.6节讨论）。

基质

筋膜组织的细胞和纤维浸没在一种类似明胶的黏性液体中，这种液体被称为基质。这种液体充满了结缔组织中细胞与纤维之间的所有空间，由长而交织的蛋白多糖分子组成，蛋白多糖分子本身是由糖胺聚糖链合成的。它们能够与水结合，从而使基质能够渗透到血液与组织细胞的代谢物质中。

因此，基质是交换活动发生的重要场所，同时它也充当减震器，起到抗压、润滑和调节细胞间物质交换的作用。它的含水量约占整个结缔组织的70%。

纤维

筋膜组织由3种基本类型的纤维组成：胶原纤维、弹性纤维和网状纤维。

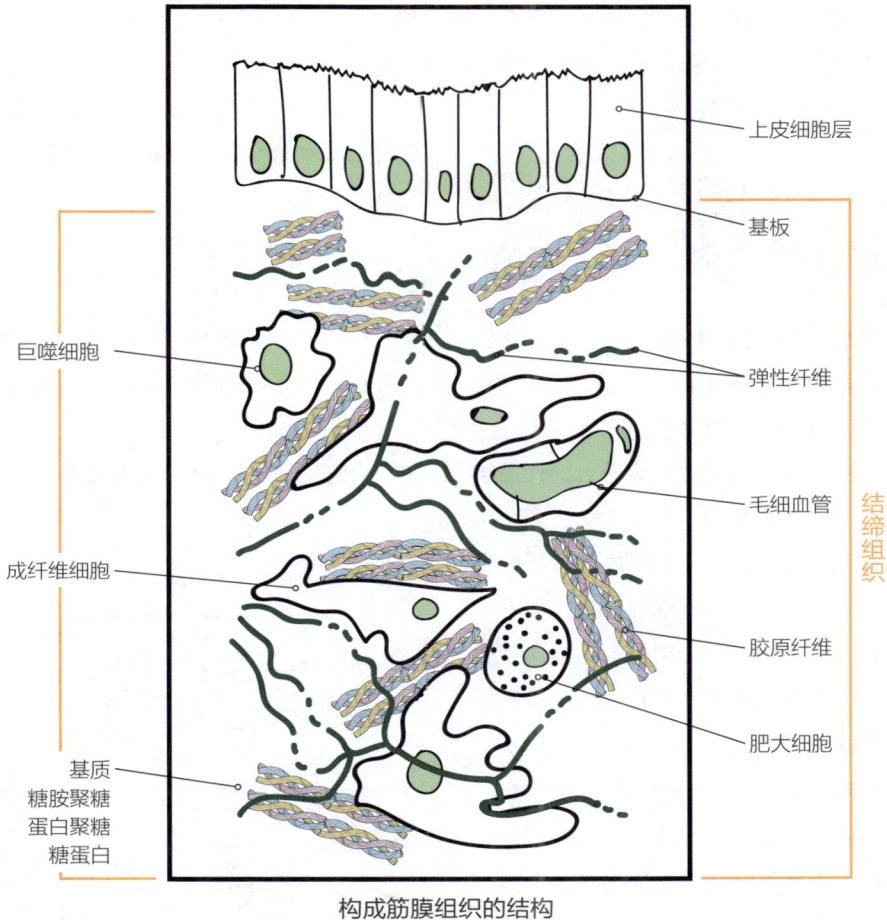

构成筋膜组织的结构

（图中标注）
上皮细胞层
基板
弹性纤维
毛细血管
结缔组织
胶原纤维
肥大细胞
巨噬细胞
成纤维细胞
基质
糖胺聚糖
蛋白聚糖
糖蛋白

　　健康纤维的结构被定义为卷曲的。事实上，它们是波浪状的，使筋膜组织能够在需要时拉伸，然后回到起始位置。正如你所记得的，纤维结构可能是网状的，也可能是平行的，这是根据其功能进行排列的。这使得筋膜结构能够适当地适应不同的拉伸需求。

　　胶原纤维和弹性纤维始终存在，只是根据负载需求进行比例上的变化。

胶原纤维

　　胶原纤维主要由胶原蛋白构成。胶原蛋白是人体和结缔组织中最丰富的蛋白质。它使筋膜强韧，并防止过度拉伸。它是一种结构蛋白，是构成所有脊椎动物的皮肤、肌腱、骨骼、牙齿、膜和血管的主要纤维成分。在皮肤中，它负责身体的机械保护，维护真皮和其他器官的健康，防止皮肤脱水，保持组织的弹性和紧致，以及减少皱纹。

　　我们可以把胶原蛋白想象成三股绳。3条多肽链形成了这种蛋白质的螺旋结构，这些多肽链的右倾和左倾形变增加了它的载重量。想象一根绳子，你扭得越多，绳

21

子承受的负荷就越大。然后想象把它向与扭动方向相反的方向展开，绳子的各个股会变松和磨损，使它变得更脆弱。

胶原蛋白的作用是抵抗牵引力，而蛋白聚糖的作用则是缓冲压缩力。这两种物质在网络中的协同作用解释了钢筋混凝土在建筑业中的创新应用成功的原理。钢代表结缔组织中的胶原蛋白，承担着承受高牵引力的作用；而混凝土代表基质中的蛋白聚糖，可以抵消压缩力，这种特性称为黏弹性。在人体中，这两种功能的相互作用决定了器官以及肌肉的形状和位置。胶原纤维的特性如下。

- 它们使筋膜具有抵抗力和稳定性。
- 它们通常在10至18个月内再生。
- 尽管个别单条纤维弹性不大，但胶原纤维总体上还是有很好的柔韧性。
- 它们主要是卷曲的。
- 它们能够纵向伸展。
- 它们抗拉伸能力强，抗压缩能力弱。

被称为肌成纤维细胞的结缔组织细胞位于筋膜胶原纤维之间，具有与平滑肌相似的收缩特性，这一发现尤其值得注意，因为它证明了结缔组织在某些情况下具有收缩能力[29]。

弹性纤维

弹性纤维主要由弹性蛋白构成。在某些器官中，结缔组织具有弹性是非常重要

的。组织中的弹性纤维可以依据外部应力滑动、拉伸或变形，但它们能够使得有变化的组织部位恢复到原始状态。例如，膀胱和动脉中膜中可以发现富含弹性纤维的结缔组织。

弹性纤维的特性如下。

- 它们使筋膜有弹性。
- 它们可以伸展到原来长度的1.5倍。
- 拉伸后，它们可以很轻易地回到原来的长度。
- 它们在37摄氏度的温度条件下工作效率最高。

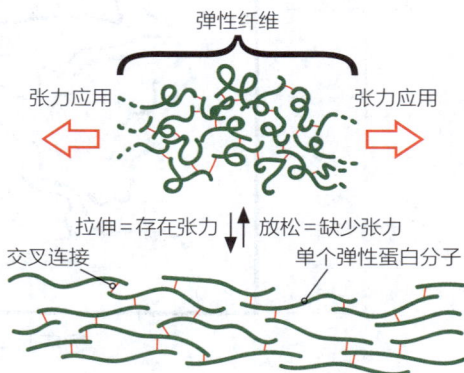

顾名思义，弹性纤维使筋膜组织具有弹性和可移动性。施加在肌腱和韧带上的应力首先被弹性纤维吸收，然后均匀地转移到胶原纤维上。弹性纤维确保胶原纤维保持其波浪或卷曲的形状。

弹性纤维与胶原纤维的协同作用

网状纤维

网状纤维是由III型胶原蛋白构成的。这些纤维会产生呈网状结构的侧枝纤维（这就是它们被称为网状纤维的原因）。它们的作用是支持邻近的细胞（血管和真皮、神经和淋巴结）。换言之，胶原蛋白是由多肽链构成的，网状纤维在多肽链之间延展形成网状结构。

细胞

大多数细胞是成纤维细胞，它们负责产生基质、胶原蛋白、弹性蛋白以及交联蛋白。它们由机械变形激活，通过产生蛋白聚糖和糖胺聚糖（组织的减震器）对压缩负荷作出反应，并通过合成胶原蛋白和弹性蛋白来应对牵引压力。因此，通过运动来改善结缔组织质量的决定性刺激，主要是达到压缩和牵引负荷之间正确的平衡。此外，弹性运动有利于胶原纤维呈卷曲、波浪状排列，而身体产生的热量似乎对筋膜有积极影响。

人们已经发现，即使是很小的作用力，20%~30%的最大肌肉收缩力可以激活单个肌纤维筋膜鞘中的成纤维细胞。这是有道理的，因为筋膜组织的主要作用是稳定肌肉并固定其位置。

水

筋膜的基质由大约2/3的水组成，这种水被称为结合水（与筋膜的固体物质结合的水）。这种结合可以让水像在河床上一样流动，不会分散到各个方向，因此筋膜可作为一种类似于引水渠的运输工具。

筋膜内的水平衡是由渗透作用控制的。通过渗透作用，消耗的水通过筋膜去除，以吸收其他新鲜和干净的水。水的连续交换对代谢产物的摄取和清除以及免疫细胞都很重要。你可以想象一个很少或几乎没有活水的池塘：随着时间的推移，它会变得腐烂并开始发出臭味。相比之下，一个不断交换水的湖泊则会保持干净和新鲜。

渗透作用

渗透作用是指水在被半透膜隔开的两种溶液之间流动的现象。这种现象通常是由浓度的不同引起的，即水从溶液浓度最低处流向溶液浓度最高处。

通过对半透膜施加外部压力，渗透作用下水流动的方向会发生逆转，这意味着溶剂从浓度较高的溶液流向浓度较低的溶液，这一过程被称为反渗透[27]。

你可以把这一过程想象成拧一块充满死水的海绵，以便它能重新吸收干净的水。筋膜间隙的含水量约为70%。

小结

我们现在已经了解了筋膜组织的主要成分及其最重要的功能。剩下的神经系统将在1.6节中讨论。乍一看，不同类型结缔组织的列表可能不是特别清楚，但经过更详细的了解，我们可以确定它们具有以下主要的功能。

- 塑形：起到围绕、支持、保护、填充、维持、组织的作用。

- 运动：起到传递和储存力量、保持张力、伸展的作用。
- 滋养：起到支持新陈代谢、运输液体、提供营养的作用。
- 交流：起到接收和传递刺激和信息的作用。

因为不同的功能实际上总是同时发生，所以它们相互补充、相互影响。

我们还可以得出结论，筋膜组织的生物力学特性取决于胶原纤维相对于基质的数量和方向，以及胶原纤维和弹性纤维之间的比例。

将筋膜结构的主要功能与FReE训练方法相结合和重叠，形成以下运动板块。

运动板块

（1）感受 = 感知和激活。
（2）灵活性 = 功能灵活性。
（3）拉伸 = 筋膜拉伸与塑形。
（4）能量 = 弹性能量运动。
（5）释放 = 筋膜释放。

整本书都会提到这个运动板块。

1.4 考虑和研究

在分析了筋膜组织之后，我们从一些有趣的研究中得出了结论，这些研究为我们的实践工作带来一些清晰的认识。

罗伯特·施莱普（Robert Schleip）和D.G. 米勒（D.G. Müller）[60]提供的研究表示弹性存储容量增加。定期做摆动运动，如每天跑步，增加了筋膜组织储存弹性力的能力。因此，它的作用就像一个弹簧。

罗伯特·施莱普和D.G. 米勒提供的研究分别显示了在活跃的成年人与不活跃的成年人体内发现的不同胶原结构。未受刺激的筋膜失去了稳定的结构，它的结构变得不规则且混乱，这表明荷载可以影响胶原蛋白的结构。

值得注意的是，年轻人筋膜组织中的双向胶原纤维呈波浪状、卷曲状，并形成类似于压缩袜的网状结构[63]。而随着年龄的增长，人体内筋膜组织中的纤维往往会失去弹性，它们通常会以更加随机的方式多向排列。与年龄相关的缺乏运动和不正确的姿势会导致筋膜紊乱和随机连接。纤维失去弹性，不会相互滑动；相反，它们会相互粘着，形成组织粘连，在最坏的情况下，纠缠成结[31]。

筋膜训练的目的是通过使用弹性能量和动态拉伸的策略来刺激成纤维细胞，以保持有活力且有弹性的筋膜结构。这是通过多向拉伸并刺激组织的弹性来实现的[41]。

技术人员必须牢记以下几点。长期运动的人会刺激和改善筋膜的结构组织，而久坐不动的人从沙发上起来或离开病床重新开始锻炼时，他们会面临两个挑战：重塑螺旋网状结构和重塑卷曲的结构。与简单地塑造肌肉相比，这两项挑战需要花费更多的时间。

1996 年，施陶贝山德（Staubesand）发现年轻女性的筋膜框架比老年女性的筋膜框架具有更强的双向性[63]。

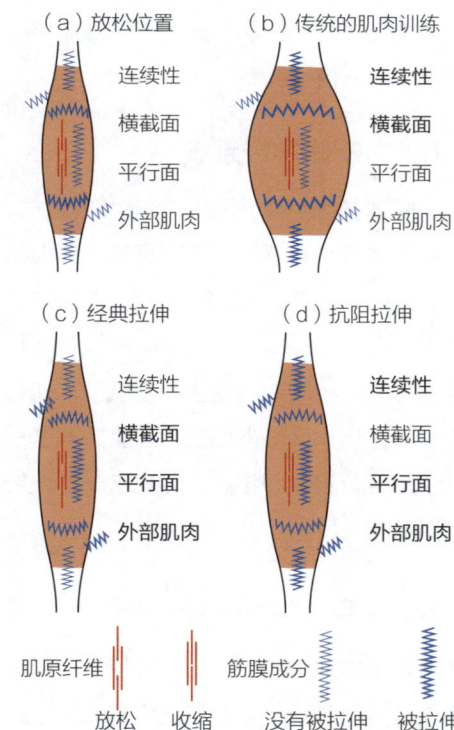

（a）放松位置　　（b）传统的肌肉训练

连续性
横截面
平行面
外部肌肉

（c）经典拉伸　　（d）抗阻拉伸

连续性
横截面
平行面
外部肌肉

肌原纤维　　　　　筋膜成分

放松　收缩　　没有被拉伸　被拉伸

经罗伯特・施莱普和D. G. 米勒许可转载，"Training Principles for Fascial Connective Tissues: Scientific Foundation and Suggested Practical Applications," *Journal of Body-work and Movement Therapies* 17, no.1 (2013): 1-13.

2002 年，雅维宁（Jarvinen）提出缺乏运动会导致胶原的多方向分布和卷曲减少[31]。1988 年，伍德（Wood）发现每天

跑步的豚鼠体内产生了更多卷曲的胶原蛋白[79]。

肌肉内的筋膜成分具有连续性，其在横截面、平行面或在外部肌肉上具有拉伸特性。左图显示了不同状态下筋膜成分的受力情况（来自罗伯特・施莱普和 D. G. 米勒[60]）。

（a）**放松位置**：肌纤维放松，肌肉长度正常。筋膜成分没有被拉伸。

（b）**传统的肌肉训练**：肌纤维收缩，在被拉伸的筋膜成分中，既有与肌纤维串联排列的，也有与肌纤维呈对角线排列的。

（c）**经典拉伸**：肌纤维放松，肌肉被拉伸。平行于肌纤维排列的筋膜成分被拉伸，而与肌纤维串联排列的筋膜成分没有被充分拉伸。

（d）**抗阻拉伸**：肌纤维收缩，大部分筋膜成分被拉伸和刺激。

1.5　胶原蛋白的转换

筋膜网络经历了一个不断分解代谢和重建的过程。大约一年后，人体内一半的胶原蛋白会再生。筋膜组织越黏或越厚，胶原蛋白再生所需的时间就越长。人体重建筋膜网络和再生胶原蛋白的能力取决于其自身转换能源物质的能力。蛋白质合成是一个代谢过程，需要胶原蛋白作为催化剂。随着体内胶原蛋白数量的减少，能源物质和催化剂也会减少。各种因素可能会损害并同时减少人体内胶原蛋白的生成，例如以下因素。

• 营养不良。
• 久坐不动的生活方式。

- 过度饮酒。

人体每天都会产生胶原蛋白，但由于随着年龄的增长，胶原蛋白的产生量会不断减少，人体可用的胶原蛋白供应会不断减少直至停止，身体各个部位的健康水平开始逐渐下降。第一个明显的迹象是皱纹和关节疼痛的出现，但这些只是其中的一些影响。既然健康受身体内部因素的影响，那么看起来年轻健康的秘诀是在退化过程开始前就处理好身体退化的源头。

从上一次肌筋膜训练到下一次训练，你应该等多久？为了回答这个问题，我们再次参考前文提及的研究。

训练后胶原蛋白的转换

肌肉训练中使用的超量恢复的概念也适用于筋膜。把训练和休息结合起来以提高成绩和增强体质是很重要的。

马格努森（Magnusson）等人2008年的研究表明，运动后肌腱中的胶原合成增加。然而，受刺激的成纤维细胞降解胶原的速度也提高了。事实上，值得注意的是，在运动后的第1天和第2天，胶原降解率高于胶原合成率，而从第3天开始，情况与此相反。72小时后再生完成，与开始时相比，胶原蛋白的质量更好。因此，考虑到这一自然过程，运动者需要休息2到3天，在这段时间里再进行一次训练的意义不大。

1.6 神经系统：简介

我们谈论筋膜时不得不提到神经系统。我们知道这是一个非常复杂的话题，我不打算强调过多的细节或使用复杂的术语。但是，为了提高健康水平并能够自信地提出一个全面的训练计划，基础知识是必不可少的。

首先，我们将神经系统定义为一个由神经和细胞组成的复杂网络，它将信息从大脑和脊髓传输到身体的不同部位，包括中枢神经系统和周围神经系统。中枢神经系统（CNS）由大脑、小脑和脊髓组成，而周围神经系统由两部分组成：躯体神经系统和自主神经系统。

1.6.1 躯体神经系统

躯体神经系统由周围神经纤维组成，这些神经纤维将感觉信息或感觉从周围器官（肌肉、四肢、筋膜、关节）传送到中枢神经系统。例如，当你触摸到热的东西，感觉神经就会将有关热的信息传送到大脑，大脑通过运动神经向你的手部肌肉发送一个信息，让它立即移开。完成这一过程只需要不到一秒。

1.6.2 自主神经系统

自主神经系统（ANS）又称植物神经系统或内脏神经系统，与细胞和纤维一起支配内脏器官和腺体，控制所谓的自主神经功能，这些功能通常是无意识的。因此，它也被称为**不随意自主系统**。自主神经系统是周围神经系统的一部分。它负责调节身体的内环境平衡，是一个不随意神经和运动系统，通过受中枢神经系统控制的外周反射形式的自主机制运作。

自主神经系统分为3个部分：**交感（或正交感）神经系统**、**副交感神经系统**和**肠神经系统**。

交感神经系统控制战斗或逃跑反应，而副交感神经系统负责休息和同化。你可以把交感神经系统想象成汽车的加速器（油门踏板），把副交感神经系统想象成刹车。

交感神经系统

一旦我们激活了交感神经系统，我们就准备好行动了，我们的心率、血压、肌肉活动和呼吸都会增加。

交感神经系统有许多功能，都与战斗或逃跑反应有关。严格地说，交感神经系统具有以下功能。

- 从肾上腺髓质循环儿茶酚胺。
- 通过收缩瞳孔扩张肌来扩张瞳孔。
- 放松睫状肌，适应远距离视觉。
- 增加心脏每搏输出量、加快心率和提高血压。
- 扩张支气管。
- 扩张冠状动脉。
- 扩张骨骼肌血管。
- 收缩外周血管。
- 收缩皮肤和器官（心脏和肺除外）的血管。
- 增加胃腺壁细胞合成盐酸，减少胃括约肌的活动和刺激。
- 促进糖原水解。
- 减少尿量。
- 肠道运动功能伴随胃肠道运动降低。

副交感神经系统

当我们的副交感神经系统处于激活状态时，这意味着我们正处于恢复阶段：心率减慢，肌肉放松，呼吸速度和身体其他活动一起减慢。这个系统具有以下功能。

- 缩小瞳孔。
- 使泪腺功能保持正常。
- 刺激唾液腺分泌丰富的唾液。
- 收缩肺部平滑肌，减少空气吸入量。
- 扩张生殖器官和消化系统腺体的血管。
- 减少心脏每搏输出量、减慢心率和降低血压。
- 收缩冠状动脉。
- 增加胃液的分泌，抑制括约肌，增强运动能力。
- 使肠壁的活动更强。
- 使肝脏促进糖原生成，增加胆汁分泌。
- 促进胰腺分泌。
- 膀胱收缩刺激壁并抑制括约肌。

副交感神经支配"在唾液腺、泪腺中胜过交感神经支配"[73]。

我们的寿命取决于交感神经系统和副交感神经系统之间的持续平衡能力。我们如果总是加足马力地生活，迟早会崩溃。我们应该意识到这些机制可以改善我们的生活以及训练、恢复和运动表现。这些机制必须是我们训练和生活中的一部分。

肠神经系统

肠神经系统是自主神经系统的第三部分，它是一个复杂的神经纤维网络，支配腹部器官，如胃肠道、胰腺和胆囊。它包含了将近一亿条神经。

1.7 大脑

我们现在要进入大脑的奇妙世界。我们知道它是一个**可塑**器官：它不仅是一个决策者，还能倾听和改变。运动影响大脑最有意思的地方就是可以改变大脑连接及其功能，这体现了其可塑性。

脑叶的功能

- 额叶：推理、计划、情感、自主运动、语言。
- 颞叶：处理音量等信息，负责频率、记忆训练和巩固成效。
- 顶叶：处理来自感官知觉、疼痛、听觉、视觉等的信息。
- 枕叶：解码视觉信息以识别物体。

大脑的体积随着年龄的增长而减小：从25岁开始缩小，到40岁时会缩小15%，而到50岁时，细胞死亡加剧，个体的认知能力将下降30%。

大脑拥有取之不尽、用之不竭的资源，如果受到适当的刺激，就可以创造出新的神经回路，这是唯一可以用来减缓大脑功能退化的方法。

如果我们把大脑比作一台比现代任何机器都先进得多的计算机，那么到目前为止，我们只关注于"硬件"，为了使大脑更好地运行，现在是时候考虑大脑的"软件"了。大脑的所有不同区域都必须被激活，以保持清醒和活跃；否则，突触会随着"用进废退"的原则而随时间退化。

1.8 感觉和感受器

筋膜是我们身体最大、最致密的感觉器官。80%的游离神经末梢/受体位于浅筋膜中。

由于各种神经受体（鲁菲尼小体、帕西尼小体）的存在，筋膜的受体特性得到了很好的确定，这些受体的数量足以诱导本体感受器发生变化，以应对特定问题，如腰痛，以及提供运动反馈[75]。

遍及全身的筋膜连续体，其承担的机械作用和成纤维细胞之间通过连接点相互交流的能力表明，筋膜可能可以起到机械感觉信号系统的作用，其综合功能类似于神经系统[36, 35]。它是整个张拉整体结构的基础。

我们的大脑需要信息，它通过**感受器**接收这些信息，这些感受器是感知特定的刺激并将信号发送到中枢神经系统的神经站。简单来说，我称之为监视外围正在发生的事情的"哨兵"或"监视器"。这些受体在监测一些特定的刺激方面非常专业。

在肌肉、关节、肌腱、韧带和关节囊等内部和周围，人们发现了大量的机械感受器。**机械感受器**是本体感受器中速度最快、功能最强的，能将大量有关周围状态的信息传送到大脑。机械感受器（感觉感受器）传递有关位置或运动的信息。

痛觉感受器可以是机械的，也可以是热性的，负责传递有关痛觉的信息。此类感受器细胞可以相互改变或抑制疼痛。运动可以抑制疼痛，而缺乏运动可能会加剧疼痛。

罗伯特·施莱普[61]近来进行的研究发现，每块肌肉周围筋膜中的感受器是肌肉本身的6倍多。相比之下，肌肉本身是相当不敏感的（除了少数例外：枕下肌、眼肌和足底肌）。对筋膜微结构的分析表明，筋膜有自己的生命，能够凭借丰富的神经网络以及大量的平滑肌细胞，发展出自身的反应和运动能力[61]。

筋膜系统由大量的机械感受器组成，如高尔基受体，它不仅存在于肌腱（10%）中，也存在于韧带、关节囊和肌肉肌腱连接处（90%）[61]。

下文将详细介绍不同类型的机械感受器。

机械感受器是一种感觉感受器，它会因形状变化而受到刺激。它提供了关于形状、一致性和周围物体之间关系的信息，可以分为以下4类[61]。

高尔基受体

高尔基受体会对垂直收缩作出反应；它们是力受体，由于与肌肉串联排列，它们会对肌腱头部的力量变化作出反应。

它们可在哪里被发现？

- 肌肉肌腱系统。
- 肌外膜（肌肉周围）。
- 腱膜。
- 关节周围韧带。
- 关节囊。

帕西尼小体

帕西尼小体对快速的压力变化、振动、摇摆和突然的快速移动非常敏感（见第4.3.3小节中使用泡沫轴的按压练习）。它们不断需要新的刺激来保持活跃，并且会在两秒内做出反应。

它们可在哪里被发现？

- 肌腱连接处。
- 关节囊的深层。
- 脊柱韧带（背部韧带）。
- 肌肉筋膜。

鲁菲尼小体

鲁菲尼小体会对缓慢的脉冲变化和长时间的压力作出反应。在大面积软组织上施加的刺激对交感神经系统有镇静作用，可以降低其活性（Berg e Capri, 1999）。这解释了软组织技术的深度放松效果。鲁菲尼小体主要通过施加切向力和横向力被激活[61]。

大量的鲁菲尼小体位于胸腰筋膜。

呼吸有极好的放松效果，有助于降低张力（见第8.4节的"肌筋膜释放技术"）。

它们可在哪里被发现？

- 所有类型的筋膜组织。
- 关节囊外层。
- 腱膜。
- 韧带。

游离神经末梢

游离神经末梢可能是所有受体中最不为人知的。Ⅲ型（有髓）和Ⅳ型（无髓）神经纤维的游离神经末梢是大量存在的感觉受体。它们将感觉信息从肌筋膜系统传送到中枢神经系统。它们被称为间质性肌肉受体，其中10%是Ⅲ型神经纤维的游离末梢，90%是Ⅳ型神经纤维的游离末梢，它们是最能适应变化的，对压力和机械张力有反应[61]。

它们可在哪里被发现？

- 几乎无处不在，包括骨。
- 骨膜（有特别丰富的神经末梢）。
- 脂肪组织中。
- 浅筋膜。

1.9 小结

在这一章，我们已经看到了感觉器官是如何通过感受器（对刺激作出反应并发出神经冲动的特殊神经元）将我们周围发生的一切通知大脑的。大脑接收到这些神经冲动后，就会把它们转化为感觉。

大脑对筋膜内发生的事情很感兴趣。除了前庭系统和众多的皮肤传感器，筋膜传感器对于感知身体在空间中的状态也是至关重要的。

忽视我们的感官信息（没有痛苦，就没有收获）肯定会导致短期或长期的筋膜损伤。相反，发展一种平衡的本体感觉和运动感觉将有助于我们保持身体的能力，直到老年。这就解释了为什么用不同的方式刺激我们的神经系统很重要。

"当运动员与筋膜打交道时，就是在与大脑的分支打交道。"

——安德鲁·泰勒·斯蒂尔
（Andrew Taylor Still）
（整骨疗法的创始人，1899年）

肌筋膜线

2.1 托马斯·迈尔斯的肌筋膜经线

托马斯·迈尔斯发现，以协同方式协调的肌筋膜连接通道纵向分布于整个身体。这个分布图可以帮助我们解读和理解我们的身体构造，并解释了在整个身体中，运动是如何进行的，以及力量是如何分布的。迈尔斯把这些线称为**肌筋膜经线**。

通过深入的尸检和结缔组织的研究，人们发现了这些有组织的"道路"网络。这些相互连接的"道路"将身体包裹在一个三维的网状物中，在功能上支持身体的主要运动，并保持身体的姿势，本书将其称为肌筋膜线。实际上，压力、张力、代偿和大多数空间运动都沿着这些线分布。

这一发现改变了我们对身体的理解，并产生了新的教育方法。从结构的角度来看，三维肌肉骨骼解剖学研究的是一个平衡我们身体中力量分布的网络。

这些线条的逻辑是我所有训练计划的一个组成部分，因为我可以想象这些线条，找到它们，体验它们，并使用它们。我们可以通过使用一些简单的小技巧来改善训练本身，这些线条可以被激活，从而更好地分配力量。

连续的张力线

连续的筋膜平面
一系列相互连接的肌筋膜单位
形成一个立体状结构

2.2 本书使用的术语

在深入讨论细节之前，我想简单介绍一下本书使用的术语以及这一章是如何划分的。

找到它（找到那条线）

这部分将帮助读者根据有关肌筋膜线的图表来找到它。

体验

使用图表后，你可以将这些有关肌筋膜线的点连接在一起。这将帮助大脑感知肌肉和肌筋膜线之间的关系，并感觉它们之间的联系以及肌肉的收缩。你将学习如何仔细地探索这些线条。

实践

在最后一部分中，你将在运动中探索肌筋膜线。

为了简单起见，我在整本书中使用了以下缩写。

SBL=后表线

SFL=前表线

LL=体侧线

DFL=前深线

SL=螺旋线

AL=手臂线

DFAL=臂前深线

SFAL=臂前表线

DBAL=臂后深线

SBAL=臂后表线

FL=功能线

2.3　后表线（SBL）

后表线是一条基本的主线，从脚底到头顶连接整个身体背部表面，分为两部分：脚—膝盖和膝盖—前额。后表线连接、稳定并且移动身体的背部、从脚趾到膝盖的凹陷处、从膝盖到眉毛的部位。

两条腿伸直站立时，后表线就像一条连续的肌筋膜线。

姿势和运动

后表线主要影响矢状面的姿势和运动模式。后表线涉及的主要运动如下。

- 头部伸展。
- 脊柱伸展。
- 骶骨屈曲（前屈）。
- 骨盆伸展。
- 膝关节屈曲。
- 脚踝足底屈曲。

与此同时，它可以防止无意识的运动或反方向的过度运动。

因为我们在出生（胎儿）时呈屈曲位，与后表线有关的力量、功能和平衡能力的发展与缓慢的运动进化有关，从最初的屈曲、成熟到完整再到最终的持久伸展。

高比例的慢缩型肌纤维（红色纤维）能

找到它

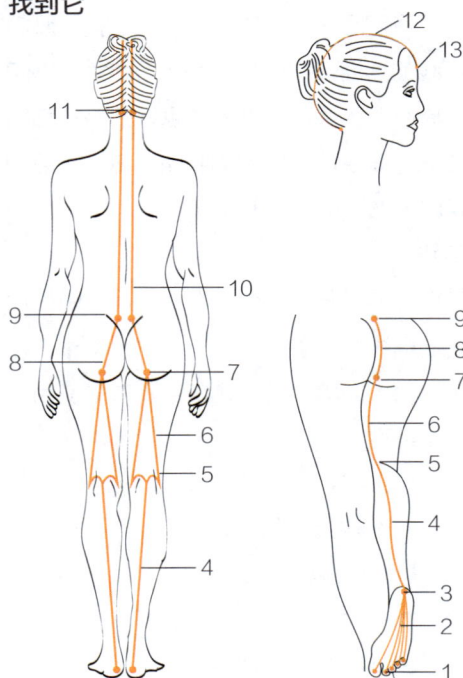

骨的位置	序号	肌筋膜轨迹
额骨，眉弓	13	
	12	颅顶筋膜/帽状腱膜
枕骨嵴	11	
	10	骶腰筋膜/脊柱竖脊肌
骶骨	9	
	8	骶结节韧带
坐骨结节	7	
	6	腘绳肌
股骨髁	5	
	4	腓肠肌/跟腱
跟骨	3	
	2	足底筋膜和趾短屈肌
趾骨足底表面	1	

跟腱与跟骨

要特别注意跟腱和跟骨。小腿肌肉（腓肠肌和比目鱼肌）通过跟腱附着在跟骨上，以改善踝和膝的运动流畅性。如果将踝关节与膝关节等同，你可将脚跟想象成踝关节的髌骨。

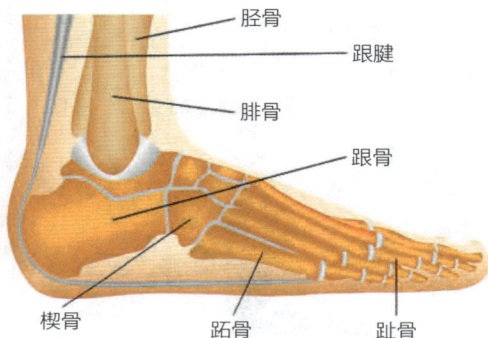

跟骨周围有一个连接着足底筋膜和跟腱的坚固筋膜网络。跟骨将跟腱的弹性组织与踝关节分开。

足底筋膜和与跟腱相关的筋膜就像弓弦一样，以脚跟为箭。当弓弦受到持续和过高的压力时，它可能会推顶踝关节距下关节前方的脚跟。这种位置变换对支撑面有负面影响。

跟腱与跟骨图注：胫骨、跟腱、腓骨、跟骨、楔骨、跖骨、趾骨

在纯粹的经验基础上，托马斯·迈尔斯发现后脚和前脚的比例应该是1：3或1：4（在脚跟和踝之间），从踝到第五跖骨头的比例应该是2：3或3：4，这样才能提供有效的支撑。没有这种平衡的支撑，身体的其他部分就会变得不稳定。

你会发现在以后的训练内容中也会提到这张弓，我们可以把它比作弹弓。

够使后表线以极大的效率对抗重力。

在涉及训练的部分，当需要采用特定的姿势时，我会提到后表线的上/下部分（上部分是指胸部，下部分是指下肢），因为整条线不能总是以同样的方式被激活。

体验

详细了解后表线：当你使用这些姿势时，把这些点连接起来。（我在这里提议的练习纯粹是为了说明，它们将在训练部分被详细介绍。）

下滚：身体向前倾，你应该感觉到从脚底到头部的后表线处于激活状态并伸展。

伸展：双臂举过头顶，骨盆略向前移动，整个身体形成拱形。你应该感觉到后表线被激活和加强。

33

实践

　　探索运动中的后表线。感受一下后表线的力量、它是如何伸展和滑动的，以及力量在后表线的不同点之间是如何变化的。

拉伸小腿肌肉和跟腱。

站得笔直。

拉伸腘绳肌。

拉伸腰椎竖脊肌和胸腰筋膜。

全身等长强化训练。

拉伸足底筋膜和趾短屈肌。

拉伸脊柱竖脊肌。

后表线代偿

　　以下姿势或问题通常与后表线相关。

- 足底屈曲时踝关节受限。
- 膝关节过度伸展（股骨在胫骨上向前滑动）。
- 腘绳肌紧绷。

- 骨盆前倾（腹侧）。
- 骶骨前屈。
- 胸椎过度伸展（短胸椎伸肌）。
- 胸部区域：肌筋膜组织拉伸和扩大 = 胸椎屈曲。
- 寰枕关节向前定位和旋转（腹侧）。
- 眼 – 脊神经联动中断。

最后这一点强调了眼睛和脊柱之间奇妙的关联性。

注意：我已经列出了矢状面上的代偿方式，但我们也可以在后表线的右侧或左侧创建代偿，这一点的重要性不可低估。

在 20 世纪 80 年代早期，J. 黑格（J. Hegge）开发了一系列技术来改善人类由视觉控制运动的部分。他特别描述了如何使用这些技术来减少颈部和肩部过度的肌张力，以及如何改善颈部运动[26]。

后表线训练

后表线训练应包括下列练习。

- 在各层进行离心力量训练。
- 等长和向心力量训练。
- 抗阻力量训练（强调直线运动），涉及慢缩型肌纤维。
- 弹性力量训练（伸展弹性跟腱，靠近头部使其稳定）。
- 不同的柔韧性训练。
- 在后表线内部和周围的滑动训练。
- 从头到脚伸展（不接触）。

最后，关于训练，重要的是要注意所有的线是相互影响的。体侧线和后臂线在后表线训练中极其重要。

注意

关于后表线，应考虑到下列各点。

- 后表线的主要功能是支持人体做出一种直立和伸展的姿势。
- 这条线包含比前表线更多的慢缩型肌纤维。
- 它能在充分伸展状态下为我们提供支撑，并在屈曲位时抵抗弯曲。
- 它支持我们站立，让我们的身体保持笔直。
- 主要在矢状面上运动。
- 除了膝关节屈曲和踝关节跖屈，其功能是使身体得到拉伸。
- 后表线的不平衡往往会对次级曲线产生影响。
- 枕下肌可以被认为是后表线的基石。
- 当行走时，后表线和前表线会开始旋转。
- 筋膜从高到低呈流动性。

请参阅后面内容中的具体练习，这些练习能够帮助你保持后表线既长又坚固，并具有润滑性和适应性。

2.4　前表线（SFL）

前表线是一条主要的线，从脚趾到头骨的两侧连接着整个身体的前表面，分为两部分——从脚趾到骨盆、从骨盆到头部。当它们完全伸展时，例如个体直立时，它们就像一条连续的完整的肌筋膜线。

找到它

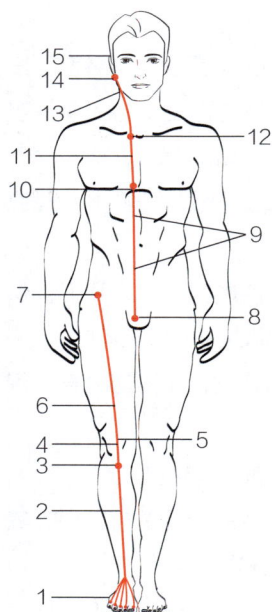

骨的位置	序号	肌筋膜轨迹
	15	头皮筋膜
乳突	14	
	13	胸锁乳突肌
胸骨柄	12	
	11	胸骨肌/胸肋筋膜
第五肋	10	
	9	腹直肌
耻骨结节	8	
髂前下棘	7	
	6	股直肌/股外侧肌、股内侧肌、股中间肌
髌骨	5	
	4	髌韧带
胫骨粗隆	3	
	2	趾长伸肌和趾短伸肌/胫骨前肌/小腿前侧肌间隔
趾骨背面	1	

姿势和运动

前表线与后表线协同工作并平衡后表线，影响矢状面的姿势和运动模式。前表线涉及的主要运动如下。

- 颈椎向上伸展，颈椎向下屈曲。
- 胸腰椎屈曲。
- 髋关节屈曲。
- 膝关节伸展。
- 胸廓伸展和有关脚踝稳定性的运动（特别是支撑脚跟）。
- 脚旋后。

按比例，前表线比后表线含有更多的快缩型肌纤维（白肌纤维）。前表线的肌肉收缩迅速，且力量巨大，就像你被突然吓到时的反应。

体验

详细了解前表线：当你使用这些姿势时，把这些点连接起来。（我在这里提议的练习纯粹是为了便于说明，它们将在训练部分被详细介绍）

伸展：双臂举过头顶，伸展胸部；骨盆向前移动，形成拱形。你应该感觉到身体的整个前半部分，从脚到头顶，激活并且伸展。

平板姿势（前部稳定）：在此动作下，你应感觉前表线被激活并加强。

实践

探索运动中的前表线。感受一下前表线的力量、它是如何伸展和滑动的，以及力量在前表线的不同点之间是如何变化的。

拉伸胫骨前侧肌肉。

拉伸股四头肌。

强化股四头肌。

拉伸腹直肌和胸锁乳突肌。

前表线代偿

以下姿势或问题通常与前表线相关。

- 足底屈曲时踝关节受限。
- 膝关节过度伸展。
- 骨盆前倾。
- 呼吸和肋骨前部受限。
- 头部位置向前/向下倾斜。

注意：我已经列出了矢状面上的代偿方式，但我们也可以观察右侧或左侧的不平衡，这一点的重要性不可被低估。

前表线训练

前表线训练应包括下列练习。

- 离心力量训练。
- 具有差异的等长和向心力量训练。

- 弹性强度训练。
- 功能灵活性训练。
- 在前表线内部和周围的滑动训练。
- 平衡上半身和下半身的训练。

最后要考虑的一点是：如果你在训练中专注于前表线，那么前深线的功能就显得尤为重要。为了成功地平衡前表线，平衡前臂线是非常重要的。

注意

关于前表线，应考虑到下列各点。

- 前表线比后表线含有更多的快缩型肌纤维。
- 它是反应性的。
- 它平衡了后表线。
- 它主要在矢状面上运动。
- 其主要功能是屈曲，以及除了膝、足和上颈段的伸展。

- 筋膜从低向高呈流动性。
- 它从上方提供拉伸支撑，以提起骨骼中穿过重力线的部分：趾骨、肋骨和面部。
- 它保护身体的敏感部位：内脏和生殖器官。

请参阅后面内容中的具体练习，这些练习能够帮助你保持前表线既长又坚固，并具有润滑性和适应性。

在训练部分，当使用特定的姿势时，我有时会提到前表线的上/下部分（上部分是指胸部，下部分是指下肢），因为整条线不能总是以同样的方式被激活。

2.5 体侧线（LL）

体侧线（LL）穿过身体的两侧，从脚中部的内侧和外侧点开始，绕过脚踝和脚

找到它

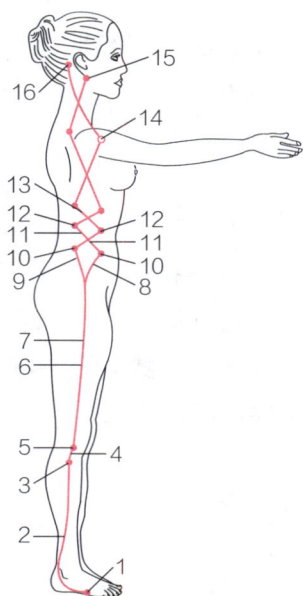

骨的位置	序号	肌筋膜轨迹
枕缘/乳突	16	
	15	头夹肌/胸锁乳突肌
第一肋骨和第二肋骨	14	
	13	肋间内肌和肋间外肌
肋骨	12	
	11	腹外斜肌
髂前上棘、髂后上棘、髂嵴	10	
	9	臀大肌
	8	阔筋膜张肌
	7	髂胫束
	6	外展肌
胫骨外侧髁	5	
	4	腓骨头前韧带
腓骨头	3	
	2	腓骨肌、小腿外侧间隔
第一和第五跖骨基底部	1	

踝外侧，到达腿部和大腿的外侧束，沿着躯干缠绕，然后到达头骨的耳朵附近。

姿势和运动

体侧线对姿势和运动都很重要。它平衡身体的左右两侧。它把力传递给其他肌筋膜线。尽管体侧线主要作用于冠状面（又称额状面），但其涉及的运动也包括胸部的旋转。

体侧线既可以帮助身体侧弯——躯干在侧面弯曲、髋关节外展及脚的外翻，也可以作为横向运动和躯干旋转的可调节"刹车"。它的主要功能是在运动中稳定身体。体侧线涉及的主要运动如下。

- 脚的外翻、内旋和足底屈曲。
- 髋关节外展。
- 脊柱和头部的侧屈。
- 脊柱和肋骨的旋转。

体验

详细了解体侧线：当使用这些姿势时，连接这些点（我在这里提议的练习纯粹是为了说明，它们将在训练部分被详细介绍。）

站直：将右脚放在左脚后面，将右臂举过头顶，轻轻地向左倾斜拉伸胸部。你应该感觉到右侧的体侧线被激活，并从脚外侧伸展到小手指。

把双手放在墙上，抬起左腿。你应该感受到胸部和腿部两侧都被激活和强化。

实践

探索运动中的体侧线。感受体侧线的力量，它是如何伸展和滑动的，以及力量在体侧线的不同点之间是如何变化的。

全身体侧线拉伸。

上半身拉伸和滑动。

强化外展肌、腹外斜肌和肋间肌的训练。

强化外展肌，强化和伸展腹外斜肌和肋间肌的训练。

全身体侧线拉伸。

体侧线代偿

下列姿势或问题常与体侧线有关。

- 踝关节受限或过度内旋或外旋。
- 胸部伸展受限。
- 膝内翻或外翻。
- 大腿内收受限/外展肌长期紧张。
- 腰椎受到压缩。
- 脊柱侧弯。
- 胸部相对于骨盆的错位。
- 胸骨和尾骨之间的间隙减小。
- 过度稳定头部导致肩部受限。

体侧线训练

体侧线训练应包括以下练习。

- 动态稳定性训练。
- 离心、等长和向心力量训练。
- 弹性强度训练。
- 功能灵活性训练。
- 在体侧线内部和周围的滑动训练。
- 扩大可需要的空间。
- 胸部旋转运动。

关于体侧线和前深线之间的关系，需要注意的是，在下半身，体侧线和前深线在很多方面是平衡的，而在上半身，它们是通过呼吸联系在一起的。

最后，体侧线在胸部与手臂线相连。

注意

关于体侧线，需要考虑以下几点。

- 其主要功能是平衡身体左右侧和前表线/后表线。
- 它还调解其他线（手臂线、螺旋线）之间的力。
- 它在人体表面的肌筋膜线之间传递力量。
- 它在胸部与后表线和前表线相连。
- 体侧线上部与手臂线紧密相连，可以独立工作，以横向稳定头部。
- 体侧线涉及的主要运动是足部外翻、髋关节外展、侧屈和脊柱旋转。
- 它作为一个可调节的"刹车"，用于躯干的横向移动和旋转。
- 体侧线是一条感觉线。

在一些受试者中，尤其是具有很大的加速度的爆发力运动员，他们的臀肌和阔筋膜张肌非常强壮、僵硬和紧绷，这迫使内收肌失去张力，并持续过度伸展。

让我解释一下这个概念：肌肉在其功能性的长度的基础上，还可能会由于过度的张力、肌筋膜增厚、筋膜粘连等因素而缩短。然而，同样的肌肉可能会被锁定在拉伸的位置，也就是说，肌肉被迫保持加长的形状。如果主动肌缩短，或者过于活跃，拮抗肌必须产生张力，并使自己处于允许主动肌工作的状态。肌肉的主要功能就是控制，如果它承受了过多的离心张力，随着时间的推移，它可能会纤维化。因此，肌肉会被锁定在拉伸的位置，以保持非生理性的长度。

请参阅后面的练习，这些练习将帮助保持体侧线既长又强壮，并且更放松、更具有适应性。

在训练部分，我有时会提到体侧线的上半部分和下半部分（上半部分是指胸部，下半部分是指下肢），因为整条线不能总是以同样的方式被激活。

2.6 前深线（DFL）

现在让我们看看前深线。我们刚好在讨论过体侧线之后，再来讨论它，因为它的功能是促进有效的呼吸，改善姿势和运动。前深线是人体最基本的核心，使我们的身体从内向外生长。

前深线以基线（后表线/前表线/体侧线）为框架，由螺旋线和功能线包围，形成身体的肌筋膜核心，所有其他肌筋膜线的正常功能依赖于此。它从脚底深处开始，像一只手一样绕着足底的足弓，然后从腿骨后面上行，从膝盖后面经过，沿着膝盖通过大腿、髋关节前部、骨盆和腰椎，在胸部分布较多，在胸腔中扩大，并继续向上通过颈部和后颈，一直到下颌骨和头部侧面。

将这条线与其他线进行比较，可以看出它的分布应该是在三维空间中的，而不是在一个简单的平面上。

找到它

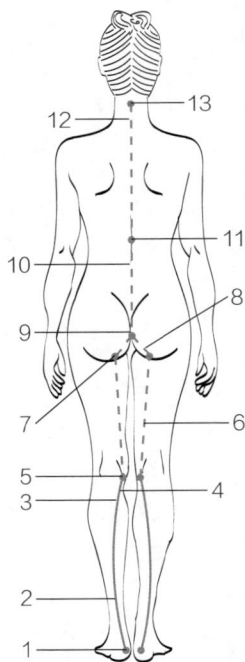

骨的位置	序号	肌筋膜轨迹
层面：上外段，从腰部到枕骨底部		
枕骨底部	13	
	12	颈部和头部的前纵韧带
腰椎体，横突（TP）	11	
层面：下段和下后段，从脚到腰部		
腰椎体	11	
	10	骶前筋膜、前纵韧带
尾骨	9	
	8	骨盆底筋膜、肛提肌、闭孔内筋膜
坐骨支	7	
	6	后肌间隔、长收肌和短收肌
股骨内侧髁	5	
	4	腘窝筋膜、膝关节囊
上部/下部胫骨/腓骨	3	
	2	胫骨后肌、趾长屈肌
足底跗骨、足趾表面	1	

找到它

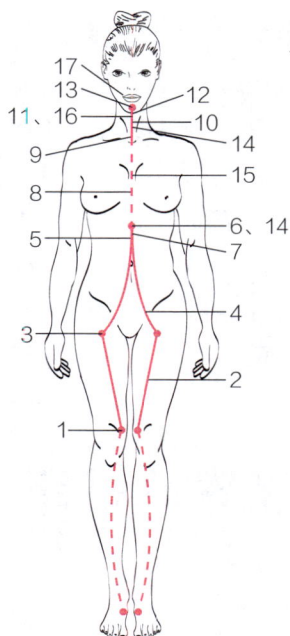

骨的位置	序号	肌筋膜轨迹
层面：上中央段，从腰部到枕骨底部		
枕骨底部、颈椎横突	17	
	16	椎前筋膜、咽中缝、斜角肌、中斜角肌筋膜
	15	心包、纵隔、壁层胸膜
	14	后膈、膈柱、中央腱
腰椎体	5	
层面：上前段，从腰部到下颌骨前段		
下颌骨	13	
	12	舌骨上肌
舌骨	11	
	10	舌骨下肌、气管前筋膜
胸骨柄	9	
	8	胸内筋膜、胸横肌
肋下后表面、软骨、剑突	7	
	6	前膈肌
腰椎体	5	
层面：下前段，从膝盖内侧到腰部		
腰椎体	5	
	4	腰肌、髂肌、耻骨肌、股三角
股骨小转子	3	
	2	前肌间隔、短收肌、长收肌
股骨粗隆线、股骨内上髁	1	

姿势和运动

前深线从内部支撑、保持身体直立，这就是为什么它也被称为身体筋膜的深部核心。这种毫不费力的矫直代表了前深线的独特特性：它不是其他表面的线可代替的。

在运动方面，前深线平衡了所有肌筋膜线之间的相互作用，使它们灵活有效。前深线的主要作用如下。

- 足部内侧足弓的提升和动态稳定。
- 膝关节和髋部的动态稳定。
- 脊柱前支撑和矫直。
- 腰椎的动态稳定。
- 胸部的动态稳定，在呼吸过程中保持三维扩张和放松。
- 颈部和头部的平衡和动态稳定。
- 体侧线平衡。

前深线的肌筋膜主要由慢缩型肌纤维组成，它们能够承受巨大的应力和变化。这反映了前深线在维持稳定和内部结构位置的微小变化方面所起的作用，它可以使结构和最表面的线条能够轻松、高效地与骨骼协同工作。

T12

现在我们将详细研究前深线的一个关键点：以T12（第十二胸椎）为代表的胸腰椎连接。

如您所见，术语"T12"经常出现在本书中，指的是前深线的上下部分和上腰椎的前部之间的会合点。这是一个重要的连接点，因为在这个区域，阻塞或后缩常常对呼吸和姿势有负面影响。

为了保证自己的健康和提高运动成绩，我们必须充分了解胸腰椎交界处的这个关键点，它连接着身体的上下部分，即膈肌和腰大肌。腰大肌是腿的延伸。通过从这个区域呼吸（见第8章的释放练习），我们

可以释放紧张情绪。在肌筋膜普拉提中，呼吸集中在腰椎前方，到达膈肌，就在向上延伸的前纵韧带前方，与椎骨相对的位置。

你可以自行尝试：仰卧，屈曲膝盖，试着把呼吸集中在T12上。吸气时，下肋骨应向地面扩张。现在试着把你的呼吸集中在骶骨前面，向上上升到肋骨（正好在膈肌处）。你究竟在做什么呢？这样做的作用是什么？通过这样做，你可以从内部拉伸脊柱，在脊椎之间创造空间，消除紧张情绪和压力。

我们如果更详细地观察，就会发现腰大肌的上端筋膜连接到脊柱和其他膈肌的后部，它们一起连接到脊椎和椎间盘前上方的前纵韧带。

我们知道，腰大肌和膈肌之间的连接对于我们身体的支撑和功能都是至关重要的，因为它联系着身体的上部和下部，涉及呼吸与运动的灵活性、同化与消除。

脊柱及其旋转点和旋转铰链

脊柱包括一组相互连接的椎骨。它包含33块不同的椎骨：7块颈椎、12块胸椎、5块腰椎、5块骶椎（在成年人的身体中叫作骶骨的骨头，没有椎间盘）、4块尾椎（组成尾骨）。从侧面看，脊柱有4段相互抵消的生理曲线：颈椎前凸、胸椎后凸、腰椎前凸和骶骨后凸。椎骨的名称表明其所在的曲线，并按降序编号：例如，T12是胸椎的第十二块椎骨，L5是腰椎的第五块椎骨。脊柱有3个运动自由度。

- 屈伸（矢状面）。
- 侧向弯曲（冠状面）。
- 轴向旋转（水平面）。

脊柱有许多"特权"区域，我将其定义为旋转点和旋转铰链。它们之所以有"特权"，是因为它们是脊柱曲线的反转点，也是脊柱在水平面上的旋转的起点。旋转铰链与脊柱的曲线（颈椎前凸、胸椎后凸、腰椎前凸、骶骨后凸）一致，旋转点是指开始旋转运动的生理曲线上的第一椎骨，接着是其上下的其他椎骨（旋转和反旋转运动）。

下面是旋转点和旋转铰链的详细说明。

腰骶关节（L5—S1）。旋转点为L5，它是人在行走时平衡身体的支点，由于下方S1椎骨的结构，它构成脊柱的姿势风险点。它经常受到挤压、滑动和其他压力的影响。

胸腰椎交界处（T12—L1）。T12是胸椎铰链的支点，德尔马斯（Delmas）将其定义为真正的脊柱骶骨。在人行走时，从T12向上到T7的椎骨使得躯干旋转，以便在前进阶段跟随下肢。T7在上升时反向旋转。

枕颈交界处（C1—C2和C7—T1）。颈铰链包含两个旋转点：C1—C2（寰椎—枢椎）和C7—T1，背部铰链从这里开始。

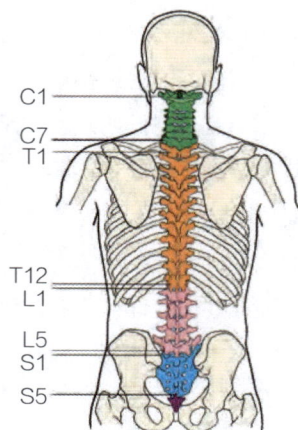

体验

详细了解前深线：当你使用这些姿势时，连接这些点（我在这里提出的练习纯粹是为了简单说明，它们将在训练部分被详细介绍。）

站立时，右腿向后迈一步，双臂举过头顶，尽你所能伸展和扩张胸廓。

相对点：把右脚的大脚趾放在地板上，下巴向前推；吸气，呼气，胸廓向各个方向伸展。你应该能感受到右侧的前深线被激活并伸展。

实践

探索运动中的前深线。感受前深线的力量、它是如何伸展和滑动的，以及力量在前深线的不同点之间是如何变化的。

尽管前深线与任何相关运动（髋关节内收除外）没有直接联系，但几乎没有任何运动不涉及它。前深线几乎可以在身体的任意部位被发现，被其他肌筋膜所包围或覆盖，这与各自相关的肌肉所扮演的角色是相同的。

训练趾长屈肌。

伸展骨盆底的内收肌和筋膜，打开膈肌。

桥式（下降阶段），前纵韧带的伸展，打开膈肌。

拉伸和强化前纵韧带，强化头部和颈部肌肉。

吸气和呼气，向各个方向扩张胸腔，打开膈肌。

前深线代偿

以下姿势或问题通常与前深线相关。

* 筋膜缩短。
* 长期跖屈。
* 旋前和旋后。
* 膝关节外翻和内翻。
* 盆底无力。
* 呼吸困难。
* 颈部过度伸展或屈曲。

* 颞下颌关节紊乱。

前深线训练

前深线训练应包括下列练习。

* 动静态稳定性训练。
* 离心、等长和向心力量训练。
* 弹性力量训练。
* 功能灵活性训练。
* 在前深线内部和周围的滑动训练。
* 三维空间，扩展。

出于训练的目的，一定要记住，体侧线的平衡对于前深线的平衡是至关重要的。同样值得注意的是，呼吸可以创造空间，以消除胸腰段（T12）的紧张。

注意

关于前深线，应考虑到下列各点。

* 它是三维的，占据了空间。
* 它由慢缩型肌纤维组成，能够承受巨大的应力和变化。
* 它是我们身体的核心。
* 它从内部将我们提升。
* 它给了我们稳定性。

在训练部分，我有时会提到前深线的上半部分和下半部分（上半部分指的是胸部，下半部分指的是下肢），因为整条线不能总是以同样的方式被激活。

2.7　螺旋线（SL）

螺旋线像双螺旋线一样缠绕着身体。和基线（后表线/前表线/体侧线）一样，一个人有两条螺旋线，从头到脚和从脚到头缠绕整个身体。三维运动在运动和日常活动中（例如步行）十分重要。

左侧螺旋线的完整路径从头部后面（枕缘）开始，沿着颈部延伸到胸部上方区域，在那里穿过脊柱，继续向右肩胛骨的内侧边缘延伸。此时，它从右肩胛骨下穿过，继续沿着肋骨向前移动，在肚脐处与右侧螺旋线形成交叉，到达左髋关节。从这里开始，它继续向下延伸到左侧大腿外侧，经过胫骨，到达脚底。最后，在到达坐骨和竖脊肌筋膜之前，它通过左腿的外部和后部向上，在那里它再次换边（右侧）回到头部后面。

姿势和运动

螺旋线帮助保持所有平面之间的平衡。它的功能是创造和调节身体的螺旋和旋转。它也在过度的旋转运动中作为一个可调节的制动器。它与基线（后表线/前表线/体侧线）相互作用，与手臂线，特别是臂后深线有着密切的联系。

体验

通过这个练习探索螺旋线。

找到它

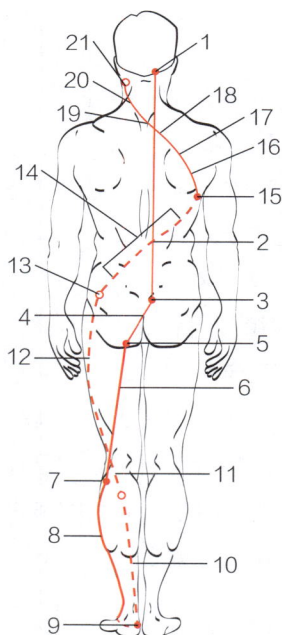

骨的位置	序号	肌筋膜轨迹
枕缘/乳突/寰枢横突	21	
	20	头夹肌/颈夹肌
下颈椎/上胸椎棘突	19	
	18	大、小菱形肌
肩胛骨内侧缘	17	
	16	前锯肌
外侧肋骨	15	
	14	腹外斜肌、腹肌腱膜/白线、腹内斜肌
髂前上棘、髂后上棘、髂嵴	13	
	12	阔筋膜张肌、髂胫束
胫骨外侧髁	11	
	10	胫骨前肌
第一跖骨底部	9	
	8	腓骨长肌
腓骨头	7	
	6	股二头肌
坐骨结节	5	
	4	骶结节韧带
骶骨	3	
	2	骶腰筋膜、竖脊肌
枕缘	1	

站直，伸出双臂并抬至与肩同高，右腿向前迈一步，弯曲右肘，旋转胸部，目视前方。左脚向后迈一步，左肘弯曲，旋转胸部，感受身体的旋转（图中展示部分动作）。

实践

探索运动中的螺旋线。你应该感觉到螺旋线的弹性和螺旋运动，并感受到力以及螺旋线的滑动轨迹。

拉伸。

动态拉伸
（回弹）。

螺旋线代偿

在做旋转、横向运动和横向弯曲时，不平衡的现象会经常出现。

螺旋线训练

螺旋线训练应包括以下练习。

- 离心、等长和向心力量训练。
- 弹性力量训练。
  - 稳定基础上的灵活性训练。
  - 两个螺旋线之间的平衡训练。
  - 弹性螺旋运动。
  - 在螺旋线内部和周围的滑动训练。

训练有待进一步考虑：我们应该记住，螺旋线影响所有其他肌筋膜线，并受到所有其他肌筋膜线的影响。螺旋线的功能受限会削弱其他肌筋膜线的功能。

注意

关于螺旋线，应考虑以下几点。

- 螺旋线创建并调节身体的螺旋和旋转，这是一条让我们能够行走的线。
- 它与臂后深线有着密切联系。
- 它促进身体两边（左右）螺旋线的平衡。
- 负责代偿和旋转。

在训练部分，当提到一个特定的姿势时，我有时会提及螺旋线的上半部分和下半部分（上半部分指的是胸部，下半部分指的是下肢），因为整条线不能总是以同样的方式被激活。

2.8　手臂线（AL）

4条手臂线从胸部一直延伸到手臂的4个象限，再到手的4个侧面：拇指、小指、手掌和手背。这些肌筋膜线的运动类似于蛇，在迂回进入手臂深处前先到达表面。相对于腿部的肌筋膜线，手臂线包含更多交叉连接的肌筋膜。这是因为人类的肩膀和手臂是专门为运动而设计的，而腿部的主要作用是稳定。上肢的运动需要各种各

找到它

1. 臂前深线

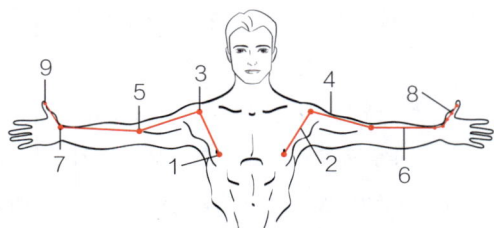

骨的位置	序号	肌筋膜轨迹
第三、四、五肋骨	1	
	2	胸小肌、胸锁筋膜
喙突	3	
	4	肱二头肌
桡骨粗隆	5	
	6	桡骨骨膜、前缘
桡骨茎突	7	
	8	桡侧副韧带、鱼际肌
舟骨、大多角骨、拇指外部	9	

2. 臂前表线

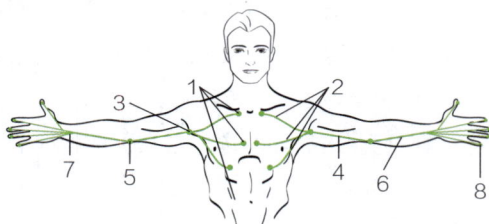

骨的位置	序号	肌筋膜轨迹
锁骨1/3处、肋软骨、胸腰筋膜、髂嵴	1	
	2	胸大肌、背阔肌
肱骨内侧线	3	
	4	肌间内侧隔
肱骨内上髁	5	
	6	前臂屈肌群
	7	腕管
指掌面	8	

3. 臂后深线

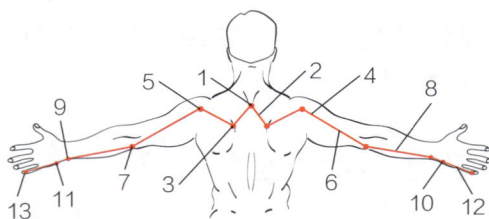

骨的位置	序号	肌筋膜轨迹
下颈椎棘突、脊柱和上胸椎C6-7/T1-4、横突C1-C4	1	
	2	大小菱形肌、肩胛提肌
肩胛骨内侧缘	3	
	4	肩袖肌群
肱骨头	5	
	6	肱三头肌
尺骨鹰嘴	7	
	8	沿尺骨骨膜的筋膜
尺骨茎突	9	
	10	尺侧副韧带
三角骨、钩骨	11	
	12	小鱼际肌
小指外部	13	

4. 臂后表线

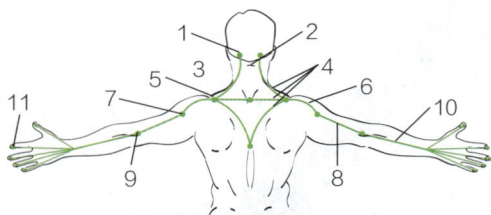

骨的位置	序号	肌筋膜轨迹
枕缘	1	
项韧带	2	
胸椎棘突	3	
	4	斜方肌
肩胛冈、肩峰、锁骨外侧1/3处	5	
	6	三角肌
三角肌、肱骨结节	7	
	8	肌间外侧隔
肱骨外上髁	9	
	10	前臂伸肌群
手指背面	11	

样用于控制和稳定的肌筋膜线，因此需要肌筋膜线之间有更多的连接。

姿势和运动

　　肘部的位置影响胸椎，而不正确的肩部姿势可能对肋骨、颈部和呼吸产生负面影响。

　　你将在第4章中找到手臂线的感受和实践部分，其中介绍了感受策略。

手臂线代偿

　　下面的姿势或问题通常与手臂线有关。

- 不正确的肩部姿势。
- 腕管问题。
- 肩部与肘部撞击。
- 肩部肌肉的慢性紧张。

手臂线训练

　　手臂线训练应包括下列训练。

- 离心、等长和向心力量训练。
- 弹性力量训练。
- 灵活性训练。
- 三维运动。
- 4条线之间的平衡训练。

　　在这种情况下，还应考虑训练的目的。正如预期的那样，你在运动时很难区分各个独立线条。练习的目的是指导你区分前后线，以便正确地平衡和分配力量，从而优化运动技巧。我们应该特别关注臂前线的打开和臂后线的强化，在进行开链练习（运动轴的近端固定、远端活动的运动方式）之前，先进行闭链练习（运动轴的远端固定、近端活动的运动方式）。

　　另一个有趣的方面是，包括手臂在内的姿势系统与我们的眼睛紧密相连。

注意

为了更好地理解上面描述的4条肌筋膜线，我们可以将手臂比作海鸥的翅膀，详见下表。

臂后表线	
斜方肌和三角肌构成翅膀的上部，它们上抬并伸展翅膀	想象你是一只海鸥，你的翅膀是从这条线开始扇动的
臂前表线	
翅膀的前部是胸大肌，它提供飞行的驱动力，就好像鹅或鸭子	这是在海鸥拍打翅膀的恢复阶段使用的，用来控制飞行速度
臂前深线	
这是翅膀的前筋膜，它使飞行更平稳	想象你是那只海鸥，潜水时，你需要向内轻微旋转拇指和手臂
臂后深线	
这是翅膀的后筋膜，它为飞行羽毛的副翼提供动力控制	从水中飞出时，向外旋转手臂并向外推小指

2.9 功能线（FL）

功能线是手臂线通过躯干表面向对侧肢体的延伸。让我解释一下：右臂和右侧肩膀与骨盆的左侧和左腿相连，反之亦然。因此，功能线起到延伸的功能，增加手臂或腿的活动范围。

为什么托马斯·迈尔斯选择称之为"功能线"？

当处于放松状态时，功能线不是很活跃，但当个体做运动或参加其他利用四肢对侧力量连接的活动时，功能线就发挥了作用。就拿网球运动员来举例，右手持拍的球员增加球速的力量来自左腿以及左侧臀部。

找到它

1. 前功能线

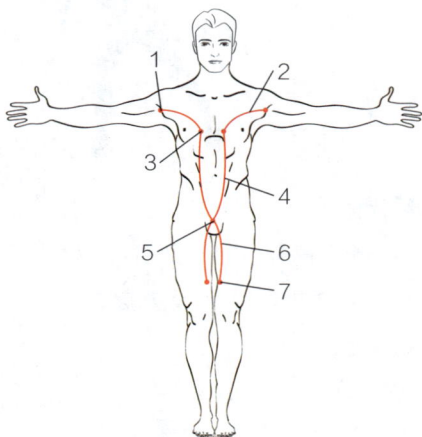

骨的位置	序号	肌筋膜轨迹
肱骨干	1	
	2	胸大肌下缘
第五和第六肋间软骨	3	
	4	腹直肌外侧鞘
耻骨结节和耻骨联合	5	
	6	长收肌
股骨粗线	7	

2. 后功能线

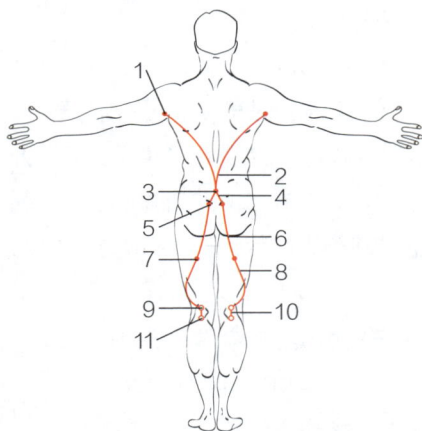

骨的位置	序号	肌筋膜轨迹
肱骨干	1	
	2	背阔肌
	3	胸腰筋膜
	4	骶筋膜
骶骨	5	
	6	臀大肌
股骨干	7	
	8	股外侧肌
髌骨	9	
	10	髌腱
胫骨粗隆	11	

姿势和运动

当个体直立或处于放松状态时，功能线不太活跃；而它们在稳定运动中发挥着重要作用，为许多瑜伽和普拉提姿势传递力量或提供额外的肢体稳定性。

功能线确保四肢的运动更有力、更精确，连接上肢与下肢的对侧。这一原则在跳跃、踢腿或进行需要手臂和对侧腿移动的运动时表现最为明显。当我们一步一步走路时，肩部和两侧（髋部）之间的对侧平衡的运动就不那么明显了。

体验

通过以下练习探索功能线。

强化前后功能线：将右肩胛骨推向左髋部（反之亦然）。

强化前功能线训练（腹部X练习）。

实践

你在扔球时会呈现出这种姿势。

前功能线拉伸，后功能线缩短。

前功能线缩短，后功能线拉伸。

功能线代偿

将一侧肩膀靠近另一侧（无论是背侧还是肩侧）的动作通常涉及功能线。

功能线训练

功能线训练应包括以下练习。

- 离心、等长和向心力量训练。
- 三维运动。
- 不同的节律。
- 不同的方向和角度。

我不会花太多时间研究同侧功能线，只是说它从背阔肌最外侧的纤维延伸到下外侧肋骨，再到髂前上棘上方的腹外斜肌，朝向缝匠肌延伸，最后止于膝内侧的胫骨髁。

注意

关于功能线，应考虑到下列各点。

- 它是手臂和腿的延伸部分。
- 它在姿势方面起到的作用很小。
- 它能帮助人体发挥巨大的力量。
- 它允许人体进行三维运动。

FReE：筋膜释放

3.1 FReE方法的支柱

训练的目的是让你对自己的身体感觉良好。使用新的FReE方法，已经可以解决这个难题：使身体所有部分完美地结合在一起。FReE方法将彻底改变你对训练的看法。一切都有可能，但一切都不会像以前那样。你将有新的目标要实现。

FReE方法是建立在两个支柱上，以创造一个独特、简单、有趣、科学的训练计划，从而保证运动员提升运动表现。这两大支柱分别基于我的个人经验和科学参考。

FReE的目的是重置完整的肌筋膜系统。要查看该方法是如何操作的，请尝试进行以下测试。

FReE 支柱

个人经历		科学参考文献
• 锐步教练 • 极地教练 • 身体平衡训练教练 • 普拉提 • 梅济尔方法 • 功能性运动筛查（FMS）认证 • 功能力量教练（CFSC）认证 • 国际壶铃和健身联盟（IKFF）认证 • 功能范围适应（FRC）功能性训练认证 • 解剖列车I/II	**F**=包绕在身体周围并使身体成形的四维网格（筋膜） **R**=对筋膜组织的实际具体的研究 **E**=无论从哪方面讲，筋膜训练是令人兴奋的	T. W. 迈尔斯（T. W. Myers） 罗伯特·施莱普 C. 斯科特（C. Stecco） M. 达尔科特（M. Dalcourt） E. 科布（E. Cobb） A. 斯皮纳（A. Spina）

智慧型运动滋养了心灵
FReE是整体教学法和功能性训练之间缺失的一环

即时检查：足底感官球按压测试

（1）身体直立，双脚分开，与髋同宽，头部先向左转再向右转。检查头部的活动度，注意不要紧张。

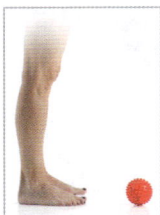

（2）将右脚掌放在感官球（或网球）上，脚跟触地，脚掌轻压球3秒，然后放松。重复10次。

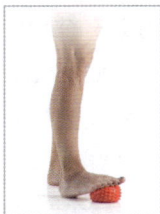

（3）把球移到脚底中间（脚底尽量盖住整个球），重心位于前脚，轻轻下压，保持3秒，然后放松。重复10次。

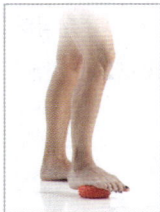

（4）将球移于脚跟处（脚尖触地），轻轻下压，脚跟保持3秒，然后放松。重复10次。

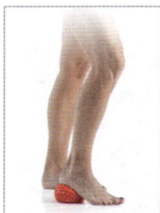

（5）脚底在球上慢慢滚动，用球按摩整个脚底，然后加快速度。重复10次。

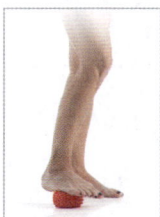

（6）用左脚重复以上全部动作。

你的踝关节活动度是否有所提高？紧张感是否有所减少？如果答案都是肯定的，那就太棒了！这仅仅是个开始。记住：FReE方法会让你的训练效果得到保障！

3.2 FReE的5种策略

FReE方法基于5种关键策略，而这些策略是从两大基本支柱——我的个人经验和科学参考中提炼出来的。

为什么要使用5种不同的策略？因为每种策略对肌筋膜组织都有不同的影响和刺激。用这些方法，我提出了不同类型的关键动作和练习来全面训练你的筋膜。训练就像筋膜本身的多样性结构一样，包含了多种多样的方法。

正如你在前几章看到的那样，筋膜的结构包含了多种结构成分，需要用不同的方式进行刺激（这是训练中很重要的一部分）：要么使用它，要么失去它。

我在第1章（第24页）中介绍了运动板块，它代表了筋膜组织的完整运动，你在阅读这本书的时候应该记住它。下面通过再一次提到运动板块来提醒你5种关键策略。

FReE包含了筋膜需要的5种运动策略。如第1章（第23页）所述，筋膜负责交流、塑形、运动和滋养身体。因此，FReE方法使用5种策略——感受、灵活性、拉伸、能量和释放（最终改善）来提升筋膜的重要功能。你将在每次练习开始时找到每种策略的全部细节。

运动板块

策略名称	筋膜组织的功能
感受	感知和激活
灵活性	功能灵活性
拉伸	筋膜拉伸与塑形
能量	弹性能量运动
释放	筋膜释放

3.3 FReE方法和训练

筋膜是否影响我们的日常生活、健康和体育活动？答案是肯定的。

根据第1章提供的科学数据，我们对筋膜的了解越多，它与运动的内在联系就越清楚。许多"肌肉"损伤实际上是由结缔组织构成的筋膜的损伤，许多肌肉损伤发生在构成筋膜的胶原纤维损耗的地方。

事实上，肌肉系统是筋膜连续体的一部分，当受到全身性疾病或紊乱的影响时，其功能会发生非生理性的变化，从而引起疼痛。例如，由伤口引起的出血会产生异常的张力，这种紧张会形成急性或慢性炎症，进而影响筋膜连续体。因此，为了预防和修复损伤并增强筋膜的弹性，了解如何更好地锻炼至关重要。

筋膜包含的感觉神经末梢是肌肉的6倍。无论你是否意识得到，筋膜都会影响你日常的生活与活动。此外，近期的研究支持筋膜在[17]功能训练中的重要性。理解这一概念应该能够彻底改变我们对健身的看法。

肌筋膜训练不应取代其他形式的训练，而应加强它们。正如我常说的，这是普拉提和功能训练之间缺少的一环。这条链子现在已经完整了，至少目前是这样，这多亏了那些大部分缺失部位终于被整合进来。

因此，FReE是必要的训练，应该补充到一个由力量、心肺功能以及协调训练组成的计划中，它将实现你的综合训练计划。

这适用于那些希望最大限度地发挥自己的运动表现、防止受伤以及想要改善伤后恢复状况的专业和业余运动员，还有那些想要改善自己皮肤状况、早上能保持良好的身心状态、成功地克服日常生活挑战，或仅仅是希望自己越活越年轻的人。

每周仅仅一次或两次高强度的肌筋膜训练就足以让筋膜在接下来的72小时内再生出新的、新鲜的、有弹性的胶原组织。或者，你可以在一天中进行单独的锻炼。

一个训练课程可以包含所有的、部分的或者单个的FReE策略。很明显，如果目的是显著改善筋膜组织，5种策略都应该使用，原因已经解释过了：肌筋膜训练应该和筋膜一样具有多样性。

肌筋膜训练是否应该遵循特定的顺序？答案可以是肯定的，也可以是否定的，让我解释一下。5种FReE策略遵循逻辑顺序，但其理念不是要求每个人都遵循默认顺序的训练计划，因为不同的人的身体特征是不同的。重要的是要理解为什么应该做出一个特别的选择，应该做什么，为什么应该这样做，以及如何去做。

从感受策略开始是一个非常不错的方法，这样可以让你更好地感受运动。

在给筋膜加压前进行热身是很重要的，这样可以使筋膜具有流动性，并且改善它的功能，使之更好地滑动。

下面的一些筋膜训练的例子解释了如何开展训练以及何时开展训练。

1. 热身

肌筋膜训练可以用于新的热身训练，也可以整合到现有的热身训练中。

注意

为接下来的训练做最佳准备。改善姿势，增强柔韧性、灵活性和表现力，以及改进运动技术。

2. 健康训练

这些练习仅可以用于旨在改善健康状况的训练，也可以全天候进行。它们往往只需要几分钟。

计划

每周进行2~3次，从所有策略或每天可以重复的个别练习中进行选择。

注意

提高日常生活的舒适度并优化姿势，增强日常生活中身体的柔韧性和灵活性。

3. 筋膜训练

剧烈运动30~55分钟，使用所有FReE策略或某一种策略。

计划

每周进行2~3次，从不同的FReE策略中选择合适的。对于全面的刺激，我建议使用所有的策略。

注意

优化身体健康状况、姿势，增强柔韧性、灵活性、表现力，提升运动技术。

4. 运动准备

计划

在你的运动训练中加入FReE训练，用它来热身，在每周的训练中加入一些肌筋膜训练，甚至在你的常规训练中加入一整套肌筋膜训练。

注意

提升运动表现，减少受伤的风险。

刚开始需要耐心，但几个月后筋膜弹性会增强，筋膜组织会强化，而一两年后，你的筋膜系统会更新并更具活力。

感觉就是一切。在每次练习中，扪心自问：我怎样才能以更轻、更自由或更舒展的方式完成这个动作？避免机械的、类似机器人的动作。记住：**运动固然是非常厉害的，但在运动的同时去感知会有更好的效果。**

5. 训练后恢复

计划

在高强度训练（如力量训练）结束或跑步后进行一些放松和拉伸练习。

注意

加速恢复。

6. 伤后恢复

在完成了受伤后的治疗周期后，我建议增加一些新的练习。当然，这将取决于所受损伤的类型。你可以在本书中找到大量有关肩部、膝盖以及髋部的练习。

计划

在日常生活和训练中加入一些灵活性、释放性训练和拉伸运动。

注意

目的是帮助你康复。

你可以在本书的末尾找到一些训练方案。

3.4 教学技巧

正确的训练技巧为你的动作提供了基础指导。以下是确保正确训练技巧的关键教学原则。

- 使用正确的起始位置。
- 进行高效、安全、有效的移动。

为什么假定并保持正确的位置如此重要？原因如下。

- 优化训练。
- 优化结果。
- 最大限度地提升。
- 改进技术。
- 尽量减少与训练相关的损伤。

作为一名教练，我必须马上了解我的学生是如何代偿的。有成千上万的代偿，但确保正确执行的都是小细节。注意那些看起来简单的练习：细节决定成败。

举例来说，我们分析四点支撑的位置，是因为它显示了更多的讨论点。

3.4.1 不平衡姿势

在运动过程中，当人们以四点支撑的姿势作为起始姿势，我经常看到这些代偿。不平衡的姿势会造成大量身体上的不平衡。

- 它使关节承受负荷。
- 它很难改变。
- 它更费力。
- ①膝盖和手未对齐。
- ②双膝间距大于髋部。
- ③肘关节过度伸展。
- ④腰椎曲度增加。

⑤胸椎曲线丢失。
⑥颈椎曲度增加。

下肢和上肢不对齐

肢体未对齐，就不能确保肌筋膜线上的力实现了最佳分布，也不能负载被动结构。这会对脊柱产生如下影响。

- 腰椎曲度增加（腰椎前凸）。
- 胸椎曲线丧失（胸椎后凸）。
- 颈椎曲度增加（颈椎前凸）。

肘关节过度伸展/正在进行的工作

如果你伸展和锁定肘关节超出其生理极限，手臂肌筋膜线之间的交流就会受阻，造成力量的不平衡。我把这种缺乏交流的传递受阻称为"路障"或"正在进行的工作"。

必须先解决正在进行的工作，然后才能建立起畅通的筋膜网络。与肘关节过度伸展相关的问题如下。

- 关节不稳定性增加。
- 腕关节和肩关节承受负荷。
- 周围的韧带和肌肉弱化。

- 如果不运动，你的习惯就不会改变。

受影响最大的关节是膝关节、肩关节、肘关节、腕关节和手指部位的关节。

正在进行的工作也可以理解为肌筋膜线缺乏交流。例如，试想当你无法激活背阔肌的时候，往往是由于身体某些部位的不使用、姿势不正确或关节过度伸展，而使得这条肌筋膜线上的联系中断。

僵硬的肩胛骨

肩胛骨压缩、相互靠近，在这种情况下，它们无法在肌筋膜线上传递力，从而损害被动结构，如肩关节。

脊柱

因为这个位置的生理曲线被加强，韧带和椎间盘等结构承受负荷，关节被阻塞。涉及这种不平衡的位置的训练会增加被动结构的负荷。

如果这个位置保持平衡，意味着肌筋膜线之间的联系和整条线（筋膜和肌肉）上的联系是畅通的。同时，我们的身体会保持正确的平衡以及感觉输入，这有助于我们改变习惯。

3.4.2 平衡姿势

下肢和上肢对齐

- 大腿垂直于地面，双膝分开，与髋同宽，以确保肌筋膜线实现了最佳分布。
- 双手分开，与肩同宽，双臂与肩保持垂直，以确保重量在关节处的最佳分布。

- 手指张开：每根手指都有其功能并能与身体进行交流。

伸直手臂

它们帮助你交流并分担手臂上的肌筋膜线的负荷。注意，我说的是伸直手臂，不是肘关节过度伸展。

激活肩胛骨/风筝姿势

通常肩胛骨向下推向臀部被用于激活肩胛骨。让我们进一步考虑，如果我们分析臂前表线的图像，我们可以看到它从颅底（枕骨边缘）开始，向两边肩部伸展，然后再一起向下延伸，形似一只风筝。它由4个相对的点组成。

将颅底（枕骨边缘）远离肩胛骨，锁骨会彼此分开。为了让肩部看起来更加宽阔，可以将胸椎远离胸骨，这将使肩关节更加稳定。

当我使用术语"风筝"的时候，请在你的脑海中记住这一形象并使之形成思维图像。

肘部朝外/肱骨旋转

我把这两点联系起来是因为它们有内在的联系：它们有助于在手臂的前部和后

部肌筋膜线之间分配力量。肘部的位置影响肩胛骨，从而影响胸椎。试试看：先把手臂放在身体两侧，然后向外旋转。你应该感觉到你的两侧肩胛骨彼此靠得更近，胸椎后凸变直，肱三头肌变得有点紧张（见左下图）。

改变刺激：双臂向两侧伸展，肘部向外移动，保持锁骨张开；你将感觉到肱三头肌更活跃，肩胛骨下缘有张力（激活前锯肌和背阔肌），在保持胸椎后凸曲线的同时，两侧肩胛骨彼此远离（见右下图）。

为了找到肱骨头在关节盂中的正确位置而进行的以下运动，我通常称之为"拧灯泡"。

将右臂举至肩高。想象你此时正在用右手拧灯泡，并向外旋转手臂。现在试着在不移动你的手或肘部（朝外）的情况下拧灯泡。运动减少，因为只有肱骨头在关节盂处转动。这就在肱骨头和肩峰之间创造了空间（如果它们靠得更近，冈上肌腱的张力就会增加）。

根据这些信息，现在采用四点支撑的姿势。尝试将肘部向膝盖方向移动（手臂外旋），就像左下图中显示的不正确姿势一样。你会感觉到双侧肩胛骨彼此靠拢，并且很难保持风筝姿势。

现在，再次尝试肘部朝外：将肩胛骨向臀部移动，肘部朝外，采用"风筝"姿势。转动肱骨头：你会感觉到肩胛骨下角下方的肱三头肌的张力，你还会感觉到背阔肌到髂嵴部位被激活。这能够平衡和稳定肩关节及上胸部。

背阔肌

背阔肌起自下6节胸椎棘突、全部腰椎棘突、骶嵴，远侧止点位于肱骨小结节嵴。

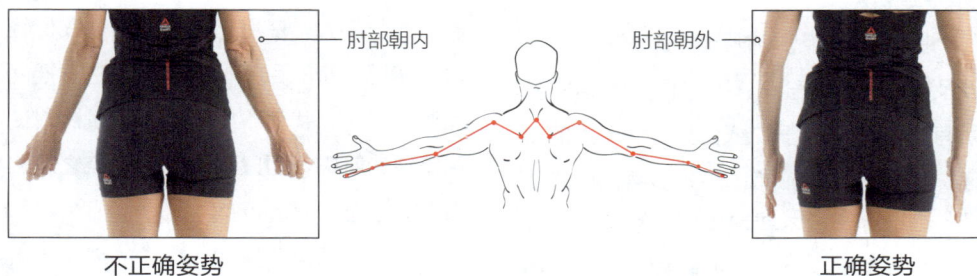

肘部朝内　　　　　　肘部朝外

不正确姿势　　　　　　　　　　正确姿势

3.5　教学语言

一个真正的教练可以非常熟练地帮助运动员实现既定目标。为此，教练会使用特定的语言和图像帮助运动员开启正确的起始姿势，并快速正确地指导运动员的动作。教练的技能在于有能力适应语言，在正确的时间选择正确的语言。这就是为什么我开发了一种特殊的语言来促进FReE训练方法的学习。

3.5.1　接触点、支撑点和引导者

"接触点"是什么意思？

让我们以四点支撑的姿势为例。在这种情况下，把手放在地板上标志着接触的开始。你的手与地面的接触会刺激周围的感受器，把机械刺激（从手的表面）转化为神经冲动。然后这些信息会通过感觉神经纤维传输到神经中枢，在那里进行解码。简单地说，这就是一个神经冲动被传输到神经中枢的过程。因此，与地板的接触会刺激、接触并激活手的感受器和手臂的肌筋膜经线。

接触点帮助我们感受肌筋膜线，改善所涉及的线的力量分布，平衡肌筋膜线本身。所有这些都有助于改善姿势，增加力的传递，减少单个关节的负荷，减少身体疲劳。

但要注意，不要把接触点与地面的任何支撑点混淆。这是我要解释的一个实质性的区别。

接触点

四点支撑有两个接触点：一个是双手，它们帮助你与手臂的肌筋膜线交流；另一个是双脚脚趾，它们帮助你与后表线交流。

支撑点

在这个例子中，膝盖是一个支撑点，但不是一个接触点，因为膝盖位于肌筋膜线的中间（在本例中是前表线），无法发挥交流作用。

运动引导者（初始化）

"引导者"指的是动作的起点，这个起点对动作的质量影响很大。

想象一下，当你走在街上突然看到一个名人时，你会怎么做？难道你不会转过头去看看是不是真的是他吗？那么，现在重新做一个标准的、向右旋转的姿势，并记下可以旋转多远（不需要太用力）。

现在再试一次，但是这次从右耳垂开始运动：这是旋转的引导者。由引导者带动是不是能让身体实现更大程度的旋转呢？这正是区别：品质、卓越和智能运动的关键。

3.5.2　固定点、移动点和相对点

固定点、移动点和相对点是我设想的语言的一部分，使用它们可以帮助我们轻松地实现特定的目标。如果我专注于把两点对立起来，我就不必考虑移动骨骼或使用单独的肌肉，而只用改变这两点之间的张力。张力随形状而变化。

让我们通过分析四点支撑的姿势来看看几个例子。

固定点和移动点

固定点是耻骨，而移动点是胸骨（第五肋骨）。这样，我们就可以将张力输入并传输到前表线。

相对点：末端到末端

颅底（枕缘）和尾骨相互远离。这将刺激传递到前深线，从而拉长脊柱。（注意：我说的不是拉直生理曲线，而是改变张力）

两个固定点和一个移动点

两个固定点是放在地上的双手，而移动点是胸椎，它远离双手就可以扩展空间。

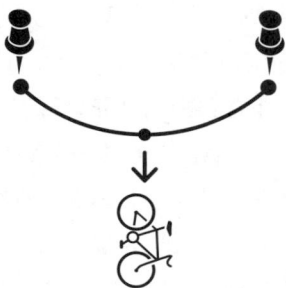

两个移动点和一个固定点

这与我此前解释的内容完全相反。

当然，还有许多其他的组合（两组相对点等），此处不再赘述。我之所以详细解释了上述3种变化模式，是因为它们是我使用得最多的，而且对实现既定目标有立竿见影的效果。

3.5.3 其他术语

注意

你会发现书中的练习有一个"注意"部分。我用它作为一个快速总结来提醒你在做练习时需要注意的最重要的几点。毫无疑问，我还可以再补充一些，但我只强调了最重要的那些内容：我在与其他团队或个人一起工作时遇到的常见错误，并且往往会发现同样的代偿。

有意识地分配力量

这指的是将压力、张力等分配到适用的肌筋膜线的能力。这种力的正确分布可以使肌筋膜线之间得到平衡，从而帮助你使用真正应该工作的肌肉。

拧灯泡

我所描述的"拧灯泡"的动作在第59页有详细的解释。

预拉伸

预拉伸通常适用于肌肉周围的所有筋膜结构（包裹肌肉和肌腱的肌外膜和肌束膜），但它特别适用于肌腱。

通过这种运动，肌腱和韧带上的张力增加，能量得以储存。想象一下拉伸橡皮筋，当你放开橡皮筋，积聚的能量就会一下子释放出来。

3.6　足部详细介绍

快速问答：你会多久停下来仔细观察一次自己的脚？通常我们只有在脚受伤时才会看脚：老茧、跖趾外翻、足底筋膜炎、内生脚趾甲等。你可能不知道的是，你的脚就像一本打开的书，当有什么不对劲的时候，它们会和你说话，并同你交流。因此你为什么要忽略它们传递的信息呢？

我给你举个例子，如果你开车的时候刹车警告灯亮了，这说明有什么不对劲，你会怎么做？你会忽略它吗？在这种情况下，大多数人都会很担心，并会把车开到修理厂去检修。同样的事情也发生在我们的身体上，脚会给我们传递常常被忽略或不知道如何解释的信息。

由于这个原因和许多其他的原因，我在本书中列举了许多运动，这些运动会让你的脚有更好的功能，更健康、更强壮。

我们现在详细看一下足部的具体情况。它包含3个足弓、26块骨头（如果算上籽骨，则有28块）、107条韧带、33个关节、33块肌肉。

脚的结构是为了支撑身体的重量而进化而来的，并且它是我们站立和移动时与地面的唯一接触点。如果你把你一天内走的每一步都数出来，再乘以几个月、几年或一辈子，你就会意识到你的脚需要多么努力地工作，需要承受多大的重量。

脚有许多功能，这些功能都与行走、跳跃和跑步有关。

- 平衡。
- 推进。
- 柔韧性。

从功能的角度来看，脚的结构分为3个不同的部分。

- 足前段，由脚趾（趾骨）和跖骨组成。
- 足中段，由足部的骨头构成（包括骰骨、3块楔骨和舟骨）。
- 足后段，由跟骨支撑的脚后部（跟骨，包括距骨和跟骨）。

足后段由跟骨及其上的巨大的骨性突起（跟骨结节）组成，可以支撑在地面上，并吸收来自躯干和下肢的力量。足中段具有缓冲作用，通过足底血管结构的动态压迫促进淋巴和静脉回流。足前段的主要功能是推进。脚的骨骼由筋膜网、肌肉、肌腱和韧带来固定、移动和支撑。

现在我们来看看脚的正确姿势以及以下3个接触点之间的重量分布。

脚与地面有3个接触点。

- **前内侧接触点**，即第一跖骨的头部。
- **前外侧接触点**，即第五跖骨的头部。
- **后接触点**，位于跟骨后结节上。

人体站立时，身体重量的60%由足前段承担，剩下的40%由脚跟承担。

脚压迫血管结构，以促进淋巴和静脉回流，这是因为下肢无法像心脏一样受益于脉冲泵的直接推力。足部有两个特别重要的结构。

（1）勒雅尔（Lejars）足底静脉泵：这是一个毛细血管网络，在人行走或跑步受到压迫时，促进淋巴和静脉向上回流。

（2）足底足弓：这是一个由以下3个足弓组成的结构。

- 内侧纵足弓：从跟骨到第一跖骨的头部。
- 外侧纵足弓：从跟骨到第五跖骨的头部。
- 横足弓：从第一跖骨头到第五跖骨头。

足部的这种结构可以适应一些比较陡峭的地形。此外，每走一步，每做一次重要的动作，足底足弓静脉的压迫作用就像一个外周心脏，它代表了足部最重要的血管功能。这就是为什么我们在寻找脚的平衡时应该赤脚做FReE训练。

足部的静脉会对足底筋膜肌肉的收缩和松弛做出反应。这就是为什么当你在长途飞行中久坐时，往往会有人建议你活动一下足部（抬起、放下你的脚）。这种运动也被称为肌肉泵，可以预防血栓形成。

压力袜可促进静脉回流，通过充当额外的外部泵促进静脉排空。许多运动员用它们来提高成绩。然而，我不是要你穿压力袜，而是要训练你的筋膜结构。在日常生活中，训练有素的筋膜也会起到同样的作用。

我们需要非常关注我们的足底。这通常是身体问题和紧张的根源，然后这些问题和紧张会向上传递到后表线的其他部分，正如在第54页的测试中看到的那样。

足底的问题，如紧张、缺乏灵活性和关节的稳定性（通常与股间肌的紧张、腰椎前凸过度、颈部持续过伸有关），会引起其正上方的关节产生问题，例如膝关节和髋关节。

足底筋膜像一个有弹性的蹦床。它在3个接触点之间形成一个弹性足背：第一跖骨的头部、第五跖骨的头部和脚跟的中间（跟骨）。

它的特征和弹性几乎能适应所有情况。如果你把脚塞进太小或太紧的鞋子里，或者塞进细高跟鞋里（很长一段时间），它的功能将会受到限制。肌筋膜组织会适应足底张力、最小关节灵活性和不稳定性，并做出反应：小腿肌肉紧张。

我们的整个身体都会逐渐适应我们对它的要求。他们说姿势是心灵的窗户，这并非没有道理。

不正确的足部姿势会导致一系列不必要的后果，具体如下。

- 不正确的脊柱姿势。
- 淋巴－静脉泵不起作用，导致脂肪组织和循环问题（毛细血管扩张、静脉曲张）。
- 背痛。
- 盆底肌无力。
- 足底筋膜炎。
- 蹈趾外翻。
- 扁平足。
- 关节病。
- 肌肉不平衡。
- 疼痛。

记住，这些负面结果是由穿太高的高跟鞋（5厘米或更高）或太紧的鞋子引起的。

3.6.1　跟骨骨刺

对于那些专项运动包括跳跃或长跑的运动员来说，跟骨骨刺是一种常见的疾病。它表现为剧烈的疼痛。它见于脚跟下方的骨骼畸形；这种骨骼突起的尖端面向脚趾，通常发生在跟骨的中下部。它是由脚跟处足底筋膜的炎症导致的钙盐沉积引起的。随着时间的推移，这些在脚跟上的沉积会发展成跟骨的骨刺。

跟骨骨刺的成因有很多种，从不正确的足部姿势到对足底筋膜持续不断的重复性压力，这两种因素都会不断地拉着附着在脚跟处的足底筋膜。

足底筋膜并没有附着在跟骨上，而是附着在它周围的骨膜上，就像一只网状的袜子一样包裹着骨头。当持续的张力施加在这只袜子上时，它可能会离开骨骼，在骨骼和骨膜（袜子）之间形成一个空间。成骨细胞（制造骨的细胞）不断地清除和重建骨的外表面。如果对足底筋膜施加持续的张力，足底筋膜可能会脱离骨骼。成骨细胞就会填满这个空间，从而形成骨刺。记住，结构的形成是根据其用途而定的。骨刺本身不会引起不适，除非它触及感觉神经。

简而言之，如果你长了跟骨骨刺，你可以采取以下措施。

- 在足底筋膜（使用感官球或网球）和小腿肌肉（用于消除紧张感和进行拉伸）上进行第4章~第8章所介绍的运动训练。
- 使用第9.1节中的健康足部计划进行锻炼。
- 如果没有改善，请咨询足科医生、骨科医生或理疗师，并加入针对足底筋膜的具体练习。

3.6.2　跗趾外翻

当脚的肌筋膜线不平衡或是由于鞋太紧或鞋跟太高时，跗趾外翻经常出现。在最初阶段，重新平衡足部可以改善整体情况。如果问题长期存在，改进就更难实现。跗趾外翻可能是最常见的困扰女性的病症。其病因可能与体重或年龄有关，也有可能是遗传性的，并且经常被发现是遗传性的。这是一种第一跖骨的基底部侧面指向第一跗骨头的畸形，这就形成了典型的"洋葱状"，其病症发展阶段和严重程度可能因畸形、红肿和疼痛而不同。

记住：功能取决于形状。请参阅第9.1节中的健康足部计划。

感受：感知和激活

第4章

感受

感受是一种策略，能够通过一系列的训练来增强人们对运动的了解。

运动训练越多，对运动的了解就越多。

4.1　感受策略

　　本节将按照从入门到进阶的方式，向读者介绍感受策略（包括听觉和触觉）的细微差别。尝试用不同的方式挖掘身体的潜力，以便更清楚地感受身体正在发生的变化。这样做才能够让意识深植于大脑，让训练真正产生效果。

　　大胆地尝试感受策略吧，运动是一件很棒的事情，如果在运动的同时，能够加上身体的感知，体验就会更加完美。现在我们可以开始倾听和感受自己的身体了。正如第 1 章所示，需要不断地给身体施加刺激，才能够保证出色运动。

本章将详细说明为什么以及如何将感受策略纳入训练课程。

让我们来仔细思考一下肌肉本体感觉和知觉的含义。我更喜欢神经生理学家查尔斯·斯科特·谢灵顿（Charles Scott Sherrington）给出的定义，因为这是我最常见到的定义，也是我在课程中所采用的定义。1906 年，谢灵顿首次创造了"本体感觉"这一术语。

本体感觉的定义

本体感觉（proprioception）这个词源于"propius"（自身）和"（re）ceptus"（"接受"或"理解"）或 the ability of our body to take or grasp itself（"我们身体对自身的接受或理解的能力"）。谢灵顿也给"运动感觉"下了定义，将其定义为运动和感觉。本体感觉源于肌腱、关节、腱膜、韧带、肌肉等（请参阅第 1 章），它与感觉输入相关联。

感觉和知觉

感官检测到的电化学脉冲经过处理后，才能被人们感知到，这就是感觉。

感知学习

"感知学习"被定义为养成新的行为模式，即建立新的反应机制以适应环境（内部及外部）和个人需求。

简而言之，我们向大脑提供的信息越多，大脑处理输入的信息（传入刺激）和作出反应（传出刺激）的能力就越强。

运用感受策略能够让人意识到自己的身体正在发生的变化。因此，这种学习方式将深植于人的大脑中，并且能够触发改变，从而让人获得以下好处。

- 增强运动意识。
- 增强运动安全。
- 改善日常运动功能。
- 提升运动表现。
- 增强肌肉柔韧性。
- 刺激神经系统。（建立同大脑的联系，滋养大脑，增强大脑活力）

简而言之，感知对于身心健康以及运动表现至关重要。人们需要不断地给身体施加刺激。然而，感知自我身体变化并不简单，因此人们常常会忽视或放任身体感知。

通过使用接触点（请参阅第 3.5.1 小节），我们能够感觉到肌筋膜线。有意识的分配使我们能够将负荷、张力、作用力和信息直接分配到合适的肌筋膜线；感知肌筋膜线的连接或断开，并对其进行调控。

4.2 开始、结束训练

开始、结束训练可以对肌肉进行再训练，这样我们既能激活肌肉，又能放松肌肉。

肌肉由于姿势、情绪等各种各样的原因，通常都无法处于放松状态。这是因为肌肉太紧张了，或者是它已经收缩了很长时间，处于交感神经激活状态太久了。为了放松肌肉，使其处于副交感神经系统的作用下，我们首先要做的是重新激活肌肉。

肌肉张力是指通过对抗重力来维持身

体姿势结构的反射和持续的肌肉活动。它也可被定义为某一特定肌群为完成一个动作所需的最小张力。

神经肌肉重新激活训练，一方面刺激中枢神经系统，另一方面则是刺激肌肉和筋膜之间产生有意识或无意识的联系。

目标

这些训练的目标是激活、重新激活和重置能够控制我们身体结构的各部分神经肌肉机制，尤其是当我们直立、静止或运动时。

示例

以髂腰肌为例。将髋部屈曲90度，每隔3秒收缩1次股四头肌。然后伸展大腿以放松肌肉。重复整组训练3次。

现在，伸展腿部训练相同的肌肉。每隔3秒收缩1次肌肉。重复训练3次。

这有利于增加大脑输入的信息，以改善其输出（响应能力）。

亨利·拉伯里特（Henri Laborit）为这一概念做出了重要的贡献。他的有关作用抑制机制的理论认为，人类无法释放的所有能量都会变为如影随形的压力，即普遍和慢性的阻滞，这会对自我控制、心理及身体健康产生负面影响。

彼得·莱文（Peter Levine）在描述一只被猎豹追捕的黑斑羚时提到了这种阻滞[40]。猎豹突袭的时候，黑斑羚就会一瘸一拐地走并倒在地上，看起来像是死了一样，但黑斑羚身体的实际状况就像同时把脚踩在汽车油门踏板和刹车上一样。神经系统（引擎）的内部工作和身体（刹车）外部静止之间的对抗导致了身体内部剧烈的能量紊乱，就像暴风雨一样。如果黑斑羚逃脱了，它就会通过剧烈摇晃和颤动自己来释放身体之前无法释放的所有能量，以再次调节它的神经系统。然而，人类往往忽略了这一步，因此心理创伤仍然存在。

感受、改变和融合：当你运动时，要记住这个基本准则。细微的动作以及运动姿势和训练方向上的微小变化都是我们所需要的。

4.3　感受策略训练

在下列内容中，感受策略训练主要分为以下几部分。

- 感受靠墙训练（探索肌筋膜线及其激活方式）。
- 感受自重训练。
- 感受器材训练（使用泡沫轴和球进行训练）。

4.3.1　感受靠墙训练

在一系列的靠墙训练中，人们将会对自己的训练伙伴，也就是墙，又爱又恨。

靠墙伸展

策略

感受－感知－探索－后表线

起始姿势

站直，将双手放在墙壁上与胸部齐平的高度，双手分开，距离略大于肩宽，身体向墙壁倾斜。

运动

向后迈两步，拉伸胸部并使其与地面保持水平，此时身体应与墙壁和地面呈正方形状。将头部放置在两臂之间，背部保持中立位，肩胛骨向髋部方向移动。

发现

在头脑中回忆后表线的整个轨迹，连接一个发力点到下一个发力点。

感受

- 试着感受后表线经过的各个身体部位。用不同发力点来帮助自己，如以脚跟为固定点，以髋部为移动点。
- 向天花板方向抬高臀部，使其成为一个移动点：感受大腿后部（肌腱）张力的增加。微微屈曲膝关节，这时张力就会减小甚至消失。
- 伸直双腿时，后表线会作为一条连续的肌筋膜线起作用。

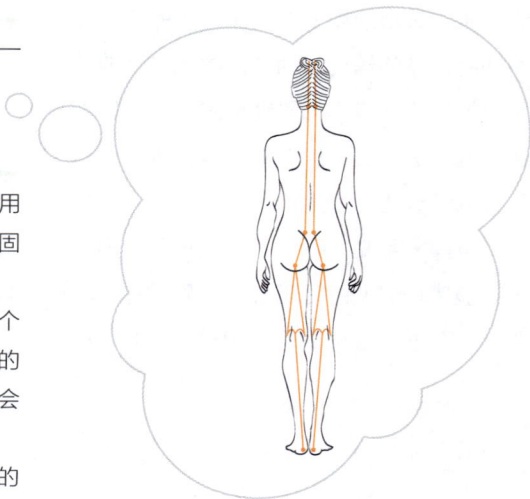

实践

用后表线进行静态拉伸，对着墙保持这个姿势30~45秒。

注意

- 采用激活的风筝姿势。
- 肘部朝外。
- 伸展双臂。
- 保持背部和骨盆处于中立位。

改变刺激

转身背靠墙，背部沿着墙壁向下移动。要想感受后表线上部的牵引力，骨盆、胸椎、头部都需要紧靠在墙上。呼气，开始将颈椎轻轻地压向墙壁。伸展颈部，将头缓慢朝向地面放低，每次从上往下移动一节椎骨的位置，但尽可能保持骶骨靠墙，尾骨朝向脚跟。背部的张力（伸展的感觉）会随着身体向下移动而增加，这就是运动过程中后表线上部的变化。

如果你整体下移背部而非缓慢地一点点下移椎骨，则需返回至每次移动一节椎骨的初始姿势。在这里暂停，呼吸3次，然后尝试再往下进行一点移动。

留出时间等待筋膜网适应变化，在慢慢恢复直立姿势时吸气。多次进行此运动，你会惊奇地发现自己的柔韧性变得更好了。筋膜能够适应我们自身的身体需求。

- 手掌紧贴墙面。

作用

感知和激活后表线。

讨论

这个训练可以帮助你感受后表线下部的牵引力，也可以用来激活后表线。保持此姿势3秒，再回到起始姿势。重复4~10次。

后伸触墙训练

策略

感受－感知－探索－前表线

起始姿势

站直，背部朝向墙壁，离墙约30厘米的距离。双腿分开，与肩同宽，双臂自然垂放在身体两侧。

发现

在头脑中回忆前表线的整条轨迹，从一个发力点连接到下一个发力点。

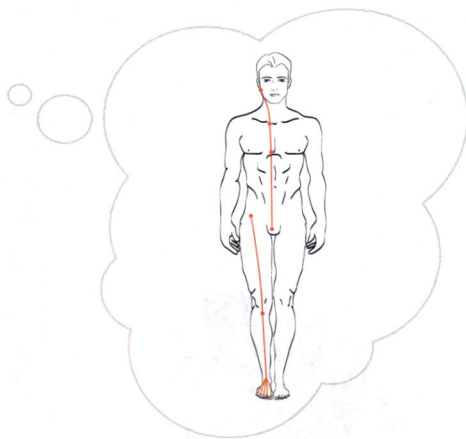

感受

双脚紧贴地面，右手后伸抵墙，骨盆向前，第五肋骨向耻骨反方向移动，胸部向天花板方向伸展，头部远离肩膀。感受前表线尤其是其右侧的拉伸。

如果感到腰椎受压，就后退一步，并在右手后伸之前向上伸展手臂，将身体拱起。保持数个呼吸后，回到起始姿势，用左手重复上述动作。

运动

慢慢地将右手举过头顶，慢慢到达墙上。

实践

运用前表线进行静态拉伸，保持这个姿势30~45秒。

注意

保持全身伸展。

作用

感受前表线和手臂线的静态拉伸。

讨论

这个训练能为进阶臀桥训练打下良好的基础。

退阶

- 可以通过贴近墙壁，从而减小动作幅度。
- 将背部向后靠在墙上代替用手抵在墙壁上。

进阶

举起双臂进行这个动作。

手臂贴墙训练

起始姿势

站直，脚趾紧贴墙壁，伸展两侧手臂并保持与肩同高，肘部朝后。将手掌放在墙壁上，保证胸部和墙壁之间留有空隙。保持背部和骨盆处于中立位。

发现

在头脑中回忆臂前表线的整条轨迹，从一个发力点过渡到下一个发力点。

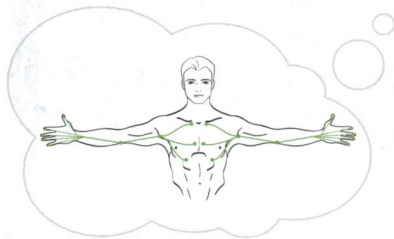

感受

将手指和掌心轻轻按在墙上，在臂前表线上产生预张力。这将帮助我们感受它的活动路径。如果集中注意力，你应该能感受到胸大肌和背阔肌得到了激活。

实践

将此训练作为一种感知工具，保持这个姿势30秒。

注意

- 采用激活的风筝姿势。
- 肘部朝后。
- 伸展手臂。
- 打开肩胛骨。
- 保持背部处于中立位。

作用

激活和感知手臂线。

讨论

这个训练和接下来的训练都非常简单，可以在任何有墙的地方进行。

只有当你的姿势正确（激活肩胛骨并将肘部放置在正确位置）时，你才能感觉到肌筋膜线得到了激活。为什么肘部的位置如此重要？因为肘部位置会影响肩胛骨的位置，而肩部对肋骨会产生影响。

我敢说，虽然已经看过训练步骤，但是很多人仍旧无法将具体的训练内容和之前介绍的各点联系到一起。我能理解这种想法，但事实并非如此。这些点的激活对于以下自重训练至关重要，如四点支撑、平板支撑，或是配合杠铃或壶铃进行训练。因为接触点激活了肌筋膜线，可以确保力量正确分布、保持两条线的平衡，从而帮助我们使用真正应该使用的肌肉。

你应在热身时做一做这个类型的运动。

测试

尝试用手臂贴墙的姿势完成所有训练（如下列变式1、2、3），但只用右臂完成，然后离开墙壁，并将双臂举过头顶。发现区别了吗？通常情况下，已经得到激活的手臂会更轻盈、更活跃，反应更快。

改变刺激

将本训练作为开始、结束训练。从同一姿势开始训练，唯一改变的是如何激活。保持此姿势3秒以激活胸大肌和背阔肌，放松几秒，重复5~10次。继续训练手臂的其他姿势（如下列变式1、2、3）。这样做的目的是激活肌筋膜线，在训练开始和结束时放松以重新平衡肌肉功能。

变式1：激活臂后深线

发现

在头脑中回忆臂后深线的路径，从一个发力点过渡到下一个发力点。

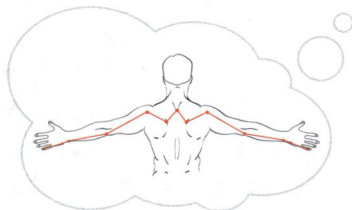

感受

外旋伸展的手臂，保持肘部朝后，将手的外缘（小指）贴近墙壁。小指轻轻压在墙面上，你应感受到臂后深线上肱三头肌和菱形肌被激活。

实践

将此训练作为开始、结束训练。

变式2：激活臂前深线

发现

在头脑中回忆臂前深线的路径，从一个发力点过渡到下一个发力点。

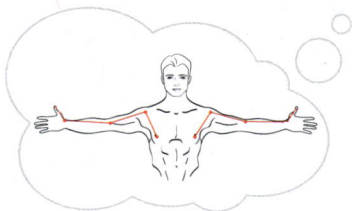

感受

内旋伸展的双臂，采用激活的风筝姿势保持肘部朝后，将拇指贴近墙壁。拇指轻推墙壁，你应感受到臂前深线上肱二头肌和胸小肌被激活。

实践

将此训练作为开始、结束训练。

变式3：激活臂后表线

发现

在头脑中回忆臂后表线的路径，从一个发力点过渡到下一个发力点。

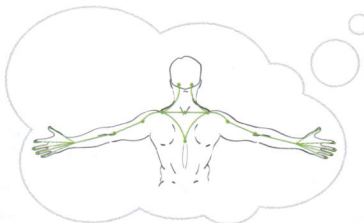

感受

站直，将骶骨、背部和头部靠在墙上。采用激活的风筝姿势，脊柱和骨盆保持中立位。将手臂抬高至与肩齐平，将你的手背抵在墙上。肘部向后朝墙壁的方向。手指发力，手背轻贴墙壁并轻轻抵抗，你应感觉到臂后表线上手指伸肌、三角肌和斜方肌被激活。

实践

将此训练作为开始、结束训练。

靠墙手臂线训练

策略

感受－感知－探索和激活手臂线

起始姿势

　　站直，背靠墙壁，确保骨盆和脊柱处于中立位（骶骨、胸椎、头部贴近墙壁）。双臂伸直，手掌紧贴墙面，肘部朝外。保持正确的姿势并呼吸30秒，放松几秒，再重复4次。

注意

- 肘部朝外。
- 采用激活的风筝姿势。
- 胸椎（T12）和头部贴近墙壁。
- 腰椎和颈椎远离墙壁。
- 打开肩胛骨。

作用

- 感知手臂线。
- 拉伸手臂和胸部筋膜：后表线、前深线、手臂线。

讨论

　　将手和小指轻按在墙壁上，拇指不要离开墙壁，此时你应该感受到肱三头肌被激活。激活肩胛骨（轻轻向下推动），感受背阔肌至髂嵴的张力。此讨论将在下个训练中继续。

改变刺激

　　背靠墙壁，抬起手臂：只有姿势正确，才可以激活肩胛骨和背阔肌。慢慢抬起双臂，双手分开，保持与肩同宽，胸椎（T12）靠在墙面。把手臂举到最高处，同时确保身体的其他部分不离开起始位置；否则无法达到拉伸效果，反而会浪费时间。

注意

- 肘部朝外。
- 采用激活的风筝姿势。
- 做拧紧灯泡的动作（肱骨头外旋）。
- 固定点：胸椎（T12）。移动点：手。

作用

对手臂线和胸部进行动态拉伸。

讨论

　　这个训练对我来说是必不可少的，因为只需要一面墙壁和两分钟就能完成，并且十分简单有效，它能让我们确切地感觉到身体收缩的位置，或者正如我常说的那样，你能感觉到训练"正在进行"。

　　我们可能会不自觉地将手臂举得太高，这样会使胸腔位置过高，无法训练到肩胛骨，并且会将肱骨头置于不利的位置。

下面是一些常见的错误和代偿方式。

- 不改变肩胛骨位置就无法保持肘部朝外。
- 手腕不靠在墙上。
- 头部不接触墙壁。
- 头部接触墙壁，但颈部屈曲幅度增大。
- 锁骨前伸。
- 试图将胸椎（T12）靠在墙上时，容易发生骨盆后倾。

　　所以问题是为什么不花点时间做一些简单的运动来改善其他方面（姿势、呼吸和整个训练）呢？

73

鹳式靠墙训练

策略

感受－感知－探索和激活体侧线

起始姿势

靠近墙壁站立，双脚分开，与髋同宽，双臂伸直并自然垂放在身体两侧。

发现

在头脑中回忆体侧线的路径，从一个发力点过渡到下一个发力点。

感受

想要感受和激活体侧线，请轻轻地将你一侧的脚、膝盖和髋部的外侧贴近墙壁。

实践

- 保持该姿势30秒，然后换到另一侧。
- 将此训练作为开始、结束训练。

运动

将右臂举至约同肩高，并确保其贴近墙壁。

将右膝抬至骨盆高度。确保脚和髋部的外缘贴近墙壁。同时保证膝盖尽可能地贴近墙壁。

注意

保持脚、膝盖和髋部贴近墙壁。

作用

激活和感知体侧线。

讨论

这是一项奇妙、即时、简单的运动。我为它取了一个简单的名字——KISS（Keep It Simple Stupid，简单的傻瓜式运动）。

试试下面的测试，它绝对会令人惊叹，我也无须赘述了。

测试

在换到另一侧之前，听听自己的身体语言。我们的身体在左右侧相同吗？

离开墙壁，抬起右腿（鹳式姿势），然后用左腿重复此动作。感受到有什么变化吗？此时你应该会发现右腿更轻盈、更稳定、更活跃。

右腿站立，然后下蹲，再换左腿。变化多么显著啊！

身体向左侧倾斜，然后向右侧倾斜，分析运动过程。这两个动作是一样的吗？

现在你能意识到这个训练的作用了吗？

靠墙臀大肌训练

感受－激活臀大肌（训练体侧线）

起始姿势

站立，身体右侧靠近墙壁，距墙壁约10厘米。左脚后退半步，保持前脚着地，脚跟抬起。双臂伸直并自然垂放在身体两侧。

运动

首先，将左脚的大脚趾贴紧地面；将右脚整个脚掌压向地面，感觉要向前滑动一样。一旦腿部感受到了这种张力，在保持背部伸展的同时，骨盆向墙壁方向后移，进行屈髋。将左臂斜向伸展远离胸部，从而激活后功能线（从左侧背阔肌到右侧臀大肌）。保持3秒后恢复直立姿势。重复10次，然后换另一边。

讨论

我第一次看到这个训练时，它是由传奇人物米霍尔·达尔科特［ViPR（活力、表现、重建）训练的创造者］完成的。他是一位国际知名的教练，拥有令人惊叹的能力，能用最简单的方式解释最复杂的概念，这充分展示了他的个人魅力。

我可以向你保证，这个训练是开始、结束训练时，重新激活臀大肌的好方法，你会感受到它的效果。

注意

- 固定点：大脚趾和脚。移动点：骨盆和手臂。
- 采用激活的风筝姿势。

作用

激活臀大肌的开始、结束训练。

改变刺激

- 如果右膝有扭动的趋势，可以将左臂移向右膝来感受这种神奇的变化。这会使你的右膝稍微向外移动，这种训练效果非常明显。与此同时，你也会感到右臀的张力增加。

- 如果没有墙壁，也可以不借助墙壁来完成这个训练。

进阶

使用实心球或ViPR做同样的训练以增加负荷。保持右下图所示的姿势3秒，然后回到起始姿势进行放松。这会加强对腹肌的训练，因此为什么你不对核心肌群进行一次完整的训练呢？

蜘蛛侠靠墙训练

起始姿势

侧身站在墙边，离墙壁5英尺（约1.5米），双脚分开，与髋部同宽，双臂伸直并自然垂放在身体两侧。

运动

向墙面跨步，髋部屈曲（向臀部后方微微移动），膝盖屈曲，双手置于墙上，与胸部在同一平面上。

发现

在头脑中回忆左侧体侧线的路径，从一个发力点过渡到下一个发力点（参阅上图粉红色圆点）。

感受

通过拉伸来探索整条左侧体侧线。左脚外侧朝向一个方向，左手小指向另一个方向。

探索并强化左侧体侧线。右手轻推墙壁，同时将身体稍稍移开（在身体左侧形成张力）。

实践

保持该姿势30~45秒，然后换到另一侧。

注意

- 相对点：左脚、左手。
- 采用激活的风筝姿势。

作用

- 感知和激活。
- 拉伸和强化肌肉。

进阶

离开墙壁时，稍微将腿移动到身后，以增加旋转角度。

改变刺激

- 将这个训练作为开始、结束训练激活身体。采用这个姿势，保持3秒，然后回到起始姿势，每次都通过拉伸和强化来激活体侧线。
- 使用能量策略的训练。从起始姿势开始，采用侧步的姿势，手臂靠在墙上，然后以充满弹力和爆发力的动作回到起始姿势。
- 作为前一点的替代方法，你可以在回到起始姿势之前，抬起右腿做鹳式训练。
- 从鹳式训练姿势开始，右脚向前迈一步，做出一个动态的前弓步姿势。随即回到鹳式训练姿势，然后从起始姿势开始重复上述动作。这个动作运用到了预张力和反向旋转。重复此动作5~10次，然后换到另一侧。

4.3.2　感受自重训练

加压呼吸、呼吸分析、犬式呼吸（喘气）

1. 加压呼吸

策略

感受－激活－呼吸

注意

- 用力呼气。
- 采用激活的风筝姿势。

作用

- 激活交感神经系统。
- 运动准备。

起始姿势和运动

　　采取俯卧姿势，将双手放在前额下，采用激活的风筝姿势。用鼻子吸气，用嘴巴用力呼气，发出响亮的"哧"声。重复10次。

讨论

　　这种运动不适合高血压患者。

　　我们通过用力呼吸来激活交感神经系统，这对训练大有裨益。试着把它作为一项训练前的热身运动，做完之后，你会感到准备就绪、活力满满，并且充满能量。

2. 呼吸分析

策略

感受－激活－呼吸

起始姿势和运动

　　站直，吸气。然后连续呼气3次，中间不要吸气。第3次呼气时，排出肺部所有剩余的空气。你在呼气时可以试着发出"呼"声。

3. 犬式呼吸（喘气）

策略

感受－激活－呼吸

起始姿势和运动

　　像之前训练一样站直。用嘴巴快速吸气、呼气15~30秒。或许你在平时就注意到了，狗在感到有压力时也会用这种方式快速呼吸。

讨论

　　这种呼吸方式会对身体造成压力：瞳孔扩张，心率加快，胃肠系统受阻，肌肉力量增强，释放儿茶酚胺，特别是肾上腺素。换句话说，这时身体处于戒备状态，随时准备作战。

　　这并非一种可以随意激活的呼吸状态，但如果使用得当，它会为身体带来许多积极影响。然而，如果你整天都这样呼吸，便会给身体带来消极作用，对身体的姿势等方面产生许多影响。

　　呼气时，应通过激活副交感神经系统来重新平衡呼吸。白天，交感神经和副交感神经系统要保持平衡，因此你应当在适当的时间开始/结束训练。这种交感神经和副交感神经之间的持续平衡使人们能够迅速适应日常生活中可能发生的任何变化，而且它通常是维持身体健康的决定性因素。

视觉训练

起始姿势

站直，左臂举于胸前，与肩同高，食指朝上。眼睛注视着食指。

手臂运动

固定点：头部。移动点：食指。当手指向左移动时，眼睛跟着手指移动，头部保持不动。重复5~10次，然后换到另一侧。

头部运动

固定点：食指。移动点：头部。手指不动，头向左转，同时保持眼睛注视手指。重复5~10次，然后换到另一侧。

注意

- 保持固定点完全静止。
- 尽可能地转动头部或移动手臂，直到看不见手指为止。
- 采用激活的风筝姿势。
- 眼睛运动（神经及运动功能）。

作用

- 刺激神经系统。
- 促进协调。
- 刺激本体感觉。
- 缓解颈部紧张。
- 改善视力。

讨论

应该将这样的训练纳入常规训练中。

"眼睛的容量非常大，它能把个人对周围环境理解的一切信息传递给大脑。视力只是人对光的反应，它是眼睛遇到光线时的客观测量的反射。视觉发挥作用的过程是解读眼睛所看到的东西的过程，是从我们看到的东西中提取含义的过程，是理解和整合我们看到的东西的能力，可发挥触觉、听觉、味觉和嗅觉等所有感官的作用。这一切都受到个体情绪、周围环境和人生经历的影响。视觉是生命的基石，因为所有对个体生存和发展有用的信息中，大约有80%是由视觉接收的，而其他感官接收的则占剩下的约20%。因此，视觉是5种感官中最重要的"[10]。

向大脑不断输入新知识才能产生变化。

不相信吗？让我们做一个测试前后的对比：头向左转，然后向右转，在心里记下转动距离以及感受到的张力。现在做手臂运动训练，再次进行头部测试。是不是发生了变化？

改变刺激

- 转头时，先闭上一只眼睛，再闭上另一只眼睛。
- 转向左侧时，闭上右眼，将舌头抵在嘴巴的右侧。

视觉反应训练

起始姿势

　　站直，左臂举于胸前，与肩同高，食指朝上。眼睛注视着食指。

运动：随**眼睛**运动做侧弓步

　　固定点：食指和头部。移动点：眼睛。

　　做侧弓步时，要保持眼睛注视着食指，同时不可以移动食指或头部。

运动：随头部运动做侧弓步

　　固定点：食指。移动点：头部。

　　做侧弓步时，要保持眼睛注视着食指。现在让我们来谈谈侧弓步技巧：向右迈出一步，向后微微屈曲髋部，微微屈曲右膝。保持左腿伸直（尽可能伸直），背部处于中立位。回到起始姿势。先从短距离侧弓步开始尝试，然后逐渐增加距离，提高难度。

运动：随食指运动做侧弓步

固定点：头部。移动点：食指。

将食指朝上放在面前做侧弓步。在这种姿势下，向左移动手臂，眼睛始终注视着食指。

运动：随头部反向运动做侧弓步

固定点：食指。移动点：头部。

当你在做侧弓步时，保持食指在身体左侧不动，并向右转头，同时眼睛始终注视着食指。

作用

- 刺激神经系统。
- 促进协调。
- 刺激本体感觉。
- 缓解颈部紧张。
- 改善视力。

讨论

这些训练都要求身体有十分良好的协调性，遗憾的是，协调性没有更广泛地为人所知。

眼睛是光学仪器（用来观察和传输被大脑处理成图像的光线），同时也是一种肌肉结构，这些肌肉能引导眼球在空间中的指向。这意味着眼睛既可以从光学角度（即验光师检查时的视力表现）来考虑，也可以从眼球运动角度（眼睛如何运动）来考虑。

髋屈肌静力收缩

起始姿势

　　站直，双腿分开，与髋部同宽，双臂伸直并自然垂放在身体两侧。

注意

- 采用激活的风筝姿势。
- 固定点：手。移动点：膝关节。

作用

　　髋屈肌的激活/放松。

讨论

　　为什么手只用来给膝关节施加阻力？这样做是为了给两侧髋屈肌施加同等压力。这就是为什么是手来"引导"这项运动。若非如此，该运动就会失去意义。

运动

　　以90-90-90度鹳式姿势（脚、膝、髋屈曲呈90度）抬起右腿。将右手放在右膝上。用手按压膝关节，保持3秒。回到起始姿势，放松髋屈肌3秒。重复10次，然后换另一条腿。

改变刺激

　　仰卧，屈曲并抬高右腿至髋部上方。大腿和小腿呈90度，躯干和大腿呈90度。将左手放在右膝上，轻轻外旋右大腿，右脚向内移动。足内翻的同时用手按压右膝3秒，然后右腿落回地面，放松3秒。重复10次，换到另一侧下肢。

髋屈肌拉伸

策略

感受－开始/结束训练

起始姿势

　　采取半跪姿势，左脚向左侧伸出。右腿向内转动。把左手放在左膝内侧，右手放在右腿上。

注意

- 采用激活的风筝姿势。
- 固定点：手。移动点：膝盖。

作用

　　开始/结束训练＝两侧髋屈肌等距伸展时的激活/放松。

运动

　　向脚趾方向移动左膝：你的骨盆会略微下降，这样可以更好地拉伸大腿内侧和髋屈肌。用手对抗膝关节，保持3秒。放松，再回到起始姿势保持3秒。重复10次，然后换到另一边。

讨论

　　很少有人的身体是完美对称、完全一致的。在这个训练中，你可以很容易发现左腿和右腿不同，很容易感觉到一侧髋部比另一侧更灵活。这个训练可以使运动的范围更广、身体更灵活。

83

拍打（快乐轻拍）

起始姿势和运动

采取半跪姿势，左腿在前。用手轻拍整条左腿，从小腿往大腿慢慢移动。接着，由右手轻敲胸腔一侧，再拍打左臂。继续沿着左臂轻拍到手，然后用力鼓掌。做完之后，你恢复活力了吗？

站位拍打：整个训练也可以站着进行。

注意

拍打动作是通过轻拍来施加刺激的，不要在皮肤上留下痕迹或淤青。

作用

- 激活全身。
- 激活交感神经系统。
- 唤醒身体。
- 准备运动。

测试

测试前后应进行此处所示的3项训练（请参阅第82页、83页和本页），但仅针对右腿。

每项训练重复10次后，再进行屈腿、步行、侧弓步和深蹲运动。从头开始用左腿重复上述步骤。

讨论

这项看似傻傻的训练其实是有趣而有效的。它深受学员喜爱，能使人瞬间绽放笑容。

在进行下一次热身运动前，请详细地把此项神奇的训练纳入左侧提到的测试中。

快速激活

策略

感受－激活

起始姿势和运动

　　无论使用什么起始姿势，你都能够进行此项训练。先充分打开你的手，然后完全闭合（捏紧成拳）。一开始先放缓速度，之后再慢慢加速。重复10~20次，然后换另一只手。

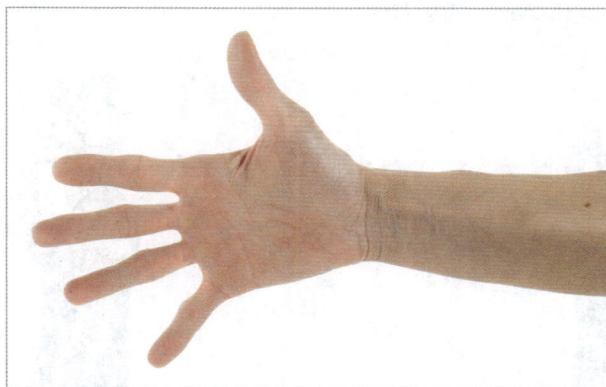

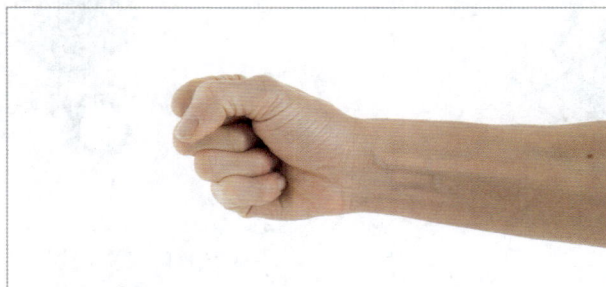

作用

　　激活神经肌筋膜。

4.3.3 感受器材训练

踝前部泡沫轴激活

起始姿势

臀部坐在脚跟上，将泡沫轴放在地面和脚踝之间，保证脚可以自由活动。采用激活的风筝姿势，确保脊柱处于中立位。

运动

伴随着缓慢而流畅的运动，在泡沫轴上轻轻向下按压，先屈曲再伸展脚踝。重复10次。

注意

- 保持流畅的运动。
- 对泡沫轴施加几乎恒定的轻柔压力。

作用

- 放松脚踝前部的组织（趾伸肌腱的上下支持带、前表线）。
- 增强脚踝的灵活性。
- 改善步态。
- 优化深蹲动作（提高深蹲时的关节活动度）。

讨论

　　尽管这是一项非常简单的运动，但是它对脚踝的灵活性影响很大。你是不是也会经常遇到踝关节无法自如活动从而导致屈腿能力受限的学员呢？

　　这个问题关系到脚背的韧带，这些韧带也被称为上下伸肌支持带。简单来说，我们可以把支持带想象成环绕脚踝的约束筋膜。该筋膜将前表线（趾长伸肌和趾短伸肌、胫骨前肌、小腿外侧间隔）的肌腱固定在适当位置，并将作用力从胫骨肌引导至脚趾，起到滑轮的作用。想象一下，如果脚踝周围的约束带变得僵硬并且活动受阻，下面的肌腱无法滑动，那么就会限制脚踝和脚趾的活动。这是什么原因造成的呢？久坐不动的生活方式、错误的运动方式、意外以及不合脚的鞋子都有可能造成这种情况。

　　这项运动的目的是通过对该区域进行再水化和加以刺激来释放肌腱压力。这是一种减轻踝关节前部张力的简便方法。关于如何正确使用泡沫轴和球，我们可以在第255页找到答案。

改变刺激

- 使用感官球（带有软刺，注意保证安全）。
- 如果没有泡沫轴，可以用卷起来的毛巾代替。

进阶

　　在泡沫轴上仅使用右脚踝做同样的运动。发生了什么变化？单个踝关节的负荷增加了。

测试

　　我经常遇到不能坐在脚跟上的人（因为其足部扁平）。这可能是因为其前表线太紧了。让我们在测试前和测试后分别试一试。

　　（1）坐在脚跟上，保持双足平放（无他人帮助）。在心里记下这种姿势下身体感受到的张力，以及臀部离脚跟有多远。

　　（2）使用泡沫轴或两个球进行训练。

　　（3）再次坐在脚跟上，保持双足平放（无他人帮助）。在心里记下这种姿势下身体感受到的张力，以及臀部离脚跟有多远。

　　结果是不是很神奇？

跪式泡沫轴后表线激活

策略

感受－激活后表线

起始姿势和运动

跪在地上，双脚平放，将泡沫轴置于脚踝和小腿肌肉之间。慢慢坐在泡沫轴上，轻轻施压3秒，然后抬起髋部释放张力。慢慢坐回泡沫轴上，保持几秒，每次增加训练时间。采用激活的风筝姿势，保持背部处于中立位。重复5~10次。

注意

只有进行大量的运动才能有所收获吗？不，这并非我们的宗旨。我们希望大家能根据身体感到的张力进行调整，选择合适的运动强度。

作用

放松脚踝后部的软组织（小腿肌肉、比目鱼肌、后表线）。

小腿肌肉泡沫轴按压

策略

感受－激活后表线

起始姿势和运动

坐下来，双手自然地放在背后支撑身体，采用激活的风筝姿势使背部保持挺直。将泡沫轴置于右脚脚踝和小腿肌肉之间，用左脚固定住泡沫轴。右腿小腿肌肉轻轻地在泡沫轴上按压3秒。重复10次。

注意

施加适当的压力。

作用

- 刺激腿部组织/后表线。
- 消除腿部肌肉紧张。
- 增强下肢运动能力。

改变刺激

- 继续轻轻下压小腿，同时轻轻地左右移动腿，按摩肌肉组织10秒。换另一条腿。
- 当你下压时，适当改变脚的位置（内旋、外旋）。

讨论

泡沫轴本身没有一个固定的位置，但是如果稍微向脚踝或向膝盖方向滚动它，我们就能找到适合自己、张力恰当的位置。一旦找到了正确的位置，在整个训练过程中请将泡沫轴放在这个位置。

这项运动能放松和激活一部分后表线（连接小腿肌肉和跟骨的跟腱），从而增强踝关节和膝关节的灵活性。

小腿内侧泡沫轴按压

起始姿势和运动

　　侧卧，将身体重量放在右肘上，采用激活的风筝姿势，保持背部挺直。把泡沫轴放在伸直的左腿脚踝和小腿肌肉之间，右腿选择一个舒适的位置置于地面。泡沫轴并不一定要放在特定的位置，但是如果稍稍向脚踝或向膝盖方向滚动它，或者稍微内旋或外旋腿，我们就能找到适合自己、张力恰当的位置。一旦找到了正确的位置，在整个训练过程中请始终将泡沫轴保持在这个位置。

　　轻轻地将左腿压在泡沫轴上，持续3秒。重复10次。然后慢慢地在泡沫轴上来回移动左腿，再持续10秒，按摩肌肉组织。换另一条腿。

注意

采用激活的风筝姿势。

作用

- 刺激腿部组织以及前深线。
- 消除腿部肌肉紧张。
- 增强下肢运动能力。

大腿内侧泡沫轴按压

策略

感受－激活前深线

起始姿势和运动

俯卧，身体重量放在双手肘部，采用激活的风筝姿势，保持背部挺直。将泡沫轴放在左大腿内侧下方、靠近左膝的位置。在地面上舒服地伸展右腿。泡沫轴并不一定要放在特定的位置，但是如果稍微向膝盖或向骨盆方向移动它，或者稍微内旋大腿，我们就能找到适合自己、张力恰当的位置。一旦找到了正确的位置，在整个训练过程中请始终将泡沫轴保持在这个位置。

轻轻地将左腿压在泡沫轴上，持续3秒。重复10次。然后慢慢地在泡沫轴上来回移动左腿，再持续10秒，按摩肌肉组织。换另一条腿。

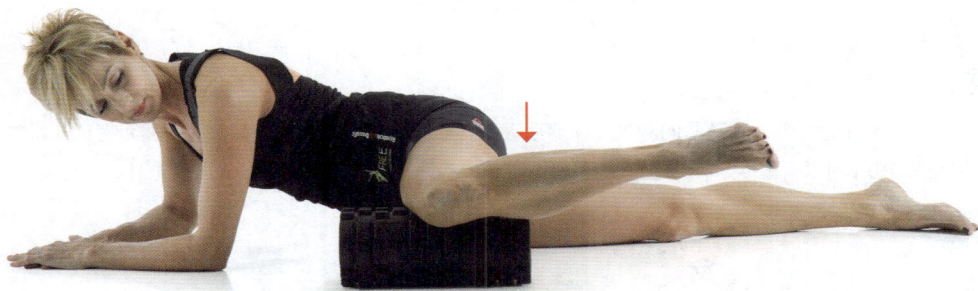

注意

采用激活的风筝姿势。

作用

- 刺激腿部组织以及前深线。
- 消除腿部肌肉紧张。
- 增强下肢运动能力。

改变刺激

进行同样的训练，但这次将泡沫轴放在大腿内侧下方更靠近骨盆的位置。

感官球仰卧起坐

策略

感受－激活后表线/前深线

起始姿势

仰卧，双腿屈曲，双脚分开与髋同宽。将感官球置于脊柱两侧肩胛骨下方。双手交叉放在颈后。

运动

抬起胸部时呼气，眼睛看向膝关节。随后吸气并返回至起始姿势。重复5次，然后将球向骨盆方向移动约1厘米。重复5次。

注意

- 采用激活的风筝姿势。
- 保持呼吸平稳。

作用

- 激活交感神经系统。
- 刺激后表线/前深线组织。
- 释放胸椎压力。
- 优化呼吸能力。
- 增强灵活性和柔韧性。
- 强化核心肌群的力量。

讨论

尝试将此训练与呼吸分析训练（第78页）结合起来。当你第三次抬起胸部时，试着连续呼气3次。第三次呼气时排出肺部所有剩余的空气。注意不要在3次呼气之间吸气，试着在呼气时发出"咻"声。

迷你弹力带侧向训练

策略

感受－激活体侧线

起始姿势

站直，双手自然垂放在身体两侧，将迷你弹力带置于双脚之间。将你的双腿分开得足够远，以保证迷你弹力带处于拉伸状态，同时保持脚趾朝向正前方。

注意

- 保持膝关节伸直。
- 用脚外侧拉伸迷你弹力带来做侧面移动。
- 采用激活的风筝姿势。

作用

- 激活下半部分体侧线。
- 增强腿部稳定性。
- 保护膝关节。

退阶

- 使用一条宽松的迷你弹力带。
- 或者在没有迷你弹力带的情况下完成整个训练（还可参阅第112页和第113页）。

改变刺激

- 双脚向内，做侧身运动。这有助于在有张力的拉伸状态下刺激体侧线。
- 双脚向外，做侧身运动。这有助于在有张力的缩短状态下刺激体侧线。

运动

左脚向一侧迈出一小步，然后右腿向左移动，同时确保迷你弹力带始终保持略微拉伸的状态。继续此运动直至完成5次侧面移动。回到起始姿势，换右腿进行此项训练。

讨论

2009年，从斯图尔特·麦吉尔（Stuart McGill）博士处，我第一次了解到这个训练。他是该领域的领军人物，也是加拿大滑铁卢大学脊柱生物力学教授。从那以后我便深深地迷恋上了这项运动。

它是这样与肌筋膜线共同发挥作用的：你将迷你弹力带放置在脚中间，可激活下半部分体侧线，该肌筋膜线穿过第一和第五跖骨底部（还可参阅第113页的讨论）。

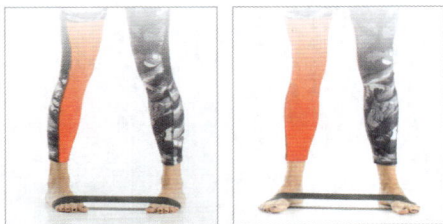

灵活性：功能灵活性

第 5 章

灵活性

灵活性是一种将科学训练方法与可行的训练相结合的策略，可以最大限度地提高关节活动度。

记住：我们的关节会暴露我们的年龄。

5.1 灵活性策略

在这一章中，我们将详细探讨为什么以及我是如何决定在我的训练计划中增加灵活性训练策略的（功能灵活性和关节灵活性训练）。

正如我们已经说过的，FReE策略遵循逻辑顺序，但其思想不是遵循固定的计划，因为没有两个人是相同的。重要的是理解我们为什么要做出某些特定的选择。重要的是要知道该做什么，怎么做以及为什么这么做。选择进行功能灵活性训练有许多好处。

我在本书中提出的灵活性训练是多种多样的，涉及主要关节并使用系统的方法实现功能灵活性。因此，这种训练可以带来以下好处。

- 提高关节活动度。
- 维持并改善关节功能。
- 提升日常活动能力。
- 刺激神经系统。
- 保持关节健康。
- 润滑和滋养关节。
- 预防和治疗骨关节炎。
- 提高运动表现水平。
- 改善肌肉柔韧性。

简而言之，关节灵活性对身心健康和运动表现至关重要，这就是为什么需要进行持续且系统的训练。不幸的是，这种训练通常被认为是无聊的或浪费时间的，因此这种训练常常被忽视。

让我们仔细看看功能灵活性或关节灵活性到底意味着什么。

关节灵活性的定义

关节灵活性是指关节或关节系统以尽可能大的关节活动度运动的能力。

影响关节灵活性的因素如下。

- 关节结构。
- 肌肉和肌腱弹性。
- 环境温度。
- 热身和体温。
- 年龄和性别。
- 焦虑和压力。

- 肌肉疲劳程度（这限制了主动肌和拮抗肌的作用）。

关节灵活性的分类

关节灵活性分为以下几类。

- 解剖性关节灵活性：关节活动度由某些部位的解剖学限制决定（关节面、结缔组织和肌肉结构的伸展性）。
- 主动关节灵活性：通过收缩主动肌，同时放松拮抗肌，可以使关节达到最大活动范围。因此，主动关节灵活性受肌肉力量和伸展的影响。
- 被动关节灵活性：借助外力（训练伙伴或器材）可实现的最大活动范围。它基于拮抗肌的放松和伸展能力。因此，它受到训练伙伴的潜在负荷力或肌肉伸展的影响。

被动关节灵活性总是大于主动关节灵活性，可以达到解剖性关节灵活性的90%。被动关节灵活性和主动关节灵活性之间的差异代表了主动关节灵活性可以增强的程度，无论是通过强化主动肌还是强化拮抗肌的伸展能力。

肌肉在关节运动中的伸展能力被称为肌肉柔韧性，可以通过训练来增强。然而，肌肉柔韧性可能受到关节囊、肌肉可收缩部分的活动、肌肉本身的结缔组织、肌腱以及皮肤的限制。我们将在第6章讨论关节灵活性与肌肉–柔韧性的结合，同时研究肌肉关节的灵活性。

抗阻拉伸

人们过去认为运动受肌肉本身的限制，因此必须训练肌肉。但现在人们已经知道，不仅仅是肌肉，关节周围的结缔组织（关节囊、韧带）和肌肉的筋膜组织也限制关节的运动[25, 52]。

这是有原因的。超过关节的生理活动范围的运动会损害关节囊和韧带的结构，但不会导致关节周围的肌肉撕裂。肌肉通常在关节处于正常活动度时受伤。研究表明，肌肉损伤与缺乏协调性有关，而可能与缺乏灵活性无关。这一发现已经并将继续对拉伸和力量课程的规划以及预防产生重大影响。

就百分比而言，哪些因素对关节灵活性的阻碍最大？

- 关节囊：47%
- 拮抗肌和筋膜：41%
- 肌腱和韧带：10%
- 皮肤：2%

关节灵活性的益处

功能灵活性本质上是一种动态锻炼，它能教会身体如何在不同的范围内工作，从而掌握如何控制运动本身。为什么关节灵活性训练很重要？原因如下。

- 可以润滑和保护软骨（机械功能）。
- 可以给中枢神经系统提供即时反馈（神经功能）。
- 可以增加或保持关节活动度。
- 因为每个关节都涉及多条肌筋膜线。

1. 润滑关节

在热身时关节就会得到润滑。定期活动关节并使其承受适当的负荷可以帮助减缓关节老化的速度。

关节表面（关节腔和头部）由一层软骨覆盖，充当着保护关节的气囊。这层软骨支撑关节，覆盖骨骼末端，以防止关节在运动过程中发生摩擦。它对牵引力/压力具有极强的抵抗力，并且能够变形。软骨由软骨细胞、结缔组织纤维（胶原）和不可渗透物质组成。软骨细胞形成由结缔组织纤维包裹的细胞群（软骨单元），这些细胞群进而形成微观缓冲垫，帮助保护和缓冲软骨[46]承受的压力。软骨的一个显著特征是它不含任何毛细血管。它在运动时，关节内空间的滑膜（由弹性纤维和脂肪组成的关节囊内层）会产生关节润滑（运动）并为其提供营养和氧气。之后，它会穿透软骨层。

记住，对于骨关节炎，预防总是比治疗效果更好。

负面提示：关节的软骨如果没有得到充分的活动或负荷，就不能获得足够的关节液，润滑度不足，将导致其厚度、弹性和阻力下降或减弱。同时，软骨可能会因过度的压力和不适当的负荷而受损。

2. 即时反馈

功能灵活性训练对中枢神经系统有即时的影响。在第1.8节中，我们讨论了在肌肉和关节周围和内部、肌腱、韧带和关节囊中发现的众多机械感受器，这些机械感受器将信息传递给中枢神经系统。关节活动则会利用这一即时通信。脚、手和背部包含多个关节。我们通过利用这些感受器的反应来更快地与中枢神经系统交流，并获得更明显的反应。

3. 增加或保持关节活动度

这一重要方面在本章的开头部分已经做了介绍。

4. 协调肌筋膜线

多条肌筋膜线穿过我们身体的每个关节。单个肌筋膜之间的协同作用是通过关节活动来协调的。

控制活动

使用FReE方法可以通过控制活动来"增加""控制"和"创造"。

- "增加"：增加关节活动度*。
- "控制"：使用神经系统以优化肢体的活动范围，逐步诱导组织适应以保护肢体。
- "创造"：加强基本动作的灵活性，逐步适应更复杂的动作，以增强动作连贯性。

控制关节灵活性

- 增强对短、中、长活动范围的控制（通常控制中间活动范围）。
- 是增强柔韧性的最快方法。
- 融入功能性运动训练。
- 增强灵活性（有效改变身体位置的能力）。
- 增强关节稳定性（加强神经控制）。

没有灵活性就不可能有运动，你有没有想过人们在一天中做了多大范围的关节活动？大多数人只使用40%~50%的可能范围（由于前面提到的各种原因），然后他们出于在训练中完成完整的活动范围的目的，开始进行训练。在这种情况下，他们能做到吗？可以，但只有通过代偿才可能实现。

现在你了解到，在尝试一项需要较大关节活动度的运动之前，必须创造适当的条件，并打下基础或使用那些"看不见的砖块"，以此作为构建其他要素的基础。

5.2 逐节理论

我第一次参与关节活动度测试是在2001年，当时我作为锐步教练参加了由格雷·库克（Gray Cook）主持的波士顿锐步大学的反应性神经肌肉训练：5点运动屏幕课程。这种方法在当时相当先进。2002年，我在瑞士第一次提出这个建议时，没有得到太大的反响。我没有因此而停滞不前，而是一直在课堂上提到这种方法。如今，使用由格雷·库克提出并加以说明，并且被美国功能训练的创始人迈克尔·博伊尔（Michael Boyle）采用的方法来解读我们的关节系统是我们计划的重要部分。

逐节理论是解读我们关节系统的关键，在功能恢复、康复和预防方面都有显著的益处。

---

*关节活动度是关节在生理上可以进行的活动度，通常用度数表示。

简单地说，这个理论强调了一些重要的事情。

- 关节要么具有灵活性，要么具有稳定性。
- 当我们遇到肌肉问题、肌肉紧张、关节发炎或疼痛等情况时，真正的问题通常不在肌肉或关节本身（除非是病理性或遗传性的），而在其下面的关节。
- 唯一的例外是髋关节。

5.2.1　灵活性与稳定性

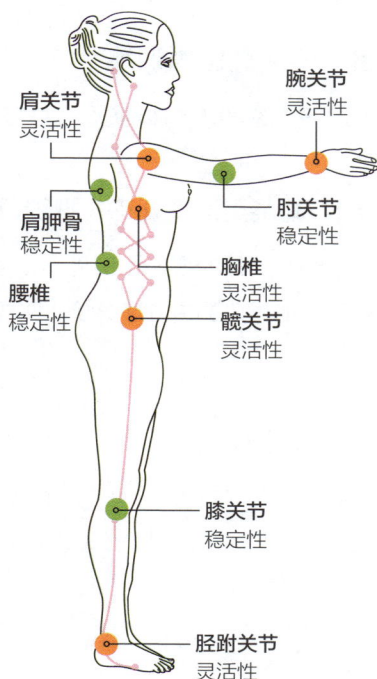

肩关节 灵活性

腕关节 灵活性

肘关节 稳定性

肩胛骨 稳定性

胸椎 灵活性

腰椎 稳定性

髋关节 灵活性

膝关节 稳定性

胫跗关节 灵活性

关节	特性
胫跗关节	灵活性
膝关节	稳定性
髋关节	灵活性
腰椎	稳定性
胸椎	灵活性
肩胛骨	稳定性
肩关节	灵活性
肘关节	稳定性
腕关节	灵活性

我们的身体是一个整体的单元：即使是在训练中，我们也可以把它分成解剖部分、内源性系统和肌肉。但身体并不知道这一点，它始终作为一个整体而工作。

我们的日常活动都不是孤立地进行的；我们并不是一次只使用一个关节，而是让肌肉链（肌筋膜线）和关节链一同工作。

5.2.2　运动类型

关节运动的主要类型如下。

- 滑动。
- 滚动。
- 滚动与滑动结合。
- 轴向旋转。

从功能和生物力学的角度来看，重要的不是每个关节的活动范围，而是这些连续排列的关节协同运动所产生的效果。

5.3　灵活性策略计划

　　我们应在什么时候考虑灵活性？考虑到我在本章开头所描述的所有积极方面，可以在训练阶段开始时或在早上进行灵活性训练，以便更好地开始新的一天。在每天早晨的训练中，运动前的系统热身可能会很有用，可以让你"启动引擎"。热身可以从小幅度动作开始，然后逐渐增加强度。

重复

　　每个练习重复2～10次。

多样性

　　你知道关节活动度一整天都不一样吗？关节活动度在早晨较低，随着气温的升高，白天关节活动度也逐步升高。换句话说，关节活动度在寒冷时较低，在温暖时较高。在训练中，它会随着我们的热身而增加，在剧烈运动后会减少。

5.4　功能灵活性训练的分类

　　在本章中，功能灵活性训练将按关节、进展和器材分类。

- 自重训练

  功能灵活性训练：脚踝/脚

  功能灵活性训练：髋关节

  功能灵活性训练：脊柱

  功能灵活性训练：肩关节

- 靠墙训练

  功能灵活性训练：髋关节

  功能灵活性训练：髋关节和肩关节

  功能灵活性训练：肩关节

  功能灵活性训练：脊柱

- 器材训练

  功能灵活性训练：髋关节

  功能灵活性训练：肩关节

5.4.1　灵活性自重训练

　　通过下列高强度的本体感觉运动打开你的身体。

5.4.1.1　功能灵活性训练：脚踝/脚

　　以下练习的目的是通过纠正不正确的脚部姿势（如过度的内旋或外旋）来重置脚部姿势。

前后走动

策略

关节灵活性–功能灵活性–脚踝/脚

起始位置

直立，双脚分开，与髋同宽，双臂自然垂放在身体两侧。

运动

右腿向前迈一步，保持左腿伸直，并且左脚（3个接触点）着地。

以这个姿势开始，右腿往后退一步。当你向后退一步时，你应该感觉到前表线下部被拉伸（在大腿部位是股四头肌）。

用右腿重复这个练习（前后走动）10次，然后换到左腿。在你进行此项训练时，手臂要像走路一样前后摆动，头部面向前方。

注意

- 脚的3个接触点（在本例中为左脚）不应移动。脚跟也是脚的一部分，不能抬离地面。
- 左腿（在本例中）必须始终保持笔直。

作用

- 增强矢状面和水平面上的胫跗关节功能灵活性。
- 激活髋关节。
- 动态拉伸并且激活后表线、前表线、体侧线、前深线。

改变刺激

- 把手臂伸到头顶上完成整个练习。这将进一步拉伸激活前表线上部（腹部），即通过伸展胸部和躯干来实现进一步的拉伸。

- L步：缩短跨步的长度。当你的右脚向前移动时，脚向内转动，双脚形成一个L形。右脚跟和左脚脚趾保持在一条线上。先把手放在身体两侧进行练习。如果你感兴趣的话，可以把你的手臂举过头顶再做一次这个动作。

- 跨步－转体：回到起始姿势（站直），双臂在胸前抬起至与肩同高，右腿前后跨步。当你向前走的时候，胸部同时向右转动，屈曲你的右肘。保持左臂不动及头部朝前。当你向后退时，右臂向前移动到起始位置。重复5~8次，然后改变方向。这样可以训练胸椎以恢复行走时的胸椎旋转。它算功能性训练吗？我想是的。

- 弹力带辅助：用一条弹力带可以帮助你把脚的3个接触点牢牢地固定在地板上。

讨论

这个练习非常棒，尽管它很简单，但它对调动胫跗关节非常有效。表面上看，这项训练似乎很简单、毫无意义甚至很可笑，但它真正的有效性就在于它很简单。不相信我吗？你可以尝试以下测试。

测试

完全按照上面的描述进行整个练习，但只进行单侧的训练。

这次，只移动你的右脚，同时保持你的左脚不动。执行练习10~15次，是否进行L步训练都不会影响结果。

一旦你完成了，是时候看看你的左脚踝和右脚踝之间的灵活性是否有什么不同了。感受一下你身体的变化。

（1）抬起右腿，不要失去平衡（鹳式）；用左腿重复这个动作。你注意到两边的稳定性和灵活性有什么不同吗？

（2）在鹳式姿势中，左脚放在地板上，抬起左脚跟，然后换边。你注意到灵活性的变化了吗？

（3）先用一条腿做单腿下蹲，然后用另一条腿做这个动作。你注意到动作自由度和灵活性方面有什么不同吗？

任何能站立的人都可以做这个练习。

侧步

策略

关节灵活性－功能灵活性－脚踝/脚

起始姿势

站直，双脚分开，与髋同宽，两臂自然垂放在身体两侧。

运动

右腿向侧边迈，左腿保持伸直，左脚完全放在地板上，面向前方。

现在，在横向平面上沿对角线方向后斜跨一步，保持左腿伸直，脚踩在地板上并指向前方。回到中立位或L步起始位置。

注意

- 固定点：地板上固定的脚。移动点：侧向移动的脚。
- 在这种情况下，左脚始终与地板接触，脚趾指向前方，左腿必须伸直。
- 采用激活的风筝姿势。

作用

- 增强冠状面和水平面上胫跗关节的功能灵活性。
- 动态拉伸和激活前表线、体侧线、前深线、螺旋线。
- 强化下肢肌肉。

右腿用力蹬地，回到起始位置（或右脚直接向前），脚趾向内，双脚形成L形。根据需要重复。

103

讨论

这是一个在不同的平面上，更高级的"前后走动"练习（第101页）。腿在运动过程中的不同位置影响并部分改变所涉及的肌筋膜线。重点依旧是调动胫跗关节，包括在冠状面和水平面上的运动，增加用力水平可增强髋关节的灵活性。通过侧移，你会感受内收肌拉伸的加强。从肌筋膜线的角度看，前深线也会得到拉伸。在横向运动中，内收肌仍然是拉伸的，但作为后表线的一部分，腘绳肌也参与其中。

进阶

侧弓步。右脚向右迈一大步，屈曲髋部，并稍稍向后移动。背部保持中立位，尽量挺直。屈曲右腿，用右手指尖触地；手臂放在右膝内侧。右脚用力蹬地，回到起始位置，或用右脚直接转到L步起始位置。在逐渐扩大动作范围之前，先从较小的步伐开始，重复5~10次，然后换边。

改变刺激

斜弓步。做与侧弓步完全相同的练习，但是这次向后斜向跨步。在逐渐扩大动作范围之前，先从较小的步伐开始，重复5~10次，然后换边。

讨论

这些运动对增强踝关节和髋关节的灵活性有非常重要的影响。此外，向各个方向运动可以增强各种肌筋膜层（体侧线、前深线、后表线、前表线、螺旋线和内收肌、外展肌、腘绳肌、股四头肌、盆底肌）的滑动能力，从而缓解紧张。这些肌筋膜线都与骨盆间接相连。

把你的骨盆想象成一个帐篷。骨骼是中心支撑，肌筋膜组成部分是绳索。搭帐篷时，若绳索在结构周围分布不均匀，帐篷就很难保持平衡；换句话说，它就会倾斜。骨盆也是如此，某些肌筋膜线的过度张力可能会导致骨盆失衡。改变张力，骨骼就会恢复到正确的位置。我在热身练习中加入了像"前后走动"和"侧步"这样的练习来平衡张力以及促进不同层次的肌筋膜的滑动，接下来的训练自然就会更有效。当然，我们不能创造奇迹。如果你患有某种特殊的疾病，整脊师、整骨治疗师、物理治疗师等会为你量身制订治疗方案。

具体训练方案见第9章。

矢状啄木鸟：半跪姿势

策略

灵活性 – 功能灵活性 – 踝关节

起始姿势

采用半跪姿势：左腿向前，右膝着地，脚呈锤状，胸部微微前倾，双手放在左大腿上。

运动

利用自身体重来前移左膝，使其在垂直方向上越过脚趾。不要让左脚跟抬离地板。

用左腿重复这个练习（前后移动你的身体重心）10次，然后切换到右腿。

注意

- 固定点：前脚。移动点：膝关节。
- 使移动的膝盖尽可能地越过脚趾。

- 移动膝盖腿同侧的脚跟应始终保持在地板上。

作用

- 增强踝关节功能灵活性。
- 使用多种策略以锻炼多条肌筋膜线。

冠状面/水平面上的进展

继续移动你的膝盖，但改变方向。前膝向外移动，然后回到中间。

前膝向内移动，然后回到中间。最后，绕着脚踝顺时针或逆时针转动你的前侧膝盖。

讨论

胫跗关节的优化需要付出较大努力，这意味着你必须发力使膝关节超过脚趾，同时关节应该受到刺激而不是感到疼痛。刺激意味着改变、优化。

正面啄木鸟：半跪姿势

起始姿势和移动

采用半跪姿势：左脚向外移动，左脚跟与右膝处于一条直线上，左手放在左膝上。在此位置，完成矢状啄木鸟：半跪姿势练习中描述的所有动作（向前、向内、向外和以绕圈的形式移动）。

半坐分膝式

策略

关节灵活性－功能灵活性－胫跗关节、脚和髋关节

起始姿势

采用半跪姿势，如上一个练习所述。然而，这一次，就像本练习的名字所暗示的那样，坐在你的右脚跟上。让我来阐述清楚：左脚平放在躯干前面的地面上，左膝朝前；右脚前脚掌放在地面上，脚趾弯曲，右膝着地。

保持胸部和躯干挺直。把手放在膝盖上。

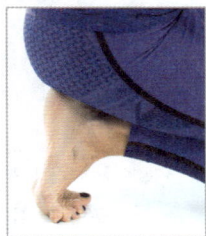

运动

以流畅的动作将两侧膝关节向外移动分开。左脚、右膝和右脚前脚掌着地。

承受本练习带来的适当痛苦所带来的好处

- 脚部疼痛减轻，更敏捷。
- 可拥有更流畅的步态。
- 可以增强脚的支撑能力。
- 可以改善踇趾外翻状况。

注意

- 固定点：脚。移动点：膝关节。
- 进行流畅的动作。
- 你不应该有太多疼痛感。如果运动太剧烈，就会适得其反；有必要的情况下，你可以选择更简单的运动。

作用

- 调动胫跗关节、跖趾关节和髋关节。
- 同时伸展足底筋膜和趾短屈肌。
- 使用多种策略以锻炼多条肌筋膜线。
- 强化下肢肌肉。

讨论

这是改善胫跗关节和髋关节的一个训练。这种姿势下的训练需要较强的灵活性和柔韧性，应该小心进行，避免弊大于利。

起初我觉得这个练习很难，但我试了几次后就掌握了窍门。你可以慢慢来。

注：对于女性来说，想想一个穿着高跟鞋的晚上，当你的脚报复性地"哭泣"时，就正是做这个有帮助的训练的好时候。

变式：鹅式半坐姿走路

从上一个练习中描述的起始姿势开始，右腿向前移动，左膝向地板下压；继续以这种方式向前和向后移动。

注意

- 采用激活的风筝姿势。
- 保持较低的重心。
- 膝关节朝向脚趾方向。

作用

- 增强脚踝和脚的灵活性。
- 强化腿部肌肉，特别是股四头肌。
- 协调不对称情况。

讨论

我多年前做拳击训练时学会了这个练习。老实说，我不太能忍受这个练习，因为它很难并且很傻：就像是鹅一样绕着圈子走。

这个练习并不适合所有人，因为它是我们已经见过的所有其他练习的进阶练习。但它对运动员有益处，因为大多数运动员在深蹲时缺乏力量。

螃蟹深蹲

策略

关节灵活性 - 功能灵活性 - 足关节

起始姿势

　　下蹲，双脚分开，略宽于肩。背部挺直，保持中立位。双手并拢，肘部轻轻抵住大腿内侧（膝关节用力向外张开）。

运动

　　将脚跟抬离地面，重心移到左前脚。回到起始姿势并在右侧重复。继续从一边移到另一边。

　　如果你想保持在这个姿势而不过度用力，则将重心保持在左侧，膝盖绕着前脚做圆周运动。使大脚趾远离第二个脚趾。重复几次，然后改变方向。用另一只脚重复。

注意

- 膝盖绕着前脚做圆周运动。
- 移动大脚趾使其远离第二个脚趾。

作用

- 锻炼多条肌筋膜线。
- 强化下肢肌肉。
- 活动脚趾的关节、跖骨和脚趾骨。

讨论

　　在第一和第二跖骨头之间创造空间将有助于走路。当后脚向前移动时，前脚变得更宽可以增大其给我们行走所需的推力（在第一和第二跖骨头之间）。这会刺激骨间肌肉，对股四头肌产生影响。接下来会发生什么呢？随着跖骨的伸展，跖骨间组织中的机械感受器记录运动并将冲动传递给膝关节伸肌，后者会吸收重力和地面的反作用力。因此第一和第二跖骨之间的空间十分重要。

左右交替深蹲

策略

关节灵活性 – 功能灵活性 – 髋关节、足和踝关节

起始姿势

采用与上一个练习相同的蹲姿。

注意

- 双膝分开。
- 朝向外侧的脚必须平放在地面上。
- 尽可能保持背部挺直。

作用

- 活动髋关节、足和踝关节。
- 拉伸大腿内侧的前深线。
- 强化肌肉。

讨论

通过在不同的部位和平面上训练，训练内容会更具动态性，但从技术角度来说，训练有些失控。

记住筋膜需要时间来适应新的情况，所以要从缓慢、受控的动作开始。一旦学会了正确的技巧，你就应该开始改变节奏：提高速度—降低速度—降低速度—提高速度。我们的动作，特别是动作的时间和节奏，应该像筋膜本身一样。

运动

左膝跪地，置于身前。同时，轻轻地将右肘放置到右大腿内侧，向后移动以刺激腿部，从而增加关节活动度。

回到起始位置，在另一侧重复动作。

5.4.1.2　功能灵活性训练：髋关节

鹳式移动

> **策略**
>
> 灵活性 – 功能灵活性 – 髋关节

起始姿势

采用90-90度鹳式姿势，右膝抬高至髋部高度，髋部和躯干约呈90度，小腿和大腿约呈90度。手臂举起，与肩同高。

运动

围绕左股骨头旋转骨盆，同时外展右腿，但保持肩膀和左腿不动。回到起始姿势。重复10次，然后换腿。

注意

- 固定点：肩部和站立腿。移动点：骨盆。
- 采用激活的风筝姿势。
- 从站立的脚跟向头顶伸展：这将使你保持直立，并阻止你的左侧身体过度晃动。

作用

- 增强髋关节的功能灵活性。
- 增强协调性。
- 增强平衡性。

> **讨论**
>
> 在一个很容易失去平衡的位置上做某些练习是非常不容易的。
>
> 在感到不稳定时，你可以用手抓住某物体或靠在某物体上。
>
> 想象一下你正在拧紧或拧下保温瓶的顶部：保持底部静止（就像你身体的底部）并拧紧盖子（你的腿在空中），这与我们在这个练习中所做的动作相似。

跪姿－侧桥外展

策略

灵活性－功能灵活性－髋关节

起始姿势

左侧卧，将左前臂放在地板上，左肘放在左肩的正下方，双腿和双脚并拢。调整你的脚跟、髋部和肩部：想象你正靠在墙上。

运动

在移动之前，在体侧线上施加预张力。将左肩胛骨／肩部推向双腿，轻轻将肘部向骨盆方向拉伸。你应该感受到躯干的左侧（斜方肌、肋间肌、前锯肌）被激活了。把左脚外侧和膝轻轻地推离地面。最后，将骨盆向上抬起，右腿抬高至髋部高度，保持弯曲。

将骨盆放低，直到它接触到地板后，再一次抬起骨盆。完成所需的重复次数并在另一侧重复。

注意

- 左脚始终保持在地上。
- 与地面的接触点应固定：左脚的外侧、左膝和左肘。
- 推力是由脚的外侧和膝盖提供的，让脚跟尽可能靠近地板。正是脚的这种不平衡姿势使这项练习变得困难，但同时非常有效。
- 节奏：缓慢降低骨盆，以一种有弹性但有控制的方式抬高骨盆。当你往下移动时，把体侧线拉紧。利用这种预张力将骨盆拉回原来的位置。

改变刺激

- 半跪姿侧桥：采用前一个练习中描述的起始姿势，但这次要伸展右腿。抬高和降低骨盆，完成所需的重复次数并在另一侧重复。

- 屈膝侧桥转体：这个动作可以调动脊柱。采用前一个练习的起始姿势，骨盆抬高。以一种有控制的动作转动躯干，将右臂置于身体和地板之间。保持骨盆不动。为了简化练习，你可以把右脚放在地上，或者可以采用双腿弯曲的起始姿势，一条腿在另一条腿上面。完成所需的重复次数并在另一侧重复。

- 屈膝侧桥：采用前一个练习中描述的起始姿势，但这次将右脚放在左膝前面。左手代替左肘支撑在地板上。抬起骨盆时，右脚跟用力推地板（这将激活大腿后部），前脚紧贴地面。回到起始姿势。完成所需的重复次数并在另一侧重复。

讨论

　　圭多·布鲁西亚（Guido Bruscia）称这项运动为"护膝"，实际上确实是这样。

　　这项运动非常棒，会给我们带来惊喜。我经常遇到由于很多原因膝关节不好的客户。作为一名私人教练，我的工作是帮助客户增强他们的力量，让他们更健康，同时防止他们受伤。许多客户甚至在做深蹲、弓步或类似的运动之前，膝关节就会感到疼痛。当我评估客户时，我会让他们做一个深蹲，并告诉我感觉如何。如果他们抱怨膝关节疼痛，我会要求他们在膝关节屈曲的情况下进行横向稳定训练，然后再进行一次深蹲练习。60%的人不再感到疼痛，一小部分人感到疼痛减轻，还有很少一部分人说他们没有注意到任何差异（对于他们，我将使用不同的方法）。这是我经常谈论的惊喜训练——一个简单却非常有效的训练。这就是我们为我们的身体建立坚实基础的方法，要记住，我们的强壮程度取决于我们最薄弱的环节。最关键的因素是灵活性和稳定性。

　　让我们来看看为什么这个练习如此有效。我们只是简单激活作为横向稳定器的体侧线。它的作用是平衡前表线和后表线。它具有运动功能，并作为一个可调节的"刹车"完成横向运动和躯干的旋转。这就是为什么脚的姿势相当重要——体侧线位于第一和第五跖骨（腓骨肌）底部以下。

　　我喜欢直接在地上做这个练习（不用垫子），这就是为什么我经常被称为"铁娘子"。我这样做有一个非常简单的原因：硬地板可以给我们身体触发点及时的反馈，即压力下的紧张感。试着消除紧张感，下次重复运动时疼痛可能会减轻。你难道会错过这个能感受到你身体变化的机会吗？

跪姿爬楼梯

起始姿势

双脚平放，脚跟并拢，坐在脚跟上，双手抱膝。如果坐在脚跟上有困难，做第87页上的练习（采用感受策略）：它对你确实有帮助。

运动

用手抬起右膝和骨盆右侧，然后在降低右侧时抬起左膝和骨盆左侧。进行两侧交替运动，增加膝关节的关节活动度。想象你正在跪着爬楼梯。

注意

- 进行更流畅的运动。
- 逐渐进阶。

作用

- 拉伸前表线的下部。
- 活动踝关节、髋关节和骶髂关节。

鹳式提膝

起始姿势

俯卧在地上，双手交叉放在背后，右腿屈曲。把右脚踝放在左腿小腿肌肉上，眼睛向前看。

运动

慢慢地把右膝抬离地面，尽量保持脚和躯干稳定不动。膝关节慢慢回到地面，根据需要的次数进行重复，然后换至另一侧。

注意

- 只抬起屈曲的膝关节：保持右脚脚踝在左腿上。
- 不要抬起骨盆，骨盆应保持在起始位置。

作用

- 增强髋关节的功能灵活性。
- 强化髋关节外旋肌。
- 拉伸髋关节内旋肌。

髋关节

髋关节是将躯干的骨盆和下肢连接起来的区域。髋关节又称髋股或髋臼股关节，是由髂骨的髋臼和股骨头构成的具有广泛活动范围的关节（球窝关节）。

髋内旋肌列表

这项运动的关键组成部位如下。

- 阔筋膜张肌：参与内旋、屈曲和外展髋关节的活动。
- 臀小肌：参与外展、内旋、屈曲大腿的活动。
- 臀中肌（前筋膜）：参与内旋、外展、屈伸大腿的活动。
- 大收肌（下筋膜，起源于后部）：支持内旋髋关节的活动。

髋外旋肌列表

这项运动的关键组成部位如下。

- 梨状肌：参与股骨外旋、骶骨伸展的活动。
- 上孖肌：参与外旋股骨的活动。
- 下孖肌：参与外旋股骨的活动。
- 闭孔内肌：参与外旋股骨、稳定骨盆的活动。
- 闭孔外肌：参与外旋股骨、稳定骨盆的活动。
- 股方肌：参与外旋股骨的活动。
- 臀大肌：参与伸展并外旋股骨的活动，包括股骨内收和外展。

讨论

这个姿势看起来很舒服，但膝关节的动作难度较大。

许多初学者无法将膝关节抬离地面。你可以选择退阶练习（具体见下文）。你可以先尝试为自己量身定做一套训练方案，再去试试标准练习。

退阶

- 改变手臂的位置，将手臂放在前额下方。
- 如果发现很难采用起始姿势，可用垫子将骨盆稍微抬离地面。如果仍然有困难，可选择一种不同的运动，几个月后再试一次这项练习。

进阶

把头转向屈曲腿的方向，这样你会发现这个动作非常具有挑战性。

横坐雨刷器

策略

灵活性－功能灵活性－髋关节

起始姿势

坐下，双腿屈曲，分开的距离略大于肩宽。双手放在背后的地板上，尽量挺直背部。

注意

- 采用激活的风筝姿势。
- 膝关节着地。

作用

- 增强髋关节的功能灵活性。
- 强化髋关节外旋肌和内旋肌。
- 拉伸髋关节外旋肌和内旋肌。

退阶

如果不能在背部挺直的同时保持平衡，就尝试在移动双腿时，将你的手臂依旧放置在背后支撑拉伸的脊柱（见起始姿势）。

运动

保持背部挺直，双臂举于胸前，大约与肩同高，双膝向下压至左侧地面，躯干向上拉伸。

回到起始姿势，但手臂仍然抬起，双膝同时转向右侧。继续从一边转到另一边，并根据需要完成尽可能多的重复次数。

讨论

我们现在开始进阶。对我来说，这个动作就像一种舞蹈：优雅而流畅。对那些将要开始训练的人来说，这是一个非常好的过渡练习。对这个动作最好的描述就是像机械表的齿轮一样，每一个不同的步骤都是完美协调的。它能拉伸和刺激骨盆以及髋内旋肌和髋外旋肌（第116页）。从肌筋膜的角度来看，它可以作用于体侧线和前深线（其他肌肉和肌筋膜线也会受到刺激，但我们关注的是主要的肌肉和线条）。

117

5.4.1.3 功能灵活性训练：脊柱

站姿躯干左右侧移

策略

灵活性–腰椎活动

起始姿势

站直，双腿分开，与髋同宽，双臂与肩同高。

运动

想象一下用右手指尖触碰右边的墙。用右手带动着你的整个上半身，使右肩远离左髂嵴。始终保持双臂伸直，与肩同高。这种横向运动会拉伸功能线。使用这种预张力弹性回弹到起始姿势，改变方向，并根据需要进行重复训练。

讨论

在做这个动作时，你需要特别小心和注意，因为侧身移动时不容易拉伸，而更容易屈曲。其目的是调动腰椎区域，但同时拉伸和强化胸腰筋膜和骶腰筋膜并增强其柔韧性。在该区域，腰椎张力通常会增强，从而增加组织氧合。

注意

- 采用激活的风筝姿势。
- 只移动上半身。骨盆保持不动。

作用

- 增强腰椎功能灵活性。
- 动态拉伸臂前表线、后表线、功能线、胸腰筋膜和骶腰筋膜。
- 促进氧合和血液循环。

交叉步侧屈

起始姿势

站直，双腿并拢。双臂交叉于胸前，双手放在肩膀上。

注意

- 采用激活的风筝姿势。
- 拉伸然后倾斜。

作用

- 提高胸椎灵活性。
- 动态拉伸体侧线。

讨论

这个练习的目的是在侧身时调动胸椎，同时脚在第二个平面上滑动。很明显，伸展运动有利于锻炼体侧线。当上半身向右倾斜时，左边的肋骨会向天花板方向上升，但应注意不要向右倾斜太多。记住：我们追求的是拉伸而不是压缩。

运动

伸展并向右倾斜上半身，将左脚移到右腿后方。然后移动左腿，使双脚略大于肩宽，上半身回到起始姿势。上半身向右倾斜，但这次将左脚放在右腿前面。继续这项训练，要注意，上半身应向同一侧倾斜，重复10次，然后换边。

退阶

向侧面倾斜，保持双腿不动。

改变刺激

在第6章中，筋膜拉伸部分将介绍一项叫作"站姿侧向伸展（竹子）"的训练（第172页），其重点是拉伸体侧线。

四点支撑猫式移动

策略

灵活性 - 脊柱灵活性

起始姿势

四点支撑跪姿，大腿与地面垂直，双腿分开与髋同宽，双手分开与肩同宽并与肩膀垂直，手指张开。将你的右手和右膝微微靠近。

运动

双臂伸直，置于躯干和头部两侧，背部呈吊床状。

将骨盆向身后的方向移动，并使其尽可能与地板平行。

回到起始姿势，不停地向前移动，尽量使你的肩膀在手的前面。

讨论

这让我想起了一句谚语："小事情造就大差别。"这句话非常适用于上述运动：动作虽小，但对脊柱的健康影响很大。

通过让上半身完全落在伸直的手臂和处于中间位置的骨盆之间，脊柱可以自由旋转。这是最困难的部分，因为我们发现身体很难完全放松下来去活动。

我们试图保持一个正确的身体姿势（或者至少是一个在我们看来正确的姿势），把一切都控制在最精确的范围之内。人们不断要求肌肉保持一定的姿势，这意味着我们不再习惯于随意地放松自己。平衡的姿势很容易维持。

在这个练习中，我们应该简单地放松双臂之间的肌肉，同时保持背部肌肉放松，让脊椎自由活动。

这对脊柱侧弯的人来说特别有趣，因为这个动作是没有负荷的。

注意

- 固定点：骨盆。移动点：脊柱。
- 上半身和头部在双臂之间呈吊床状。
- 手臂伸直，肘部朝外。
- 骨盆处于中立位。旋转骨盆将产生代偿运动，从而减少脊椎的旋转和运动。如果仅缩短一侧（骨盆向一侧肋骨移动），就不会产生轴向拉伸，阻止脊椎旋转的肌肉将被激活。现在明白保持骨盆在中立位的重要性了吗？

作用

在身体没有负荷时，增强脊柱的功能灵活性。

两点支撑胸椎旋转

策略

灵活性－脊柱灵活性

起始姿势和移动

四点支撑跪姿，左脚跟向后推，左前脚在地板上滑动，直到左腿完全伸展。想象一下：你的脚跟远离头顶，头顶远离脚跟（两个移动点＝相对点），在整个身体后表面产生张（拉）力。屈曲右肘，把右手放在右耳后。

开始把右肋骨转向左肘，让屈曲的右肘被动地向左肘移动。

通过外展右肘，开始向后移动，继续向上翻转，感到张力无法继续后回到起始姿势，保持胸椎后凸和肩胛骨远离。根据需要重复整套动作，然后换边，完成练习。

注意

- 采用激活的风筝姿势。
- 向外转动支撑臂的肘部。
- 相对点：脚跟（伸直的左腿）和头顶。
- 从脚跟到头顶产生张力。
- 绕着背部的中轴线旋转：想象你是烤架上的一只鸡，在绕着架子旋转，但你的位置没有发生变化。

作用

- 增强胸椎的功能灵活性。
- 伸展体侧线、螺旋线、前深线等肌筋膜。
- 强化躯干核心，强化体侧线、螺旋线、后表线。

讨论

如果你还记得的话，这个练习的目的是在伸展的同时活动脊柱。这意味着没有过度的肌肉紧张，因为肌肉紧张会妨碍运动。但是我们也不要过度旋转，因为过度旋转会导致胸椎过度伸展（保持脊柱的生理曲线并围绕它们旋转）。你的目光应跟随肘部的运动，因为这也会涉及颈椎（眼－脊柱神经连接）。这些对整个核心肌群都是很好的锻炼。

当你向上旋转时，保持胸部后凸和两侧肩胛骨互相远离；在这个位置旋转会稍微困难一些，但这会更有效地保持胸部的扩张，以帮助呼吸。

让我解释一下：为了在前深线中创造空间，如果我在向上旋转时将肩胛骨合在一起并拉伸胸椎，则会缩小胸椎的空间（胸骨和胸椎更靠近）；但是如果我保持胸椎后凸并围绕脊柱中心轴旋转，则会在胸腔中创造空间。

改变刺激

当你向上转动胸部时，向下移动你的视线（只移动你的视线而不移动你的头），反之亦然。这样会刺激神经系统，对胸椎有益处。

退阶

整个练习可以以四肢呈海龟状的姿势进行，如下图所示。

5.4.1.4 功能灵活性训练：肩关节

蜘蛛女侠

策略

灵活性-神经肌筋膜的灵活性

起始姿势

站直，双腿分开，与髋部同宽。右肘屈曲，伸展手指。在小鱼际隆起和大鱼际隆起的部位之间创造空间（图片展示局部）。

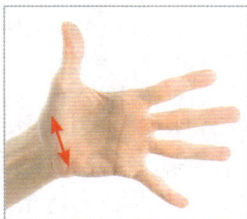

伸展手腕，头向右倾斜。

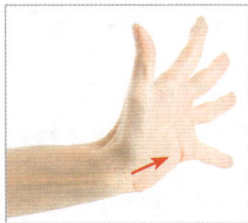

运动

吸气，右腕远离右耳，头部向左倾斜，伸展整条手臂。保持手指伸直，直到运动结束。如果可以，完全伸展右肘。肘部向后，再次屈曲，回到起始姿势，完成一次动作。继续有节奏地重复10次，并逐渐增加动作幅度。

注意

- 相对点：耳朵、手腕和手指。
- 始终保持手腕伸展，在手掌中创造空间。
- 右手手指向右伸展至指尖微微分开。
- 采用激活的风筝姿势。
- 流畅且有节奏地完成动作，不费力也不疼痛。只有在达到完整的运动范围并找到所需拉伸的位置时，该练习才有效。这时伸肌才会同时被激活和强化。

作用

- 促进神经肌筋膜运动。
- 刺激中枢神经系统、肌腱和筋膜肌肉之间有意识和无意识的"对话"。
- 拉伸手部屈肌，强化手部伸肌。
- 这是一种控制类的训练，可以用来检查身体是否还存在失衡。

改变刺激

通过保持手臂伸直的姿势，练习就变成了动态拉伸。最好从基础运动开始，因为过度剧烈的拉伸会损伤神经结构。

顺时针和逆时针旋转手腕，突出尺偏、屈曲、桡偏和伸展。

伸肌使手伸展并伸直手指。相反，屈肌使手闭合。

讨论

蜘蛛女侠是一项很好的练习，可以帮助你增强应对用手支撑整个体重的训练的能力，比如四点支撑跪姿或做前平板支撑。

在我多年的工作中，我遇到过许多学生，他们抱怨用手支撑体重时手腕疼痛。为了帮助他们，我曾经把球、助推器或小重物放在他们的手腕下，或者让他们选择把所有的重量放在拳头上，以减少手和前臂之间的角度。今天我只在极端情况下才使用这种方法，而通常会立即让他们开始做练习来增强支撑能力，这只是本书中的众多练习之一。如果我们继续使用支撑物，肌肉不平衡的问题将永远不会得到解决。

肌肉的功能长度和筋膜组织的弹性是日常运动的关键。如果不经常使用关节的全部活动范围，相应的肌肉和筋膜结构的伸展性就会减弱：它们会缩短。肥大的肌肉伴随静息张力增加，往往会导致肌肉缩短。他们的拮抗肌往往会变弱，造成关节（姿势）不平衡。

手的屈肌经常肥大、缩短，可能是因为手腕和手指的重复运动，这与长时间使用计算机工作有关，也与棒球、曲棍球甚至网球等运动有关，更不用说手指和手腕大部分时间处于屈曲位置的其他活动了。这样的活动可能会让你的手丧失伸展能力。

现在你清楚为什么四点支撑跪姿会引起不适了吗？因为手的伸展能力减弱了。这项训练的目标是你能够用完全展开的手掌支撑体重而不感到疼痛，这也向消除不平衡前进了一大步。

在这里，我们经常走错路。我们被自己的局限性欺骗，因为我们试图使自己处于更舒适的位置，这样就不会感到痛苦，所以常常用紧握的拳头支撑自己。这可能是个错误。在没有意识到的情况下，我们进一步促进了前臂的闭合和肌肉失衡，强化了手的屈肌。这增加了患所谓网球肘的风险。

手的屈肌和伸肌之间的这种不平衡不能简单地通过拉伸手腕上缩短的屈肌来解决；手腕的薄弱伸肌也必须得到加强。

为了证明这种锻炼的有效性，我想告诉你洛雷达纳的故事。她是我的客户，也是我亲密的朋友。她有一个发型工作室，作为美发师的她经常使用脖子、胳膊和手，而且常常劳累过度。她左手拇指疼痛得很厉害，几乎拿不起吹风机。在她的功能训练课程中，她经常抱怨拇指疼痛，并总是试图找到一个舒适、无痛的位置。然后我停止了所有可能导致她疼痛的运动，代之以伸展和强化手臂上的肌筋膜线的运动。我给了她一个白天要做的任务：在她日常的工作日中完成2~3组，每组10~15次的蜘蛛女侠重复训练。她的进步很快。这就是让我的工作如此有价值的原因：为了使人们能正常工作而去搜索、创造和修改训练方案，使用科学来产生变化并创造奇迹！

谁将会受益于蜘蛛女侠训练呢？任何人都可能会，特别是患有腕管综合征、颈部紧张或肩部疼痛的人。

腕管综合征是一种非常常见的神经疾病，在从事某些职业的女性中尤为普遍。它的特点是患者的手和手指疼痛、无力和麻木，并且这些症状会沿着手臂向肩膀辐射。它是由于肿胀或其他情况导致腕管变窄，压迫了正中神经而造成的。

另一种经常引起肩、臂和手疼痛的情况是**胸廓出口综合征**。这包括阻断一个或多个通过胸廓出口的结构：锁骨下动脉或静脉、臂丛神经或胸导管。肩关节的姿势不平衡加速了这种阻塞。

那些觉得这个运动有趣的人也可能对感官球运动感兴趣（第276页俯卧胸部活动）。

肩关节活动

起始姿势和运动

　　四点支撑跪姿，双膝分开，与髋同宽，并且位于臀部的正下方。双手分开，与肩同宽，并且位于肩部的正下方。伸展你的手指。

双臂伸直，胸部朝向地板，同时肩胛骨后缩。

以流畅的动作将胸椎推向天花板，你应该感觉到两侧的肩胛骨彼此远离。用流畅的运动重复需要的次数。

注意

- 手臂伸直，肘部朝外。
- 肩部远离耳朵。
- 专注于肩胛骨的运动。
- 从小幅度开始，增加重复次数。

奇迹测试

　　让我们来看看这个简单的锻炼是如何增强肩关节的功能灵活性的。

　　找一个舒服的姿势，试着把双手放在背后（两边）。

　　记下你尽可能达到的位置，记录下两边的距离和你感到紧张的地方。

　　现在正确地进行练习，集中在所有需要注意的点上（见"注意"部分），重复10次，然后再重复进行测试。有什么变化吗？我的大多数"实验对象"发现，随着手之间距离的减小，肩关节的灵活性和柔韧性都有所增强。

　　记住，即使只有一点点进步，也仍然是进步。随着你每日积极完成训练，你将提升得更多。这有点像在超市收集奖励积分：你必须投资才能获得奖励。

改变刺激

- 为了增加负荷，进行同样的练习，但这次要将右臂前伸至头部前方（伸出的手握拳）。根据需要的次数进行重复，并换至另一侧。

- 同时伸展左腿，进一步增加负荷。骨盆的位置应保持不变，回到起始位置。根据需要的次数进行重复，并换至另一侧。

- 此练习也可以采用平板支撑的姿势（腿伸直做平板支撑：第181页顶部的图），但要注意，负荷过大会减弱灵活性、增加肌肉负荷。这可能对一些已打好基础的运动员有用。
- 在起始位置（第125页左侧第一张图），用肩胛骨画圆圈。两侧的肩胛骨尽量靠近，但同时保持胸椎后凸，尽量让肩胛骨向耳朵方向移动。最后，将它们彼此分开并尽量移向骨盆。我们的目标是在不改变背部位置的情况下，让肩胛骨在整个关节活动范围内活动。

5.4.2 灵活性靠墙训练

5.4.2.1 功能灵活性训练：髋关节

鹳式移动靠墙训练

> **策略**
>
> 灵活性－功能灵活性－胫跗关节

起始姿势和运动

采用鹳式姿势，双手放在与肩同高的墙上。抬起左膝、弯曲左腿。

手臂保持静止，左膝和骨盆向左侧移动，回到起始姿势并向右移动。重复10次，然后换腿。

注意

- 固定点：支撑脚和手。移动点：抬起的膝关节。
- 保持支撑腿伸直。
- 采用激活的风筝姿势。

> **讨论**
>
> 这是个很棒的热身运动。

作用

增强胫跗关节的功能灵活性。

5.4.2.2 功能灵活性训练：髋关节和肩关节

推墙单腿硬拉

策略

灵活性－功能灵活性－髋关节和肩关节

起始姿势

  站直，双手分开，放在墙上，与肩同宽，略低于肩高，双臂伸直。向后退两步。

运动

  双手靠墙，上半身前倾，同时右腿屈曲膝关节并抬离地面。当上半身继续向前倾斜时，骨盆向后推，同时伸展右腿，从脚趾到头顶伸展形成一条直线。尽量伸展，然后回到起始姿势。完成所需的重复次数，换至另一侧。

注意

- 相对点：手和抬起的脚。
- 采用激活的风筝姿势。
- 旋转肱骨（肱骨轻微外旋）。
- 支撑腿的膝关节轻微屈曲。
- 脊柱处于中立位。

作用

- 增强髋关节和肩关节的功能灵活性。
- 动态拉伸后表线，即站立腿的下部/腘绳肌/前表线/前深线/手臂线。
- 强化后表线/体侧线/功能线。

讨论

很多人认为这项练习不仅仅是锻炼髋部，确实是这样。但有时我们必须找到一个令人满意的折中方案：当运动变得复杂时，髋关节的灵活性也会受到影响。

单腿硬拉已经成为我训练的关键部分。我喜欢它，不管是使用自身体重还是使用壶铃，它会帮助我优化使用技巧，并产生一种身体得到控制、充满力量和得到充分拉伸的感觉。与此同时，我感到臀大肌和腘绳肌得到了很好的锻炼，对夏天来说，这项练习非常不错哦！

只有一个小问题：这并不容易，你需要有较强的控制和平衡能力。尝试单腿硬拉时，要循序渐进，从准备练习开始，以帮助激活肌筋膜线。

选择这项练习的原因如下。

- 它有助于增强稳定性，因为你是用手撑在墙上支撑自己的。
- 它会让髋关节得到锻炼。
- 它有助于保持脊柱处于中立位。
- 双手接触墙壁有助于激活背阔肌，将肩胛骨推向臀部。

改变刺激

- 将右手从墙上拿开并伸向地面。这样可以使右肩胛骨处于激活状态（向左臀部推），从而激活后功能线（背阔肌、胸腰筋膜、骶筋膜、臀大肌、股外侧肌、髌腱）。
- 弹力带单腿硬拉：使用一条弹力带，在一端打个结，穿过右臂并使它缠在右肩上。用左手（握拳）抓住弹力带并拉紧；把拳头放在左大腿外侧。这样你就能看到运动的路径，并激活功能线。执行第128页所述的练习。

5.4.2.3　功能灵活性训练：肩关节

靠墙手臂旋转

策略

灵活性–肩关节灵活性

起始姿势

　　站在墙的一边，离墙面只有几厘米。双脚分开，与髋同宽，双臂伸直，自然垂放在身体两侧。伸出右手，手背抵在墙上，张开手指。

运动

　　右臂开始绕着肩膀向后转圈。保持手臂伸直，直到手稍微超过头部，以增强胸肌和背阔肌的伸展。现在转动手，让手掌接触墙壁。

　　继续转圈，直到手臂回到身体的一侧。继续转动手臂，使手背接触墙壁，再重新画圈，然后换至另一侧。

注意

- 固定点：骨盆。移动点：手。
- 采用激活的风筝姿势。
- 手与墙之间持续不断地接触。
- 骨盆和胸腰椎保持中立位置。

作用

- 移动肩关节。
- 伸展手臂上的肌筋膜线。
- 活动胸椎。

退阶

如果发现画圈有困难，请稍稍远离墙壁，并尽可能地抬高手臂画圈，然后再放低手臂并重复画圈，每次重复都稍微增加肩关节活动范围。

讨论

注意：这看起来像一个简单的练习，但细节决定成败。作为一名教练，我总是有一种敏锐的观察力，没有什么能逃过我的眼睛（客户总是这样评价我）。但如果你想得到预期的效果，就不能有任何偷懒的行为。

让我们来看看最常见的代偿方式。

- 耸肩，这会导致肱骨头位置错误，并使冈上肌肌腱通过的肩峰下间隙变窄。
- 肱骨头前移，这会压迫冈上肌肌腱，从而造成许多问题（摩擦、炎症、滑囊炎）。

你是否知道：如果肌腱出现慢性炎症或者肩膀持续处于超负荷状态，这些组织就会钙化？

肩袖肌腱中累积的钙沉积会引起钙化性肌腱炎，这种疾病的特征是肌腱有炎症并出现钙化，这些沉积在肌腱中形成，会引起肩痛，因为钙会刺激肌腱。一些作者还认为肌腱细胞经历了一个化生过程，会转化为钙生成细胞。

钙沉积会导致肌腱肿胀。当你将手臂举过头顶时，肿胀会导致肌腱在肩峰下受到压迫，从而引发疼痛。

将手臂向上举过头顶时，将胸部向前推（加强腰椎前凸和胸椎的拉伸）是一种代偿的方法，因为这样做会使背阔肌、胸大肌、肱二头肌等的起点和止点更靠近。这就是为什么将呼吸引导到胸腰联合处（T12）非常重要。你需要对抗本能反应：让背部向远离胸骨的方向扩张。

选择最符合你能力的练习，百分之百地投入，你将会得到回报，取得意想不到的训练效果。

改变刺激

- 开始时上半身保持静止，运动的重点是肩关节的灵活性。
- 当开始用手臂和头部转动上半身时，使用胸椎，也可以增强胸椎的功能灵活性。
- 左脚向前迈一步，保持双脚脚跟着地。当抬起手臂时，右脚用力踩压地面。除了能感到关节的活动能力增强，你还应该感到腹直肌和髋屈肌（前表线/前深线）的张力增加。
- 右脚向前迈一步，保持双脚脚跟着地。当抬起手臂时，将左脚轻轻地压向地板。这时，一切都变了。你应该能感觉到从左大腿内侧到右胸大肌的功能线被激活。
- 靠墙旋转练习：站直，侧身面向墙壁，距离墙面约半米，双脚分开，与髋同宽，双臂伸直，自然垂放在身体两侧。起始姿势是用手背和指甲贴靠墙面，沿墙面上滑至耳部高度。再次以手背和指甲触墙为起点，继续上移手臂直至与地面平行。此时外旋手臂使拇指贴墙，保持上移动作。当手指指向天空时内旋手臂，将手掌贴于墙面。沿墙面继续移动手臂直至恢复起始下垂位置。整个动作过程中需保持激活的风筝姿势。

5.4.2.4　功能灵活性训练：脊柱

靠墙臀桥

起始姿势

仰卧，双脚分开，与髋同宽，靠墙。保持手臂伸直，放在身体两侧，手肘朝外。保持脊柱在中立位。

注意

- 固定点：手和脚。移动点：膝关节和背部。
- 当身体下沉时，手臂向下压，这将帮助背部逐渐向地板下沉。

抬高身体的作用

- 强化髋部和手臂的伸肌链。
- 动态拉伸前表线和手臂线。

下沉身体的作用

- 增强脊柱的功能灵活性。
- 动态拉伸后表线的一部分。
- 消除胸腰椎的紧张。
- 优化呼吸。

讨论

这是一个有趣的练习，可以帮助你理解力是如何分布的。如果用腿推动，你只做这些，你就会离开墙。你应学会平衡腿和手臂之间的力量。

运动

呼气。做一个有爆发性但可控的动作，抬起骨盆，双手贴在地板上，膝关节朝上。保持肩胛骨上缘在地板上。你将感受到腘绳肌和臀大肌被激活。维持双臂的动作，放松臀大肌，让背部在双臂之间下沉，回到起始姿势。根据需要完成重复次数。

改变刺激

下沉时，上半身稍微向右移动，向下移动一个椎体；然后向左移动，向下移动另一个椎体。重复这个动作，直到骨盆着地。

进阶

抬起左腿，向天花板拉伸，然后重复；换至另一侧重复上述动作。

5.4.3 灵活性器材训练

5.4.3.1 功能灵活性训练：髋关节

弹力带下肢环绕

> **策略**
>
> 灵活性 – 髋关节的功能灵活性

起始姿势

仰卧，双腿分开，与髋同宽。将右脚放在弹力带的圈内。用手握住弹力带，左手抓住弹力带的末端。手臂向头部移动，并始终在视线范围内。背部始终保持在中立位，同时确保双臂始终与肩同宽。

> **讨论**
>
> 2009年，我在美国第一次看到格雷·库克做这种练习，它用一种很好的方式来调动髋关节并且稳定躯干，以避免倾斜到一边的趋势。我们可以肯定地说，它既可以增强髋关节的灵活性，也可以使肩关节的外侧稳定。我们不要忘记手臂，它一直保持在头顶的位置。
>
> 让我在这里补充一条注释：当你向外转右腿时，积极地将你的左侧髋关节相对地固定在地板上。这将增加拉伸，从而增强灵活性。
>
> 这项运动适合大多数人，是一项很好的热身运动，可以改善深蹲，提高关节活动度，预防髋关节骨关节炎。

改变刺激

使用阻力更大的弹力带。

运动

保持右腿伸直，然后抬起。

右腿弯曲，膝盖向外移动，将脚的外缘置于靠近左大腿的地面上，开始向前滑动，直到腿完全伸展。重复5次，然后在相反的方向再做5次同样的动作。最后，用另一侧下肢重复整个练习。

注意

- 固定点：骨盆。移动点：腿。
- 在整个练习过程中不要移动手臂。
- 背部保持在中立位（T12牢牢地贴在地板上）。

作用

- 增强髋关节的功能灵活性。
- 强化手臂、腿部和核心部位的肌肉。
- 拉伸肌筋膜线（后表线、前深线）。
- 增强协调性。

5.4.3.2　功能灵活性训练：肩关节

指挥棒

策略

灵活性–功能灵活性–肩关节

起始姿势

　　站直，双腿分开，与髋同宽。握住球棍的细端，在胸前交叉：右臂在前，左臂在后。

注意

- 采用激活的风筝姿势。
- 流畅、不间断地运动。
- 缓慢向上运动和快速向下运动。

作用

- 活动肩关节。
- 手臂和躯干的伸展和弹性。
- 增强协调性。

讨论

　　这项练习的灵感来自飞机编组信号。飞机编组信号已由国际民用航空组织（ICAO）进行了国际标准化。

　　这是一项很好的练习，可以针对肩关节进行热身，增强灵活性。记住，你需要努力训练来掌握这些动作，使动作更流畅。

进阶

使用更重的球棍。

运动

　　以一个平稳的动作，即双臂交叉在胸前、肘部靠拢，继续做圆周运动。然后松开双臂，将双手放在脑后，同时抬起肘部。

　　肘部尽量张开：你应该感到胸部在伸展。保持肋骨闭合，同时保持肩胛骨活动。

　　现在把你的手臂向上伸展，指向房间两边的角落。

　　放下手臂，重复这个练习，每次交叉时交换左、右侧手臂在胸前的位置。重复整个训练10次。

拉伸：筋膜拉伸与塑形

第 **6** 章

拉伸

6.1 拉伸策略

在第5章中，我们详细地讨论了为什么以及如何将筋膜拉伸策略纳入我的训练计划。

看来，如何拉伸、拉伸的程度、何时拉伸的问题终于有了答案。即使经常伸展肌肉，你也不会知道（除非你是专家）关于鲍勃·安德森（Bob Anderson）理论的所有说法：拉伸应在运动前还是运动后进行？静态拉伸和动态拉伸哪个更好？实

际上，这个问题的答案非常简单。

"拉伸"一词描述了通过简单或复杂的拉伸练习来增强肌肉-肌腱-筋膜柔韧性（从而增强关节灵活性）的方法。

作为热身运动的一部分，拉伸训练的出现代表着运动员开始更加关注不同肌群受到的不同压力，以及关节的灵活性。人们已经使用拉伸训练多年，但是几乎一直处于无差别训练的阶段，这是因为人们普

遍认为拉伸训练是对全身有益的，而没有进行分类练习。但现实是，和所有类型的训练一样，拉伸训练是多方面的，不能任意使用。重要的是要结合想要达到的目标、想要锻炼的时间、个体的运动经历、个体从事的具体运动项目以及拉伸技术，恰当使用拉伸训练。因此，准备好加入这段旅程吧，我将会彻底改变你对拉伸的看法。

我在本书中提出的拉伸训练是多种多样、非常有趣的，涉及整个身体，以刺激整个肌筋膜系统。

拉伸训练有什么好处？

- 它将改善日常生活。
- 它会提高运动表现水平。
- 它将保持或增强柔韧性。
- 它将有助于防止受伤。

6.2 运动与塑形

筋膜拉伸有什么作用？它可以移动筋膜结构，为肌肉链和相关器官塑形。它还可以通过刺激胶原合成来构建新的组织。

如第1.1.2小节"筋膜的定义"所概述，FReE的目标是尽可能多地活动多种结缔组织。这就是为什么我选择了一系列的静态、动态、动态主动和等长训练练习。

筋膜拉伸的定义

筋膜拉伸是指对于全部或部分肌筋膜线进行缓慢或快速的拉伸，主要包括各种筋膜组织和一系列其他连接结构。

为什么筋膜拉伸如此重要？

它可以滋养筋膜组织，这一点非常重要，因为它能使肌肉、内脏和包裹在筋膜组织中的其他组织彼此自由滑动，保证负荷和张力信息的最佳传输。

当筋膜组织开始脱水时，就会变得黏稠、出现粘连，甚至出现板结。当这种情况发生时，内脏、肌肉和其他组织将会失去相互交流的能力，从而阻碍负荷和张力信息的分配以及传递。所有这些现象都会产生代偿，我称之为逐渐进入工作状态。这些僵硬的部位会变得更紧张，随着时间的推移，可能会引起诸如背痛、肩痛等症状。

对于身体进行的每一个动作，我们的皮肤和筋膜组织应该可以自由地在肌肉上滑动，肌肉与肌肉之间也可以产生滑动。如果受阻，我们就更容易受伤。

下面举例来说明。如果你一直处于没有进行锻炼、身体不活跃或是久坐不动的状态，肌肉组织会变得黏稠，造成黏滞。但如果此时你的侄女想和你一起打球，或者你的侄子想和你一起做瑜伽，你通常不会拒绝。但是在活动过程中，你可能会遭受扭伤或韧带撕裂。这是由于筋膜缺乏活动而脱水，筋膜组织的脱水改变了身体动态系统的流通性，破坏了筋膜刚性和弹性之间的微妙平衡。这也会影响神经的感觉功能，最终影响自主神经系统对我们的支持保护以及稳定作用（在没有明显紧张的情况下）。

当筋膜由于缺乏运动而变得黏稠（脱水和收缩）时，静态和动态拉伸运动的结合将使筋膜变得有弹性和光滑，换言之，筋膜释放（FReE）。

当作者使用术语"黏稠""粘连""板结"时，指的是粘在一起的几层重叠的组织，就像柔软的羊绒衫在热水中洗过之后变得僵硬。用整骨疗法创始人安德鲁·泰勒·斯蒂尔的话说，"当体内的液体在筋膜、器官和系统的其他部位缺乏流动时，体内的组织就会出现停滞、发酵、发热和紊乱的现象"[69]。

拉伸训练有什么好处？

- 滋润筋膜组织。
- 快速增强柔韧性。
- 优化姿势。
- 释放并清理肌筋膜线中的压力。
- 增强筋膜结构的弹性。
- 使筋膜有弹性并可以在各种组织之间自由滑动。
- 防止受伤。
- 通过刺激成纤维细胞合成胶原蛋白，有助于生成新组织（见第1章）。

6.3　拉伸技术

如果上网搜索，你会发现一系列不同的拉伸技术。

- 从简单到复杂。
- 在训练之前、期间或之后进行。
- 根据人员或运动员类型分组。
- 最好与教练或治疗师一起完成。

拉伸主要分为两大类型。

（1）**静态拉伸**，指将肌肉（或肌群）保持在拉伸位置以保持最大限度的拉伸。顾名思义，静态拉伸是几乎不动的，采取的动作应尽可能慢。

（2）**动态拉伸**，指手臂和腿部的受控运动，逐渐将你的身体拉伸到其活动范围的极限。

现在我们将从肌筋膜的角度详细介绍FReE方法使用的4种主要拉伸方式：静态拉伸、动态拉伸、主动动态拉伸和等长拉伸。

6.3.1　FReE——静态拉伸

静态拉伸技术是在一定时间内达到并保持部分或全部肌筋膜线的最大拉伸位置。

它与鲍勃·安德森的分析式拉伸不同，我们不拉伸单块肌肉，而是拉伸全部或部分肌筋膜线。

到目前为止，独立地、单向拉伸单块肌肉的训练很普遍。我们仔细地分析了每一块肌肉，让它们的起点和止点尽可能彼此远离。今天，我们知道拉伸并不仅仅意味着拉伸单块肌肉和他们周围的一部分筋膜组织。相反，拉伸作用于一个巨大的、覆盖着整个身体的，像一件潜水服一样的网。

书中的拉伸技术基于肌肉链，或者说是肌筋膜线，从身体的一端延伸到另一端，被称为末端到末端。静态拉伸可进一步分为被动静态拉伸和主动静态拉伸。

被动静态拉伸通过外力，如墙、弹力带、毛巾或治疗师来帮助你保持拉伸的位置。没有肌肉以静态收缩的方式来维持肢体的位置（第212页分立式靠墙练习）。

主动静态拉伸需要拮抗肌群的力量来保

持肢体在拉伸时的位置。在这种情况下，为了活动右腿，腘绳肌和臀大肌要处于激活状态（第190页进阶仰卧开瓶器练习）。

被动和主动静态拉伸技术

（1）慢慢地让全部或部分肌筋膜线呈完全伸展姿势（刚好超出你的正常范围），采用末端到末端的方法。

（2）继续呼吸，保持这个姿势10~30秒。

（3）当拉伸的刺激减弱时，呼气，进行进一步拉伸，并保持在新的位置。

（4）重复3次。

6.3.1.1 拉伸的持续时间

拉伸应该持续多长时间，一直是人们争论不休的话题。然而，现在我们知道，影响柔韧性的不是拉伸的持续时间，而是拉伸的连续性和强度。

仅仅拉伸10~15秒后，柔韧性就会明显增强。直到拉伸45秒，柔韧性会持续增强，之后随着时间的增加，柔韧性增强的幅度变得平缓。拉伸效果与时间的比值会减少[62]。

将拉伸时间增加到2分钟也会增加组织的松弛和变形（卷曲）程度。拉伸效果在2~3分钟后减弱，2小时后组织将恢复到初始水平。

最重要的是拉伸的强度和连续性。

6.3.1.2 静态拉伸的优点和缺点

静态拉伸的优点

- 安全，易学易做。
- 能量消耗很少。
- 更放松。
- 可以防止与牵张反射相关的问题。
- 如果在适当的强度下进行，会引起反射性肌肉松弛（由高尔基腱器引发）。
- 能促进结构发生半永久性拉伸形变。
- 有利于降低血压和心率。
- 作用于全部或部分肌筋膜线。
- 可以刺激肌肉的多个筋膜成分，主要是肌外血管和平行组织。

静态拉伸不仅能改善肌肉和肌腱的延长能力，还能提高关节活动度。缓慢和长时间的拉伸会影响血压和心率等生理变化，这两种指标都会降低，从而使身体得到放松。

当筋膜组织被拉伸时，它向自主神经系统发送信号，自主神经系统激活副交感神经系统，进而引发放松反应。

从主动肌和姿势角度看静态拉伸的缺点

- 缺乏特异性。
- 不能增强协调性。
- 不会激活肌梭（速度敏感性）。
- 不能达到理想的赛前状态。

静态拉伸的主要缺点是缺乏特异性。在实践中，大多数运动都涉及动态冲击运动，在此过程中，肌肉-肌腱单元（MTU）必须支持剧烈和重复的拉伸。

由于不具有特异性，它既不能增强协调性，也不能激活对运动速度敏感的肌梭末梢。

我们必须记住，肌肉有两种感受器：第一种测量拉伸的速度和长度，第二种只对长度的变化敏感。这也是将静态拉伸和动态拉伸相结合的另一个原因。

何时应该进行静态拉伸运动？

大部分关于运动前或比赛前静态拉伸的研究表明，应该避免静态拉伸。许多关于赛前静态拉伸的科学研究发现，静态拉伸会造成运动表现更差，主要体现在以下几个方面。

- 肌肉力量的产生。
- 爆发力。
- 平衡性。
- 反应时间。

肌肉在承受过度拉伸负荷时收缩能力减弱，这是因为肌肉吸收和分配由外部负荷引起冲击的能力发生了变化。这伴随着肌肉–肌腱系统对施加的负荷做出反应时产生的刚度变化。

研究分析得出的结论表明，在体育活动前进行1分钟或更长时间的拉伸训练可以降低5%~7.5%的运动表现水平。伍珀塔尔大学的研究发现，运动表现水平下降了2%~23%[19]。

以上都是关于训练前静态拉伸的说法。这并不意味着不应该做深入和广泛的拉伸。大范围的拉伸训练总是有用的，但不应在运动前进行。我们可以把它看作一个训练，在休息日进行。

6.3.2 FReE——动态拉伸

动态拉伸伸展运动长期以来被舞者和运动员所使用，但是也曾被搁置，原因是人们认为这种拉伸会造成伤害。这一切都发生在20世纪80年代，当时人们对静态拉伸的兴趣越来越浓厚。静态拉伸被认为能使肌肉升温并防止受伤，但这一理论从未得到证实。随后，一系列的研究驳斥了这一理论，作为一种运动，动态拉伸已经成为体育教学的一个组成部分。

动态拉伸是指手臂和腿部的受控运动，这些运动会逐渐将身体带到运动范围的极限（不像弹震式拉伸，弹震式拉伸往往会迫使身体的一部分超出运动范围）。动态拉伸的例子是手臂和腿的受控运动或躯干的扭转。为了更好地说明这一点，我想给你提供一个这种拉伸类型的实例：象式运动。

（1）采用起始姿势，让3个相对点彼此远离：右脚向下踩，头向下延伸，抬高腰椎，拉伸肌筋膜后表线，从末端到另一个末端。

（2）在这个姿势中，参与拉伸张力的肌肉增加。肌肉收缩时，会向内部横向筋膜结构发送脉冲。这一过程会调动更多的筋膜组织。

（3）呼气，开始移动上半身，用指尖触

摸右脚内侧，并尝试触摸地板。这会增加后表线张力，并助你伸展直至运动范围的极限。

（4）吸气，弯曲并抬高腰椎。

（5）呼气，慢慢将手指移动到右脚外侧。

（6）有节奏地重复5~10次。

在涉及高速运动的运动项目中，动态拉伸常常会被推荐，因为它会改变肌腱和肌肉的弹性。当主动肌收缩得相当快时，它倾向于拉伸拮抗肌。这种拉伸训练包含关节速度和运动范围逐渐提高和扩大的运动，其目的是激活一条或多条肌筋膜线，并调动这些线通过的关节，增强动态柔韧性。这就是为什么动态拉伸特别适合作为热身运动在训练前进行。

然而，重要的是要强调，为了最大限度地发挥灵活性，建议的练习必须是针对速度的。这就意味着，在伸展运动中所采用的拉伸速度必须尽可能地与所涉及的运动或特定动作所要求的速度相似。

动态拉伸的优点和缺点

动态拉伸的优点

- 可以快速增强柔韧性。
- 可以滋养筋膜组织。
- 可以提高关节活动度。
- 可以提高体温，从而加快神经冲动的传导速度。
- 可以加快能量的产生，为身体活动做好准备。
- 作用于一条或多条肌筋膜线。
- 可以刺激肌肉的多种筋膜成分，主要

是连续的、肌肉外的和平行的组织。

在实践中，静态拉伸就像瑜伽，提醒身体放松；动态拉伸唤醒身体，为身体活动做好准备。

再添加一些运动控制和本体感觉练习可能更为有益，这些练习强调运动前进行动态拉伸的效果。

我建议在肌肉撕裂或拉伤愈合后，甚至在瘢痕组织上使用动态拉伸，因为那里的筋膜组织容易产生粘连。动态拉伸的目的是使肌肉组织变得水润并使其再次变得光滑、有弹性。为了防止受伤，从适度的强度开始运动是十分关键的，随后再逐渐增加强度。

动态拉伸的缺点

- 如果执行的动作不正确，就达不到目标效果。
- 过度拉伸可能会损伤组织。

6.3.3 FReE——主动动态拉伸

主动动态拉伸是一种肌肉拉伸和筋膜释放技术，对于主要的肌筋膜线提供了简单有效的拉伸。它非常有趣，因为它确保了浅筋膜和深筋膜平面的功能和生理上的重新激活。这种伸展技术能刺激大脑和身体寻找新的运动形式，从而促进柔韧性的迅速增强。

主动动态拉伸示例

- 手臂旋转。
- 踢腿。
- 在不同平面上移动。
- 深蹲。

- 弓步。

下面举个实际的例子。交替蹲练习（第174页）可以拉伸体侧线和髋屈肌，增强关节的灵活性并改善周围肌肉的僵硬状况。

下面是一个简单的示例，你现在就可以尝试。

（1）起始姿势为站立位，双腿前后分开，与髋同宽。

（2）双手并拢，双臂向前伸展。

（3）脊柱向左侧屈的同时屈曲左髋，双腿稍微弯曲。保持这个姿势1~2秒。

（4）回到起始姿势，在另一侧重复。

（5）每侧重复5~10次。

正常呼吸或者随着骨盆的移动吸气。

技巧：伸展肌筋膜线不超过2秒，可以让你的肌肉得到理想化的拉伸，并且不会触发保护性的牵张反射和随后拮抗肌的收缩。这项技巧效果显著，可以在没有过度紧张或拉伸后出现创伤的情况下进行。

最近的科学研究似乎表明，为了减少肌肉僵硬和防止受伤，在竞技运动前进行动态拉伸应优先于静态拉伸，特别是对于需要力量和爆发力运动的运动员来说。

主动动态拉伸的优点

- 行动迅速，可快速对柔韧性产生影响。
- 非常适用于热身。
- 不会在训练前抑制力量或爆发力活动。
- 可以刺激肌肉的多个筋膜成分，主要是连续的、肌肉外部、平行和横向的组织。

主动动态拉伸的缺点

- 在增强柔韧性方面效率较低，而且效果不会持续太久。
- 不会放松身体。

6.3.4　FReE——等长拉伸

等长拉伸被认为是发展静态被动柔韧性最佳和最有效的技巧之一。它广泛应用于舞蹈、武术和艺术体操中，可以充分放松肌肉。此外，这种技巧有助于减少伸展时所产生的疼痛。

这项技术是由美国神经生理学专家赫尔曼·卡巴特（Herman Kabat）在20世纪40年代末，为神经肌肉再教育和康复而发展起来的，后来被采纳并作为一项训练运动加以应用。这种技术也被称为收缩松弛（CR）和等长后松弛（PIR）。

等长拉伸有很多种不同的方法。

- 本体感觉神经肌肉促进（PNF）是被动拉伸和等长拉伸的结合。这项技巧背后的策略是，先被动地拉伸一组肌肉，然后给予阻力，进行7~15秒的等长抗阻收缩，最后再被动地拉伸20秒。
- 收缩－松弛－拮抗－收缩（CRAC）包括初始被动拉伸阶段，随后是两次等长收缩（第一次是拮抗肌收缩，第二次是主动肌收缩），随后是最后的被动拉伸阶段。
- 收缩－放松－拉伸（CRS）是一种拉伸技术，包括肌肉等长收缩约10~15秒，然后放松5~6秒，再拉伸。

重要的是不要过度拉伸或收缩。换句话说，不要强迫肌肉拉伸，以免出现不适。

即使在年轻的时候（这一阶段对伸展性的增强特别敏感），在体操（讲究艺术和节奏）和舞蹈中，都需要高的肌肉伸展性，没必要使用本体感觉神经肌肉促进的方法，因为这些项目的动态和静态练习提供了足够的压力和紧张。此外，不建议16岁以下儿童使用本体感觉神经肌肉促进的方法。

在FReE中，我使用了上述技术，但我对它们进行了轻微的调整。等长拉伸技巧的不同之处在于，我将其包括在静态拉伸和动态拉伸中，接下来，请让我解释一下。

等长静态拉伸

采用这样一种姿势：肌筋膜线的全部或部分完全伸展，主动肌的等长收缩达到其强度的20%，持续3~5秒，然后放松10~15秒。重复3次。你也可以通过激活拮抗肌来完成这个练习。

等长动静态拉伸

采用这样一种姿势：肌筋膜线的全部或部分完全伸展，主动肌的等长收缩达到其强度的20%，持续3~5秒，然后进行10~15秒的主动放松摆动，并扩大活动范围。重复3次。你也可以通过激活拮抗肌来完成这个练习。

等长动态拉伸

采用这样一种姿势：肌筋膜线的全部或部分完全伸展，主动肌的等长收缩达到其强度的20%；同时进行5~10次动作，然后放松10秒。重复3次。你也可以通过激活拮抗肌来完成这个练习。

这种伸展的潜在风险不应被低估，而且在任何情况下，只有对肌肉（牵张）反射敏感和控制能力较强的运动员，如体操运动员和舞者，才可以尝试这种练习。

我想示范一个等长动态拉伸的例子：象式运动（第147页）。

主动肌激活。

（1）采用起始姿势，使3个相对点彼此远离：右脚向下踩，头向下延伸，抬高腰椎，拉伸肌筋膜后表线，从末端到另一个末端。

（2）在这个姿势中，参与拉伸张力的肌肉增加。肌肉收缩时，会向内部横向筋膜结构发送脉冲。这一过程会调动更多的筋膜组织。

（3）借助牵引力，将右脚跟轻轻地压向地板（从0~100%的背屈范围，使用5%~20%的力量），以增加后表线的等长拉伸，特别是小腿肌肉和腘绳肌。

（4）而后保持肌肉拉伸和张力，上半身左右摆动5~10次。继续呼吸。

（5）呼气，放松，增加拉伸。

（6）重复3次。

拮抗肌激活。

完成整个练习时需注意将右脚抬起，并保持脚趾指向胫骨。

对每条肌筋膜线进行一次锻炼就够了。

此外，要激活高尔基体感受器，并在收缩后引起所需组织的松弛，这只需用到你最大力量的5%~20%。

这项运动可以包括在静态拉伸（保持姿势并产生张力）或动态拉伸（如象式运动，包括用脚跟牵引）的范畴。

等长拉伸技术和在拉伸的最后姿势增加张力都是对筋膜横截面的一种有效的牵引刺激。

等长拉伸的优点

- 快速增强柔韧性。
- 刺激肌肉的多个筋膜成分，主要是通过连续性、外部肌肉、平行面和横截面的刺激产生的（第25页）。
- 可以减少与拉伸相关的疼痛。

等长拉伸的缺点

- 过度的用力拉伸会破坏肌肉－肌腱－筋膜的完整性，损害组织。

如果有机会的话，关注一只猫是如何醒来的：它拉伸身体，本能地利用牵引力来激活肌肉和筋膜。这涉及收缩肌肉的主动拉伸。

当我们醒来的时候，在白天，或者在运动之前，拉伸和打哈欠是我们能做的最好的事情，因为它能提高血压和血氧水平，使我们精神振奋。

6.4　筋膜拉伸的特点

拉伸对受力或受刺激结构的影响具有形成性刺激：它形成组织。

现在我们知道，建立一个高质量的筋膜网络，仅仅通过施加张力来刺激它是不够的，还必须通过多向刺激来放大它的特性。

筋膜拉伸的特点如下。

- 涉及长肌筋膜线（由托马斯·迈尔斯提出），筋膜拉伸到一定程度时，可以通过呼吸训练进一步增大活动幅度。
- 是三维或多平面运动，具有角度变化。
- 涉及摆动运动。
- 涉及静态运动。
- 涉及动态运动。
- 涉及等长运动。

三维运动

筋膜应以不同的节奏、不同的速度向各个方向拉伸。

扭动、摇摆、旋转、震动：所有的这些动作都有助于刺激筋膜。

让我解释一下我所说的"长肌筋膜线"是什么意思。想象一个由多个环节（肌筋膜线之一）组成的链条，其中一个环节被阻塞或缩短。如果被要求拉伸整个链条，这个人肯定会试图使用另一种更灵活的链接方式来完成这个活动，绕过阻塞或缩短的环节。

这就是为什么在进行练习时必须集中精力并遵循以下原则。

（1）倾听身体，注意它在哪里工作，在哪里不工作。

（2）正确进行练习，使用"注意"中详述的要点，不要忽略它们。

6.5　拉伸强度和呼吸

肌筋膜拉伸强度是指在肌筋膜线的最大拉伸能力范围内活动，此时筋膜受到刺激但不会产生疼痛。

你不需要每天都超越自己的极限或试图创造新的纪录。在拉伸训练中，我们经常试图快速达到、超过肌肉或关节的最大拉伸范围。这是不正确的，甚至可能会造成损害。

训练主要的目的是减少肌筋膜张力，促进运动活动，而不是追求达到最大柔韧性，这往往会导致过度拉伸和损伤。筋膜需要时间来适应新的需求。

别忘了呼吸，它是每个动作的重要组成部分，有助于我们提高柔韧性。把你的胸部当作活力的中心。

6.6 拉伸策略计划

问题的关键是，计划一个训练课程或者适当地加入拉伸训练。我们将会看到何时进行拉伸训练以及如何根据运动的种类来决定拉伸训练的时间。

我们已经了解了拉伸的重要性，知道不同的拉伸方法以及不同技术的优缺点。现在，我们将各个部分像拼图一样拼接到一起，并在训练课程中看看如何正确把它们结合起来。有许多不同的方式来完成这个拼图，但我将强调我认为的最重要的部分。

请记住，在本章中，我只讨论肌筋膜拉伸策略以及如何在训练中更有效地使用它。在一个实际的训练课程中，我当然也会涉及其他FReE策略，你可以在第9章找到它们。

FReE训练中的拉伸运动

筋膜拉伸练习可在以下FReE训练阶段进行。

- 热身。
- 训练课程的核心部分。
- 训练课程结束。

重复：每个练习进行3~10次。

训练时间：30~55秒。

在一般健身或某项特定运动训练中的拉伸运动

如有必要，可在特定运动之前进行动态拉伸运动。例如，在做引体向上之前，先做一个练习，比如第217页的练习，以提升运动表现。

在训练结束时做拉伸运动

拉伸运动对肌肉再生很有用。特别是在涉及高负荷的高强度运动中，训练后人体内的乳酸浓度很高。肌肉中的氧化作用是消除乳酸最重要的机制，这就是为什么积极的主动恢复可以提高乳酸的消除率。同时恢复（保持低强度的动态肌肉活动）对心血管和淋巴系统有积极的影响。

静态拉伸会压缩血液和淋巴管，从而阻碍恢复。低强度的动态和主动动态拉伸可能是有用的，但主动的恢复，如散步是更好的选择。

拉伸阶段的拉伸运动

- 热身。
- 动态拉伸：5~10次。
- 等长动态拉伸：3次。
- 主动动态拉伸：5次。
- 被动等长静态拉伸：3次。
- 被动静态拉伸：3次。
- 在训练开始时，保持姿势10~30秒。
- 每项练习重复一次。
- 总持续时间：30分钟。
- 恢复时间：36~48小时。

在放松身心的活动中进行拉伸运动

- 热身。
- 主动静态拉伸：3次。
- 被动静态拉伸：3次。
- 在训练开始时，保持姿势10~30秒。
- 从训练中间开始，保持10~30秒或1分钟。
- 训练总时间：55分钟。

- 恢复时间：36~48小时。

归根结底，拉伸训练多样性是保持筋膜滋润和健壮的关键。

静态和动态拉伸

技巧	持续时间	重复次数
被动静态拉伸	10~30秒	3次
主动静态拉伸	10~30秒	3次
延长静态拉伸	1分钟	1次
动态拉伸	1秒	5~10次
主动动态拉伸	1~2秒	5次
等长拉伸	3~5秒	3次

6.7　我们选择的特定对象

现在让我们试着通过比较不同的运动员和人群来思考。让我们来比较两个结构明显不同的运动员。如果你是一个具有高比例红色纤维（含氧量高）的抗阻运动员，我建议你进行长时间、高强度的拉伸训练，但每周只能进行1~2次。

为什么？因为该类型的运动员肌肉内充满了氧气，这意味着他们会疲劳得很慢。这就是为什么他们的运动强度和持续时间可以比力量型运动员更高和更长。如果我们提高强度，就需要降低频率。

对于一个白色纤维含量高的力量型运动员，我推荐以下方法。

- 强度：较低。
- 持续时间：较短。
- 每周频率：较高。

为什么？因为该类型运动员的肌肉内所含的氧气很少，他们很快就会疲劳。这就是为什么训练刺激的强度和持续时间会较低和较短，但频率会较高。

这也适用于缺乏柔韧性的人，我更喜欢和他们一起工作，就像我对待力量型运动员一样。

6.8　筋膜拉伸训练

现在我们来详细看看筋膜拉伸训练，它们涉及的肌筋膜线、起始姿势和使用的器材都有所不同。

肌筋膜线： 后表线、前表线、体侧线、螺旋线、前深线、手臂线。

起始姿势： 站直、半跪、四点支撑跪姿、坐着、后仰卧、前仰卧。

使用器材： 徒手、墙、训练器材。

对于所有的肌筋膜滑动运动，把皮肤想象成从手指和脚趾到头顶覆盖整个身体的潜水服。

当做像象式运动那样的摆动动作时，想象你在滑动，然后延伸扩展筋膜表面这件"潜水服"。

6.8.1　后表线的筋膜拉伸

象式运动

策略

后表线的动态拉伸

起始姿势

　　站直，双脚分开，与髋同宽。右腿向前迈一步，保持左腿伸直，左脚牢牢地踩在地板上。上半身前倾，试着用指尖触地。做一个最大限度的拉伸。

运动

　　呼气：开始运动上半身，用指尖触摸右脚内侧，并尝试触摸地板。吸气：屈曲腰部并将腰椎向上顶（见下方第一张图），当手指移到右脚外侧时呼气。根据需要的次数重复。再将左脚置于前侧重复整个练习。

注意

- 皮肤变得紧绷。
- 保持双腿伸直。
- 移动上半身，使手臂移动。
- 腰椎屈曲。
- 头垂向地板。
- 保持骨盆水平。

作用

　　主要用于增强整个肌筋膜后表线的柔韧性和弹性。

改变刺激

　　等长动态拉伸：用右脚跟轻轻地施加压力和牵引力。继续移动上半身。

讨论

　　这个练习看起来很简单，但如果此时你的身体缺乏柔韧性，就无法触摸到地板。尝试改进：给筋膜网络时间来适应新的需求。如果你突然做了一个过度剧烈的运动，筋膜会产生反应，但会以相反的方式改变（也就是说，它会变硬），阻碍它变得光滑、有弹性。在重复几次之后，你将感觉到动作变得更流畅、更有弹性，并且指尖距离地板更近一些。如果感到腰椎疼痛，请立刻停止，并选择不同的训练方式，这些迹象表明你还没有准备好。

象式绕足旋转运动

策略

后表线的动态拉伸

起始姿势

右腿向前迈一步，右脚尖向上，右脚跟着地。保持左腿伸直，左脚紧贴地面。上半身前倾，左腿弯曲，指尖试着触碰右脚脚趾。做一个最大限度的拉伸。

讨论

这个练习是上一个练习的变式。改变前脚的位置增强了后表线的拉伸。圆周运动会改变刺激。

如果在锻炼时向上抬起臀部（髋骨），你就会增加腘绳肌（大腿后部）的拉伸，但减少了背部的拉伸。我们的目标不是不惜一切代价触碰地板，而是需要拉伸整个肌筋膜线，在本动作中是后表线。重要的是要记住，前深线也是腰椎的一部分，并穿过腰椎（第41页及后续内容）。所以哪个部位会产生更大的张力呢？

运动

开始移动上半身，用指尖在右脚脚趾周围画一个圆圈。做一个流畅的圆周运动，用你的上半身绕着脚趾做圆周运动。顺时针和逆时针方向各完成5~10圈。

注意

- 皮肤变得紧绷。
- 保持发力腿伸直。
- 从上半身开始。
- 腰部屈曲。
- 头垂向地板。
- 保持骨盆稳定。

改变刺激

说到等长拉伸（第141页及后续内容），我已经详细描述了这类练习的各种技巧。

象式动态拉伸

起始姿势

　　站直，双脚分开，与髋同宽。右腿向前迈一步，保持左腿伸直，左脚紧贴地面。向前俯身，指尖触地。头垂向地板，拉伸整个后表线。筋膜拉伸到一定程度时，呼吸训练会进一步增大其活动幅度。

运动

　　开始运动时，右膝向前屈曲（沿着脚趾的方向），尽可能超过脚趾。要回到起始姿势，首先将右髋（坐骨结节）远离脚跟，然后将脚跟踩向地板。重复5~10次，然后换腿。

注意

- 相对点：骨盆（髋部）和脚跟。
- 后腿伸直。
- 采用激活的风筝姿势。
- 颈背放松。

- 运动过程流畅。
- 逐渐扩大活动范围。

作用

　　拉伸后表线的下部（腘绳肌、腓肠肌）和加强踝关节的活动能力。

退阶

　　如果不能在伸直膝盖的情况下触摸地板，可在手下放置一个平台（台阶、瑜伽砖）。当这个姿势变得更容易完成时，降低手下平台的高度，慢慢进阶。

改变刺激

　　起始姿势与基本练习相同。右脚跟稍微抬起并向内移动，从而使右脚外旋。将右脚跟放低到地板上，并将臀部移开，使膝关节伸展。再次抬起右脚跟，向外移动，从而使右脚内旋，达到完全伸直腿的程度。现在，不是从脚跟开始，而是从股骨的上端开始，先做外旋，然后内旋。有什么变化吗？移动脚跟达到所需重复次数后换腿。

讨论

　　我喜欢这项练习，因为你能真正感受到大腿后部肌束（腘绳肌各头之间）之间的滑动。接下来作用部分里提供的细节（腘绳肌）将帮助你理解移动脚跟的原因和重要性。通过肌肉之间的滑动来增加腿部的内外旋转，可以加强弹性、柔韧性和力量。这对你来说不是很重要吗？

　　我想对这个美妙的短语"滑动"（或"滑行"）补充一点。在肌筋膜的环境中，这是一个关键的策略，因为所有的东西都是相连的，但又都是分开的。理解并知道如何使用"滑动"（或"滑行"）是很重要的。

　　由于各种各样的原因，包括不正确的姿势、缺乏运动、久坐的生活方式、受伤，以及训练强度过大和执行不当，组织（筋膜和肌肉）会产生粘连。这就会减少甚至完全阻碍运动，造成身体其他部位的紧张和不平衡。通过滑动和摆动运动，我们试图刺激这个粘连的组织。但同时我们也必须尊重筋膜，通过给予适当的张力来刺激它：刺激太弱无法引起变化，而刺激太强又会使筋膜硬化。下面的示例可以帮助你理解粘连的组织。试着把两件羊绒毛衣放在设置为高温的烘干机里60分钟。当你打开烘干机，你会惊奇地发现这两件毛衣已融为一体、密不可分了。简单来说，如果我们错误地使用自己的身体，我们的肌肉组织也会出现这种情况。你还在等什么？我们继续练习吧！

作用

　　该运动使腘绳肌和腓肠肌（后表线）以及与之相邻的内收肌和髂胫束的筋膜层和肌肉层之间产生滑动。

腘绳肌

　　腘绳肌由3块肌肉组成（股二头肌的短头不被认为是腘绳肌的一部分，因为它是一种单关节肌肉，并非起源于坐骨结节）：

- 股二头肌长头；
- 半腱肌；
- 半膜肌。

　　这些肌肉都有共同的起源（坐骨结节）、神经支配（坐骨神经或坐骨神经分支）和功能。它们都能使膝关节屈曲，并使髋关节伸展。

- 股二头肌长头也可以使大腿和髋关节外旋。
- 半膜肌和半腱肌也可以使腿部内旋（屈曲膝关节），同时内收并内旋大腿。

让我们仔细看看这些肌肉。

股二头肌（外侧腘腱）

- 起点，长头：位于骶结节韧带后方和下方的坐骨结节。短头：股骨粗线外侧唇下部。
- 止点，腓骨头侧面。胫骨外侧髁和腿深筋膜外侧部分。
- 动作，使腿弯曲并向外旋转。长头伸展（拉直）大腿并参与其外旋。

半腱肌（内侧腘绳肌）

- 起点，坐骨结节，在股二头肌长头处有一共同的肌腱。
- 止点，胫骨粗隆内侧面。
- 行动，屈曲并内旋膝关节。伸展（拉直）大腿并参与其内旋。

半膜肌（内侧腘绳肌）

- 起点，坐骨结节，在股二头肌和半腱肌起源的外侧和近端。
- 止点，胫骨内侧髁内侧面。
- 行动，屈曲和内旋膝关节。伸展（拉直）大腿并参与其内旋。

骆驼走

策略

动态拉伸

起始姿势

　　站直，双脚分开，与髋同宽。保持双腿伸直，向前俯身，直到双手触地。双手分开，向前移动3步，与肩同宽，手指展开（每根手指都有自己的功能），双手轻轻向前、向下推（不要移动）。这样做的时候，你应该会感觉到后臂线（尤其是连接至尾骨的斜方肌底部）被激活了。将肩胛骨推向髋部。伸展脊柱，保持脚跟紧贴地面。

运动

　　双脚交替行走：当抬起右脚跟，右脚前脚掌着地时，左脚跟向地面推。按照要求的重复次数，在适当的位置继续行走。

注意

- 相对点：手和肩胛骨、脚跟和头顶。
- 采用激活的风筝姿势，激活手臂线。

- 伸展脊柱。
- 把头夹在双臂之间。
- 将脚跟踩向地板。

作用

- 拉伸腓肠肌和腘绳肌（后表线），并增强踝关节的灵活性。
- 强化后表线上部的肌肉。

讨论

　　在骆驼走的姿势练习中，我经常发现人们的肩胛骨上缩，使得两侧肩胛骨靠得更近，胸椎变平。

　　让我们看看正确的激活会有什么帮助。它们可能是小细节，但这并不是说它们不那么重要。事实上，它们是必不可少的。

　　让我们检查一下。在骆驼走的姿势中，轻轻按压双手外侧边缘，包括小指。你能感觉到肱三头肌和菱形肌处于激活状态吗？（每根手指都有自己的功能）如果感觉不到，试着手肘朝外，采用激活的风筝姿势。这样将激活臂后深线。现在用拇指轻轻地按压，拇指与臂前深线相连，你可能会感觉到胸小肌在活动。将压力分布在这两个点上，以平衡两条线。

　　在这种姿势和许多其他姿势中，我们经常会因为使用常用的或更舒适的运动模式而失去这种感觉。举个例子：当抬高肩膀和肩胛骨时，你会使用上斜方肌，伴随肩膀内旋、胸小肌缩短等，从而导致颈椎和肩膀疼痛（这样的习惯决定了你倾向于使用哪条肌筋膜线）。

退阶

　　如果你无法用手触地，在手下面放一个平台。训练时逐渐降低平台的高度，以产生新的刺激。

151

改变刺激

- 采用骆驼走的姿势。同时先抬起两个脚跟，脚跟并拢，再踩回地板。同时先抬起脚跟，向两侧移动，然后再次踩回地板上。重复以上动作，直到规定的次数。

- 骆驼侧移：采用骆驼走的姿势，双脚并拢，身体左右摆动。在移动时，你应该感觉到体侧线在拉伸。手始终放在地板上。

- 改变脚的起始姿势。分开脚跟，但保持脚趾靠在一起（小腿内旋）。向左和向右分别移动双脚，或者脚趾分开，脚跟并拢；或者双腿分开，与髋同宽，脚趾指向前方。
- 动态骆驼走。采用骆驼走的姿势，膝盖向地板方向屈曲。脚跟向地板方向推，臀部向天花板方向运动，回到起始姿势。

三足式动作

策略

动态拉伸

起始姿势

四点支撑跪姿，双膝分开，与髋同宽；双手分开，与肩同宽。左脚移到左手的外侧，轻微地转向左手（轻微地内旋）。确保你所有的手指和左脚脚趾都在地板上，以及左脚的3个点与地面接触（第一和第五跖骨、跟骨）。

注意

- 固定点：脚。移动点：髋部。
- 前脚紧贴地面。
- 进行流畅的运动。
- 从小幅度动作开始，随着每次重复而增大动作幅度。

作用

- 拉伸后表线、部分前表线（胫骨前）、前深线和螺旋线。
- 增强髋关节的功能灵活性。

运动

以流畅的动作伸展左腿，使左髋远离脚跟。保持左脚紧贴地面（这很重要）。然后在重复整个动作之前，将左膝向前移动，超过脚趾。

在进行画圈动作之前，尽可能多地重复上述步骤。就像刚才的动作一样使左膝向前移动。将骨盆绕左脚跟画一个圈，然后再次伸展腿。继续做，直到完成5次画圈，然后改变方向，做另外5次画圈。换腿重复进行。

改变刺激

- 四点支撑跪姿，将左脚放在双手之间，脚尖向前。

像基本训练中描述的那样向前和向后移动左膝。这将进一步拉伸后表线。

- 采用与之前相同的起始姿势，伸展左腿，左脚跟放在地板上，左脚小指朝向天花板。在这种姿势下，只需将左脚跟轻轻压向地板，并轻轻地向骨盆方向牵引，即可完成等长运动。外旋和内旋左大腿（以股骨为中心），使左脚趾先向外再向内运动，你应该感觉到股骨的滑动。

- 改变脚的位置：右脚脚尖点地来完成上述动作。这将进一步激活后表线。

三足式运动

进阶

- 进行基础训练时膝盖抬离地面，骨盆向脚跟方向移动。先从慢动作开始，然后逐渐加快速度。当你向后移动骨盆时，想象自己正在给一个弹弓蓄力，即将射击石头。这种运动包括提高动态拉伸能力，也包括提升能量策略（第219页）。

- 双臂伸直，采用平板支撑的姿势。将右脚移动到右手外侧，回到起始姿势，然后在左侧重复同样的动作。交替进行。

策略

主动动态拉伸

起始姿势

　　四点支撑跪姿，双膝分开，与髋同宽，大腿垂直于地面。双手分开，与肩同宽，双臂与地面垂直，手指展开。

运动

　　流畅地将左脚移到左手外侧，然后以同样流畅的动作回到起始姿势。

　　用右腿重复这个动作，并按照要求的次数交替进行。

注意

- 采用激活的风筝姿势。
- 动作流畅。
- 从小幅度动作开始，在每一次训练中逐步增加幅度。

作用

- 拉伸前表线和前深线。
- 增强髋关节的功能灵活性。

155

- 右腿向前，想象用右手从你面前的地板上捡东西。用左臂重复这个动作。重复几次动作，然后换腿。现在，当用右手够到地板上的物体时，试着将它稍微向左移动。这将增加上半身的侧倾度，从而拉伸体侧线。

- 右腿放在前面，试着将右前臂和左前臂放在地板上。你应该能感觉到左侧股四头肌、右大腿内侧和背部的拉伸变得更强烈了。

- 右腿放在前面，举起右手，转动上半身，目光跟随右手移动。回到起始姿势，在左侧重复上述动作。腿部进行静态拉伸运动。对于上半身来说，此练习变成了一个动态拉伸练习，可以拉伸体侧线和螺旋线。

- 从平板支撑的姿势开始，转动骨盆，使左侧骨盆尽量接触到地板，然后快速返回到平板支撑的姿势，以弹性和可控的方式进行运动，而不要一直停留在扭转的姿势，并在另一侧重复。这种动态拉伸运动使螺旋线更具有弹性。

6.8.2　后表线靠墙筋膜拉伸

三足靠墙动作

策略

后表线靠墙动态拉伸

起始姿势

在墙壁前呈四点支撑跪姿，双膝分开，与髋同宽；双手分开，与肩同宽。将左脚移动至双臂之间，前脚靠墙，脚跟着地。前脚抬得越高，对脚底、足底筋膜、趾短屈肌、小腿肌肉和腘绳肌的拉伸就越强。

注意

- 固定点：脚。移动点：髋。
- 保持前脚一直靠着墙壁。
- 背部挺直。
- 采用激活的风筝姿势。

作用

- 伸展和滑动后表线。
- 增强髋关节和踝关节的功能灵活性。

运动

以流畅的动作伸展左腿，使左髋部远离左脚跟。保持前脚靠着墙壁的动作。将左膝移向墙壁，回到起始姿势。重复整个动作。按要求的次数进行重复，然后换腿。

改变刺激

- 稍微内旋或外旋靠在墙上的脚就足以改变一切。
- 将运动转化为主动肌/拮抗肌的主动等长拉伸。主动肌的主动等长拉伸：用前脚轻轻地抵住墙壁。拮抗肌的主动等长拉伸：前脚稍微离开墙。

6.8.3　前表线筋膜拉伸

脚趾伸展

起始姿势和运动

站直，靠墙保持平衡。将左脚大脚趾向前移动，其他脚趾向后移动。保持这个姿势，同时进行几次呼吸。

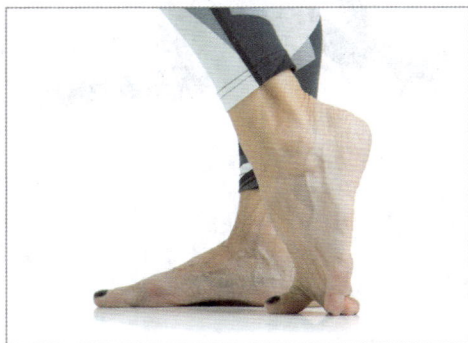

仍然保持站立姿势，将左脚大脚趾向后移动，其他脚趾向前移动，保持这个姿势，同时进行几次呼吸。对侧重复进行。

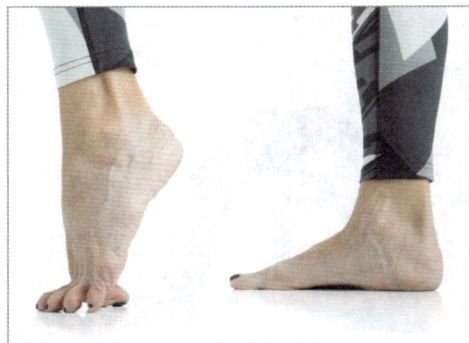

注意

- 不仅弯曲脚趾的第一个指骨，而且弯曲近节趾骨。
- 左脚脚跟必须垂直于地板。

改变刺激

坐下来进行此项训练，以降低难度，从而减少负重，或使用平台来降低训练难度。

作用

拉伸后表线、前表线、前深线。

讨论

我知道这并不是一项人人都能完成的训练，但是如果你尝试它，并轻微地调整动作，在重复几次之后，你会发现视觉和感官的双重改善（疼痛减轻）。

蝎子式训练

策略

动态拉伸前表线

起始姿势

采用骆驼走的起始姿势。

注意

- 移动点：脚、膝盖。固定点：手。
- 采用激活的风筝姿势。
- 扩张。

作用

静态拉伸前表线和后表线。

运动

将右腿尽可能高地举向空中，保持骨盆在中立位。

从髋部开始转动大腿和骨盆。将右脚的小脚趾向远离右手的方向移动。屈曲右膝，尽量让它远离骨盆。回到起始姿势，换另一条腿重复。每侧重复3~5次。

螃蟹走训练

起始姿势

双腿弯曲坐下来，双膝分开，与肩同宽。把手放在背后的地板上，手指展开向外，尽可能挺直背部。

运动

采用类似于激活的风筝姿势，保持肘部朝外，向上提升骨盆离地约1厘米。在这个位置上你应该感觉到下斜方肌正在被激活，然后将骨盆下落到地面。只有当肩胛骨被向下推（采用激活的风筝姿势）时，你才会感受到这种激活。重复练习5次后抬起骨盆，身体形成平板支撑的姿势。

保持3秒，然后恢复到起始姿势。根据要求，重复多次。

注意

• 采用激活的风筝姿势。

• 手肘保持朝外。

作用

• 拉伸前表线、手臂线。

• 强化后表线、手臂线的肌肉。

改变刺激

通过改变手的位置来改变对手臂的刺激。

跪坐式后倾训练

策略

静态拉伸前表线

起始姿势

采用半跪的姿势，臀部坐在左脚跟上，将右脚平放在前面的地板上。弯曲左脚脚趾，脚跟与脚掌垂直。保持上半身挺直，双手都放在右膝上。保持这个姿势呼吸几次，抬起骨盆。再重复3次，然后换脚。

注意

- 将第一和第五跖骨的前端放在地上。
- 检查脚跟是否向外移动（如果是这样的话，你应更多地关注第一跖骨，并尽量让它保持在地板上）。如果脚跟向内移动，你则应该用第五跖骨发力，并试着让两只脚调整对齐。

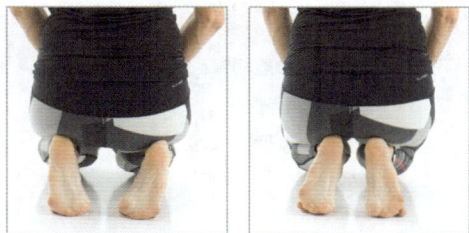

作用

静态拉伸前表线。

进阶

- 上半身向后倾斜，保持背部挺直。你会感觉到脚底和股四头肌的拉伸增强。

- 在这个变式中，臀部坐在双脚脚跟上，脚趾弯曲。上半身向后倾斜，双手放在地板上支撑。保持这个姿势，静态拉伸足底筋膜和股四头肌，或者前后交替运动，每次重复都扩大活动范围，把它变成一个动态拉伸练习。

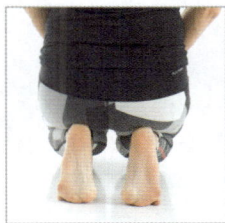

- 屈膝足部支撑仰卧：坐在脚跟上，双脚伸直。如果坐在脚跟上有困难，做第87页上的练习（使用感受策略）：它确实对你有所帮助。

如前一项练习所述身体向后倾。如果你觉得准备好了，可以向后仰，直到肩胛骨碰到地板。双膝分开，与髋同宽，并且尽量靠近地板。保持腰椎在一个完全中立的位置。如果将腰椎向上伸展，由此造成的腰椎前凸（弓形腰椎）会压迫腰椎，从而压迫椎间盘，导致下背部紧张或疼痛。

保持这个姿势呼吸几次，试着在呼吸时消除紧张感。

作用

静态拉伸前表线。

讨论

从表面来看，采取这种姿势似乎很容易，但我认为，事实并非如此。你的脚有多少时间是可以完全自由活动的呢？脚总是被困在舒适程度不一的鞋子里，当有机会解放它们时，脚反而不愿意了。因此，我们应恰当地训练，在进阶之前先做简单的训练。倾听自己身体的"声音"：当运动太剧烈时，疼痛会妨碍呼吸。很明显，这对你没有任何好处，你也不会产生进步。如果你恰当地进行训练，脚部的状态会越来越好。训练脚步有助于：

- 改善步态；
- 增强稳定性；
- 尽量减少膝盖和背部的问题；
- 消除颈部疼痛；
- 提升运动表现。

臀桥训练

策略

动态拉伸前表线

起始姿势

仰卧，双膝屈曲并分开，与髋同宽。双手放在耳后，手指指向肩膀，手肘朝向天花板。

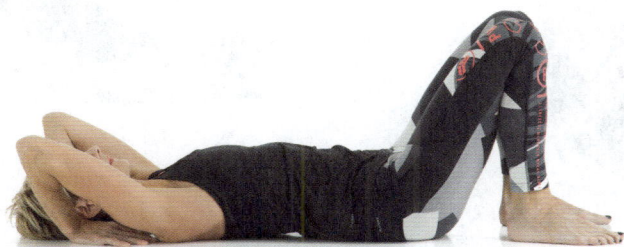

运动

通过将脚跟和手掌推向地板来创造预张力。开始时，将膝盖向前推向脚趾方向并抬高骨盆。放松臀部，将双臂之间的胸部向地面方向下沉。

注意

- 手掌与地板接触。
- 手肘朝上。

作用

拉伸前表线、手臂线。

讨论

　　这是一个为进阶臀桥训练而准备的练习，其中包括充分伸展手臂来抬起上半身。手的位置使这个练习变得有趣。在这个练习中，手臂线上的任何代偿都会显现出来，比如很难让整个手保持在地板上，或者肘部朝外而不是朝上。

变式：进阶臀桥训练

起始姿势和运动

坐下来，双膝屈曲并分开，与髋同宽，用手握住脚踝。

紧紧抓住你的脚踝，通过抬高骨盆来推动膝盖向前移动。保持这个姿势进行两次呼吸，然后使背部回到地面，恢复起始姿势。根据需要，进行重复。

保持脚踝伸直，身体向后躺，直到完全呈仰卧姿势。

注意

- 保持双膝与髋同宽。
- 固定点：肩胛骨上部。移动点：膝盖。
- 试着伸展然后抬起骨盆。

作用

- 静态拉伸前表线和前深线。
- 强化后表线的肌肉。
- 增强脊柱的功能灵活性。

讨论

再强调一遍，我们的目标是不要以牺牲正确的技术来追求尽可能高的高度。精确到最小细节的动作将保证筋膜的优化。

让我们看看最后的进阶臀桥训练。记住，我们的目标是拉伸前表线。你可以这样做：将上半身抬高，胸椎拱起，肩胛骨完全抬离地面，肘部向内转动（手臂外旋），肩胛骨并拢（这将有助于进一步抬起身体），膝盖分开。看看你的执行情况，你可能会认为自己的柔韧性很好。但真的是这样吗？

肘部向内转动，肩胛骨合拢可激活上背部肌肉（菱形肌、中斜方肌），缩短背阔肌（起点和止点靠近）。所有的这些动作都是为了让上半身抬得更高一点。

这样做既可以拉伸又可以缩短肌肉，还可以扩大活动范围，但你的柔韧性不会改变，当然也不会增强。我经常用过短的毯子进行类比：如果你拉起过短的毯子的一端盖住肩膀，在另一端就会露出脚趾。

试试这个方法：保持肘部向外，让两侧肩胛骨稍微分开（这将使胸椎后凸）。试着把胸椎远离胸骨（想象两个移动点彼此远离）。保持肩胛骨张开。把膝盖向前推，然后试着抬起骨盆，这样，身体就会伸展而不是进行代偿。

作用：拉伸前表线、手臂线、体侧线和前深线，并打开胸腔。

眼镜蛇式

策略

静态拉伸前表线

起始姿势和运动

身体呈平板支撑姿势，手臂伸直。

吸气，将胸骨（第五肋骨）向天花板方向运动，激活肩胛骨，让骨盆朝地板方向运动，这样身体的形状就像一根回旋镖。

保持这个姿势进行几次呼吸，趴在地板上放松，然后重复所需的次数。

注意

- 固定点：脚。移动点：胸骨。
- 采用激活的风筝姿势。
- 肘部朝外。

作用

- 静态拉伸前表线和前深线。
- 强化后表线的肌肉。
- 平衡身体。

改变刺激

采用与之前训练相同的姿势，但这次将脚尖平放在地板上。保持这个姿势，然后把头转向右边，再转向左边。如有需要，可以多次重复。

雕像训练

策略

静态拉伸前表线

起始姿势和运动

　　四点支撑跪姿，双膝分开，与髋同宽，双手分开，与肩同宽。抬起左腿，用右手抓住左脚脚踝。将胸骨（第五肋骨）尽可能远离抬高的膝盖，以拉伸前表线。保持这个姿势进行几次呼吸，然后换边。根据需要完成重复次数。

注意

- 固定点：对侧膝盖。
- 移动点：第五肋骨和膝盖。
- 采用激活的风筝姿势。
- 肘部朝外。

作用

- 静态拉伸前表线和前臂线。
- 强化后表线的肌肉。
- 保持平衡。

改变刺激

　　做同样的练习，但是这次用右手握住右脚脚踝。这个动作的难点在于使身体保持平衡。

6.8.4 前表线靠墙筋膜拉伸

背靠墙桥式训练

策略

静态拉伸前表线

起始姿势

站直，将骶骨、胸椎和头部靠向墙壁，双脚分开，与肩同宽，手臂垂放在身体两侧，手掌贴在墙壁上。

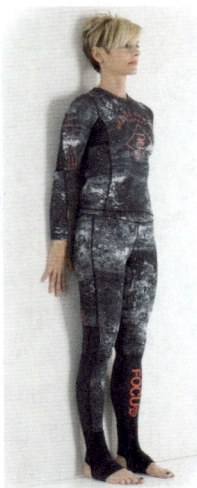

运动

举起手臂，屈曲肘关节，将手掌放在耳朵边的墙上，手指朝下，双肘分开，与肩同宽。保持这个动作完成几次呼吸，然后回到起始姿势。如有需要，请多次重复。

注意

- 固定点：胸椎（T12）。移动点：手。
- 伸展。
- 采用激活的风筝姿势。
- 双肘分开，与肩同宽。
- 将整个手掌贴在墙上。

作用

静态拉伸手臂线、前深线、后表线、前表线。

讨论

这个练习是为进阶臀桥训练做准备。

进阶

双手靠着耳朵旁边的墙，双脚慢慢向前移动几步，身体从头顶到脚形成一个拱形。感受一下前表线的拉伸，身体向各个方向"扩张"：手朝向墙壁，脚和腰椎朝向地板，骨盆朝前，胸骨朝上。想象自己是一个正在充气的气球。如果感到脊柱受压，那是因为你在压迫腰椎。在这种情况下，稍微后退并拉伸，在该区域创造空间。这样效果可能会更好。

鸟狗式靠墙训练

策略

感受一切

起始姿势和运动

四点支撑跪姿，离墙约一臂长；双膝分开，与髋同宽；双手分开，与肩同宽。确保背部处于中立位，抬起右臂，将右手抵在墙上，与肩齐高，手指张开。保持正确的姿势30秒，然后换另一侧手臂。每侧手臂重复3次。

注意

- 采用激活的风筝姿势。
- 激活的肩胛骨：将右肩胛骨推向左髋（拉伸功能线）。
- 外旋肱骨头（拉伸手臂线），肘部朝外。
- 脚背着地，轻轻地将其推向地板（拉伸前表线）。

作用

- 感受并拉伸手臂线。
- 拉伸前表线和前深线。
- 强化后表线、功能线、手臂线。

讨论

这个练习在很多方面都很有用。虽然它看起来很简单，但很难做好，尤其是很难保持正确的姿势。我要求所有的客户（无论是年轻人还是老年人，无论是运动员还是非运动员）都做过这个练习。虽然完成这个动作不会产生疼痛，但一定会特别辛苦。

这里有一些需要改进的理由。

- 呼吸——胸腰椎区域的扩张改善了姿势。
- 前表线、前深线——让第五肋骨远离耻骨。
- 拉伸和强化前表线、后表线——两条线相互平衡。
- 拉伸和强化——以正确的姿势平衡前、后臂线，加强肱三头肌和背阔肌。
- 感受手臂（肱骨外旋、桡骨内旋）和肩胛骨的正确动作，以及胸椎后凸。
- 为过顶推举做准备。
- 在闭链上工作。

让我们思考一下：这难道不是核心训练吗？我想说，是的，这个练习会使整个胸腔都参与其中。我们必须超越仅使用仰卧起坐来训练腹部的方式。记住应扩张而不是收缩。

改变刺激

- 脚部呈跖屈姿势进行这个练习。

进阶

- 采用与基本训练相同的姿势，但这次将双手抵在墙上，保持正确姿势30秒，重复3次。

- 双手抵在墙上，抬起一条腿。保持正确姿势30秒，然后换腿。

- 采用犬式跪姿（四点支撑跪姿并抬起膝盖），一只手抵在墙上。保持正确姿势30秒，然后换边。每侧重复2次或3次。

- 双手抵在墙上。在不移动骨盆或手臂的情况下，慢慢向后滑动右脚，直到右腿完全伸直。保持脊柱处于中立位。然后慢慢伸展左腿，直到身体悬空，从脚跟到头顶形成一条直线。轻轻地把第一跖骨底压向地面，你会立刻感到更加稳定。保持这个姿势30秒。如有需要，请重复多次。

变式1

通过旋转180度来改变方向，这样脚就在靠墙这一侧。四点支撑跪姿，离墙足够远，这样就可以伸直右腿。右脚平放在墙上。用右脚轻轻推墙，同时向相反方向移动胸骨（第五肋骨）。你会感觉到后表线（腘绳肌、竖脊肌）和前表线的拉伸。保持这个姿势呼吸几次，然后换腿。

变式2

这个训练的进阶版本是把左臂举到头前面，握住拳头。拳头会给身体更强的稳定性。其他姿势都和变式1一样。

变式3

不要抬起手臂，试着把两只脚（先放一只脚，然后再放另一只脚）放在墙上，双脚分开，与髋同宽，并与肩膀齐高。向上挺胸，保持胸部曲度完整，将胸骨（第五肋骨）向前移动，远离脚趾。手肘朝外。这个姿势需要把力量分布到全身，如果你试图使用单独的肌肉进行练习或把所有的重量都压在手臂或手上，会发现这是非常困难的。上半身向各个方向伸展（像充气床垫），别忘了双手的姿势：手掌与背阔肌相连。

腹部靠墙训练

策略

动态拉伸

起始姿势

仰卧，头靠墙，手掌平放在墙上，手指朝下。弯曲并抬起双腿，脚跟并拢。保持脊柱和骨盆处于中立位。

运动

双手掌心轻轻推向墙壁，同时肩胛骨向臀部方向推，吸气，保持胸椎（T12）在地板上。保持这个姿势，（在你轻轻推动墙的同时）试着感觉从手掌到耻骨、从肩胛骨到尾骨的连接。

保持身体这些部位的连接，轻轻地把脚跟并拢，伸直且并拢双腿。以快速但有控制的动作回到起始姿势。注意：始终保持脊柱处于中立位。根据需要进行重复。

注意

- 相对点：手和肩胛骨（彼此分开）、手和脚（彼此分开）。
- 固定点：胸椎（T12）在地板上。

作用

- 弹性拉伸髋屈肌和前表线。
- 感受手和耻骨、手和尾骨、髂腰肌和脚之间的联系。
- 强化核心，拉伸前表线、后表线、前深线及手臂线。

退阶

只做训练的第一部分。

讨论

这是一项涉及多方面的训练，如感觉、拉伸和力量训练，取决于你想如何使用它。

如果伸直腿，并迅速回到起始姿势，你将受益于髋屈肌的弹性回弹。事实上，从伸展双腿的那一刻起，能量就被储存起来了（髋屈肌上的离心动作），身体的核心部位也开始工作了，并且保持稳定。但你应始终保持背部处于中立位。

171

6.8.5　体侧线、螺旋线筋膜伸展

站姿侧向伸展（竹子）

策略
动态拉伸

起始姿势

　　站直，双腿并拢。左臂举过头顶，右臂叉腰，保持肩胛骨朝向臀部。

运动

　　通过流畅的动作，将骨盆向左滑动，使整个身体形成一个弓形。将左脚外侧边缘推向地板，左手小指向相反方向移动，在整个身体一侧产生张力。回到起始姿势。根据需要完成重复次数并换边。

注意

- 采用激活的风筝姿势。
- 固定点：脚。移动点：小指。

作用

- 动态拉伸整个体侧线。
- 针对髋部的灵活性进行训练。

讨论

　　竹子形态是思考我们动作的极好方式。竹子柔韧而有弹性，十分优雅，是精致与自然美的结合。这是我们的身体应该追求的。

改变刺激

- 缓慢地、有控制地做这个动作。一旦你掌握了这个动作，开始改变速度。向一侧移动，在整个体侧线上制造张力，然后无须明显用力即可弹性回弹到起始姿势（想象拉弓射箭）。上半身倾斜时，将右脚放在左腿后，以增强体侧线的拉伸。双脚并拢回到起始位置，然后当上半身再次倾斜时，将右脚移到左腿前面。刚开始的时候，最好保持1秒，随着运动技术水平的提高，逐渐让这个动作更有活力。将右脚交叉于左腿前方，在骨盆的高度拉伸臀大肌的后部。将右脚交叉于左腿后面，拉伸前部体侧线，即骨盆高度的阔筋膜张肌。
- 保持姿势：这将成为一个静态拉伸训练。

进阶

　　当身体倾斜的时候，把手稍微向前方对角线方向移动，这时上半身将会随着手的运动而运动。这会增强对胸腔的拉伸。从头开始重复，拉伸过程中稍微向后转。

交替蹲

策略

体侧线主动动态拉伸

起始姿势

站直，双脚分开，与髋部同宽，双臂垂于身体两侧。

运动

双手并拢，双臂向前伸展。将骨盆向左滑动（冠状面）并稍微弯曲双腿。回到起始姿势，在另一侧重复动作。根据需要，可多次换方向重复。

讨论

这项训练真的会带来意想不到的效果。完成以下测试，看看这项简单的训练是否可以增强你的柔韧性和灵活性。

站直，双脚分开，与髋同宽。上半身前倾，双手触地，同时保持双腿伸直。记住地板和手之间的距离，以及大腿和背部的张力。

现在正确执行交替蹲训练，每侧6~10次。然后上半身再次向前倾，重复刚刚的测试。

有什么变化吗？你的动作活动范围扩大了吗？觉得张力减少了一些吗？如果是这样的话（我相信答案是肯定的），让我在此问一个问题：如果你能通过这样一个简单的训练来扩大动作范围，为什么不在做深蹲或普拉提卷腹训练之前用这个动作来热身呢？

你们可能想知道进步如此快速背后的原因是什么。侧向运动可以促进各种肌筋膜线（体侧线、前表线、后表线）之间的滑动，体侧线会影响大腿的运动（股四头肌和腘绳肌，前表线、后表线）。髂胫束（筋膜）在大腿周围能起到液压放大器的作用，因为它的内部纤维呈水平方向围绕着它。必须指出的是，除了手臂线外，几乎所有的肌筋膜线都穿过了骨盆。

在这一点上，我没有任何补充——除了FReE……

注意

- 固定点：脚。移动点：髋部。
- 膝盖对齐。（骨盆在冠状面上滑动）

作用

- 激活、滑动和拉伸体侧线。
- 针对髋部的灵活性进行训练。

改变刺激

用骨盆做同样的侧移动作，但这次抬起手臂。这会涉及上部分的体侧线、手臂线和上半身的运动。

整个训练也可以靠墙进行（第196页）。

进阶

- 换成半跪姿势：以半跪姿势侧向移动。每侧重复6~10次，应从头开始重复并改变腿的位置。

- 转动分开深蹲：为了增强不稳定性，可以在弓步姿势下做侧移运动，将后膝抬起离地。

站立式开瓶器

策略

动态拉伸

起始姿势

　　站直，交叉双腿（右脚在后面），双脚并拢。上半身向前弯曲，直到手指触地。

注意

- 固定点：脚。移动点：骨盆。
- 保持双脚平放在地板上（3个接触点）。

作用

你将清楚地感觉到直立腿的体侧线被拉伸。

运动

　　屈曲左膝，保持脚掌平放在地板上，将骨盆向右移动。回到起始姿势，伸直双腿。用流畅的运动完成所需的重复次数，然后换边，将左腿交叉到右腿后面，屈曲右膝，将骨盆向左移动。

讨论

　　很抱歉让你们看到我的背后，但这是解释这项练习的最好方法。刚开始的时候，这可能是一个相当剧烈的拉伸训练，但你很快就会得到提升。

改变刺激

　　你如果无法用手触摸地板，可以先用一个平台（台阶、盒子）来降低难度。

　　缓慢移动骨盆，以有弹性但受控制的动作回到起始姿势。

半跪风车转体

策略

体侧线动态拉伸

起始姿势

采用半跪姿势（左脚和右膝放在地板上），手臂伸向身体两侧，掌心朝下。

运动

上半身向右弯曲，左臂举过头顶，右手向下接触地板。

注意

- 采用激活的风筝姿势。
- 要回到起始姿势，应从左侧肋骨开始运动，而不是从手臂开始。这将增强胸部肌肉的滑动和伸展（腹内斜肌、腹外斜肌、肋间肌）。
- 保持手臂伸直，以免失去与手臂线的连接。

作用

- 增强髂腰肌、体侧线、前深线的柔韧性和弹性。
- 针对髋部的灵活性进行训练。

改变刺激

做同样的动作，但这次也要转动胸部。先将胸骨（第五肋骨）向上抬起，然后转动胸部。右手向右脚跟方向移动，回到起始姿势，然后左手随着胸部转动向左脚跟方向运动。尝试拉伸而不是压缩："创造一个扩张的空间。"你不应该感到腰椎紧张。如果有这样的感觉，你应减小动作幅度，集中精力拉伸。

让一切都更有弹性（缓慢下降，弹性上升），或者利用多米诺骨牌效应回到起始姿势，上臂前后移动，从而抬高上半身。

跪姿侧身风车训练

起始姿势

采用半跪的姿势，左腿向身体左侧伸展。左脚跟与右膝对齐，左脚朝前。

运动

吸气：上半身向右侧伸展和弯曲，抬起左手，使其远离左脚外侧，从而拉伸整个左侧身体。返回时，左手向上伸展，左臂向天花板移动，上半身直立。呼气时，回到起始姿势。重复整个过程3次。

当倾斜和抬起手臂时，为了强化体侧线上半部分的肌肉（右侧为向心收缩，左侧为离心收缩）和拉伸下部的肌肉（从骨盆到脚的外缘），整个训练的质量非常重要。

在返回阶段，反冲质量变得很重要：筋膜的弹性反冲。

在第四次重复时，当倾斜上半身时，将右手放在地板上。保持这个姿势，尽量伸展。开始把上半身转向右侧地板，同时用左手尽可能接近右手。抬起手臂回到起始姿势。重复3次动作，然后换边。

旋转时，注意筋膜（背阔肌、前锯肌、腹斜肌）的滑动。

三足风车训练

策略

动态拉伸体侧线、螺旋线、前深线

起始姿势

四点支撑跪姿，双手分开，与肩同宽，左腿向左侧伸展。左脚跟与右膝对齐，左脚朝前。你可以使右膝和髋部对齐，但是如果想增强前深线的拉伸，可以将右膝稍微向外移动。

运动

转动上半身，左臂向天花板方向抬起，然后将上半身转向地板，左手放在肋骨的右侧。同时屈曲左膝和右肘，向外移动。上半身尽量靠近地板，同时眼睛看向右肘。回到起始姿势。

右臂重复上述动作。每侧完成2次，然后换腿，从头开始重复。

蝎子摆尾式

策略

静态拉伸

起始姿势

四点支撑跪姿（用前臂而不是双手支撑），双膝分开，与髋同宽；双手分开，与肩同宽。右腿向后伸展，直到完全伸直。

运动

开始外旋右大腿，直到骨盆开始轻微转动，保持肩膀与地面平行。保持这个姿势并呼吸几次，然后换边。

注意

- 固定点：肘部。
- 采用激活的风筝姿势。

作用

静态拉伸体侧线、螺旋线。

半跪姿回旋镖式

策略

动态拉伸体侧线、螺旋线、前深线、手臂线

起始姿势

采用半跪的姿势，左脚向左侧伸出。将左脚跟和右膝盖对齐，将左手搭在左膝上。

运动

左膝向脚趾方向移动，右臂向同一方向移动，转动上半身。在右移骨盆时，左脚紧贴地板。把右臂举过头顶，使右侧向左侧拱起。记住，是骨盆的外展使左腿伸展。

按要求的重复次数完成整个过程，不要在起始姿势停止，然后换边。

注意

- 固定点：脚。移动点：骨盆。
- 骨盆处于中立位。
- 采用激活的风筝姿势。

作用

- 拉伸体侧线、前深线、螺旋线和手臂线。
- 针对髋部的灵活性进行训练。

讨论

这是一种动态的、流畅的、优雅的运动。想象一下扔回旋镖：将重物倾斜到一边，然后弯腿。

改变刺激

- 静态拉伸时，向一侧倾斜并保持几次呼吸，或增强足部牵引力以进行等长拉伸。
- 采用与上述相同的姿势，但这次将右脚向内移动。这样将增加前深线的拉伸感。

蜥蜴式

策略

动态拉伸体侧线

起始姿势

呈平板支撑姿势，手臂伸直。

运动

左膝屈曲，将脚放在双手之间，保持右腿尽量伸直。吸气时左膝向外移动，将左脚的外侧边缘放在地板上。呼气时把左膝放回双手之间。完成所需的重复次数或时间，每次运动时稍微扩大大腿的活动范围，然后换边重复。

注意

- 固定点：脚的外侧边缘。移动点：膝盖。
- 采用激活的风筝姿势。

作用

- 动态拉伸体侧线和一部分前深线。
- 针对髋部的灵活性进行训练。

讨论

对于步态摇摆（脚外旋）或膝外翻的人来说，这项训练非常有用。

让我们更详细地看一看：小腿的外部（小腿的外侧间室、腓骨肌群）受到刺激；一些肌群必须更加努力地工作，以增强体侧线和螺旋线的张力，这可能会导致其他姿势失衡。

我们该如何改进？从一个简单的动作开始，比如第109页的螃蟹深蹲的姿势。如何知道自己是否应该进阶？当你认为可以相对容易地进行某项训练时，就可以进阶了。

为了使肢体对齐，仅仅是进行前深线拉伸训练和髋关节训练是不够的。当你努力遵循这些训练规则时，就可以看到立竿见影的效果。但是仅仅做这些训练是不够的，因为这些动作要领要一直贯穿日常生活中，例如，当你走路的时候，当你静止站立的时候，当你爬楼梯的时候等，都需要保持标准姿态。你可以随时检查脚是如何放置的，用的是哪条肌筋膜线。

改变张力，骨骼就会回到正确的位置。

改变刺激

- 为了简化练习，可以从半跪的姿势开始，或者将手放在一个助力平台上，以减小动作幅度。
- 为了增加刺激，保持这个姿势，膝关节外旋并完成几次呼吸。这样将静态拉伸体侧线。

进阶

　　伸直双臂进入平板支撑的姿势。屈曲左膝，左脚放在双手之间，左膝关节外旋。将左腿外侧完全放在地板上，然后右脚脚背触地。尽量保持左腿小腿与大腿呈90度。保持这个姿势，吸气，将头转向左脚脚趾，然后向右转。完成所需的重复次数，然后用另一条腿重复。

改变刺激

- 等长静态拉伸——主动肌：保持这个姿势，将前脚外侧轻轻向下推到地板上（膝盖不要抬离地面）。这将激活体侧线。
- 等长静态拉伸——拮抗肌：保持这个姿势，将前脚稍微抬离地面。这将激活前深线。
- 这是训练髋关节囊的好方法。

半式美人鱼

为了更好地进行第184页的小美人鱼练习，我们首先要调动髋关节。

起始姿势

坐成Z形，左腿在身前屈膝，右腿侧转，双手自然张开，手指抵向地面，伸展脊柱。

运动

把双手放在膝盖上。吸气，将左膝和左脚向地面按压。坚持3~5秒，呼气，然后轻轻地将手推向地板来释放压力。重复3次。

吸气，将右脚向地面方向推压，稍微抬高右膝，用右手对抗。保持这个姿势3~5秒，呼气，释放压力，用右手轻轻地将右膝向天花板拉起。重复3次。从头开始重复整套动作。

注意

- 使用的强度：5%~20%的最大力量。
- 采用激活的风筝姿势。
- 骨盆保持稳定。
- 施加压力时吸气。
- 释放张力时呼气。
- 不要过度训练。

作用

- 髋关节旋转的等长静态拉伸。
- 针对髋关节的灵活性进行训练。

改变刺激

- 双腿呈90-90-90度，从而改变髋关节的角度。本书通过关节囊训练关节的末端活动范围。
- 增加上半身的运动：双臂举到胸部中间。每重复一次，如前所述，呼气，稍微俯身，从而增强张力。注意保持背部挺直。

183

小美人鱼

策略

静态拉伸

起始姿势

坐成Z形，左腿在身前屈膝，右腿侧转，双手自然张开，手指抵向地面，伸展脊柱。

注意

- 固定点：左髋。移动点：手。
- 创建扩展的空间。
- 采用激活的风筝姿势。
- 保持呼吸。

作用

- 静态拉伸上半部分体侧线、螺旋线。
- 增强胸椎的灵活性。
- 强化核心肌肉。

改变刺激

如果坐姿不舒服，可以坐在平台（健身球、台阶）上以降低难度。另见第268页：感官球可能对此项练习很有用。

运动

将手臂举过头顶，用右手抓住左手腕，保持双肩下沉。吸气，伸展，上半身向右倾斜。用左手轻轻拉右臂，以增强拉伸。用左手轻微牵引，开始转动胸骨，将上半身转向右膝，从而扩大胸腔。保持两次呼吸，然后回到中立位，再回到起始姿势。完成要求的重复次数，然后在另一侧重复。

动态小美人鱼

策略

静态拉伸

起始姿势和运动

以前一项练习（小美人鱼）中描述的同样的起始姿势开始，将右臂举过头顶，将左手平放在靠近骨盆的地板上。

上半身向左伸展和倾斜。保持左臂伸直，形成弓形。从肋骨开始回到初始位置（肋骨应该是首先运动的部位，而不是手臂），然后所有其他的部位（手臂和头部）都随之移动，产生多米诺骨牌效应。重复3次，然后停在侧倾姿势。

转动胸腔，保持其扩张，右手朝地板方向放低。保持骨盆不动。回到起始姿势前，先回到侧倾姿势。根据需要完成重复次数。

注意

- 固定点：左髋。移动点：手。
- 创建扩展空间。
- 采用激活的风筝姿势。
- 保持呼吸。

作用

- 动态拉伸上半部分体侧线、螺旋线。
- 增强胸椎的灵活性。
- 强化核心肌肉。

讨论

让我们来仔细看看这个动作：运动的第一部分（举起手臂）属于肌肉的动作，弯曲上半身是肌筋膜拉伸、滑动过程，恢复动作则呈现弹性反冲效应。

改变刺激

- 在任何姿势下，都可以停下来做几次呼吸，使之成为静态拉伸运动。
- 不间断地进行流畅的运动（倾斜时），使其成为一种动态拉伸和肌肉强化运动。

进阶

- 上半身转动，右手放在地板上，伸展背部。右手放在左手下方，保持双臂伸直，吸气时胸部向地板下沉。始终保持背部挺直（围绕身体中轴旋转）。呼气，伸展，抬起上半身。根据需要，多次重复，然后换边。这项练习可以伸展和活动胸椎。

- 采用和上一个练习同样的姿势，双手放在地板上，双臂伸直。转过头去看左肩，用余光寻找右脚跟。保持这个姿势，抬起和放下右腿（不要碰到地板）。这项练习既能起到拉伸的作用，又能强化训练。

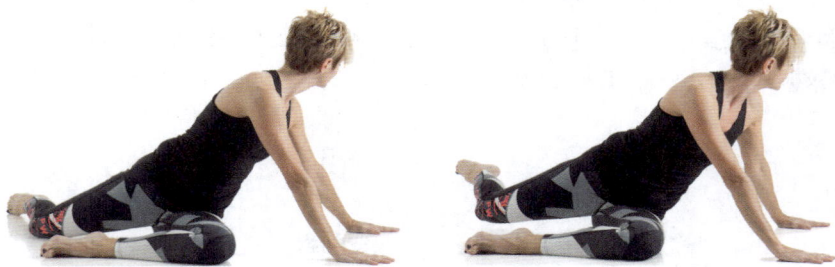

桥式开瓶器

策略

动态拉伸

起始姿势和运动

仰卧，双脚并拢，双腿弯曲，膝盖朝外。双手置于耳后，手指指向肩膀，手肘指向天花板。

通过将手掌推向地板来产生预张力。先抬起右膝并向前推。将骨盆随之抬起并向左转动。当身体处于桥式姿势时，膝盖尽量远离上半身。

继续用手发力，将身体推向地板。把骨盆放低到地板上，而后右膝向外（向右）推，同时带动左膝活动。左右两侧交替切换，保持动作流畅。根据需要完成重复次数。

注意

- 固定点：手。移动点：膝盖。
- 进行流畅的运动。
- 采用激活的风筝姿势。

作用

- 动态拉伸前表线、前深线、螺旋线、手臂线。
- 增强髋部和背部的灵活性。
- 强化后表线的肌肉。

仰卧开瓶器训练

策略

动态拉伸

起始姿势

仰卧，双腿并拢伸直，双臂弯曲并举过头顶，双手手指交叉。将左脚（脚踝和小腿肌肉之间的部位，靠近跟腱）放在右脚的大脚趾和第二个脚趾之间。尽量伸展左脚脚趾。

运动

吸气，双脚向右转，骨盆也跟着向右转，同时头向左转。呼气，回到起始姿势。吸气，双脚向左转（这一侧的活动范围会变小），同时头向右转。完成所需的重复次数，然后将右脚放在左脚的大脚趾和第二个脚趾之间重复这个练习。

注意

固定点：肩膀。移动点：脚。

作用

- 动态拉伸体侧线、螺旋线、前深线。
- 增强髋部、背部和脚趾的灵活性。
- 强化后表线的肌肉。

测试

一旦完成了左脚跟在右脚脚趾之间的重复动作，站起来看看左脚的大脚趾和第二个脚趾之间的间隙和右脚的大脚趾和第二个脚趾之间的间隙。在房间里走来走去，倾听双脚传递给你的声音。你会注意到两只脚之间的差异；大脚趾和第二个脚趾之间可能有更多的空间，你应该感觉到右脚给予了更多的支持，并且走路时，你会主要感觉到来自第一跖骨的支持（略低于大脚趾）。用左脚重复整个练习。

讨论

如果你已经完成了测试，我相信你会同意这项练习对于增强脚的支撑能力非常有用，并且可能有更多好处，包括减少膝关节的问题，具有更流畅的步态，增强身体稳定性和腿部肌肉的力量。结论：脚的支撑性越好，个体的运动表现就越好（脚的支撑平衡了，力量才会平衡）。想想摄像机的三脚架：在平地上，如果3条腿的高度不完全相同，彼此间的距离不相等，摄像机就会拍摄到扭曲的图像，或者会掉下来。身体也是如此。

仰卧大开瓶器

策略

静态拉伸

起始姿势

仰卧，双腿并拢伸直，双臂向外伸展并与肩齐平，掌心朝下。

运动

双手和脚跟轻轻地向下压向地板，保持伸膝并缓慢地抬起右腿，然后向左侧摆动，越过左腿，左腿始终保持伸直，且保持在地板上。继续完成动作，抬起右臀，右腿向左手靠近。保持3次呼吸。回到起始姿势，用左腿重复这个练习。

注意

- 固定点：手和肩膀。移动点：脚。
- 抬起的那条腿始终保持伸直，不要弯曲。

作用

静态拉伸体侧线、螺旋线。

进阶仰卧开瓶器

策略

主动动态拉伸

起始姿势

仰卧，双腿伸直并拢，手臂伸展到头顶上方，掌心相对。

运动

当左脚跟轻轻地向下推到地板上时，右腿伸展并缓慢地抬起，然后向左移动，越过左腿，左腿始终保持伸直并放在地板上。继续完成运动，带动另一条腿。在做俯卧姿势之前，小腿抬起带动骨盆，然后抬起上半身。

从俯卧姿势开始，以双臂和左脚跟为支点旋转，伸展和抬起右腿，将右腿交叉在左腿上。抬起的右腿带动骨盆、上半身、手臂移动，直到整个人再次恢复仰卧姿势。

注意

- 脚起引导作用，它能带动身体的其他部位移动，产生多米诺骨牌效应。
- 进行流畅的运动。

作用

- 动态拉伸体侧线、螺旋线。
- 强化肌肉。

讨论

滚动练习是我最喜欢的一种练习，它总是让我想起童年。那时的我喜欢翻筋斗、翻滚，没有约束、没有痛苦。这是多么美好的回忆啊！让我们一起流畅、优雅、放松地进行这些滚动练习吧。

进阶

在不使用手的情况下完成整个练习：保持手臂离地几厘米，只用腿来完成动作。这需要很好的控制和协调能力。

俯卧开瓶器

策略

动态拉伸

起始姿势

俯卧，双臂屈肘放在头下，将额头放在手上。将左脚踝放入右脚的大脚趾和第二个脚趾之间的下方。尽可能地伸展左脚脚趾。

运动

向右转动双脚脚跟，带动骨盆向右转动。回到起始姿势，双脚脚跟再向左转动。完成所需的重复次数，然后将右脚踝放在左脚的大脚趾和第二个脚趾之间，重复这项练习。

聚集

固定点：肩膀。移动点：脚。

讨论

没错，这和第188页的练习一样，但这里采用的是俯卧姿势。

作用

- 动态拉伸体侧线、螺旋线、前深线。
- 针对髋部、背部和脚趾的灵活性进行训练。
- 强化肌肉。

改变刺激

把手臂伸过头顶完成这项练习。

旋转眼镜蛇式

策略

静态拉伸

起始姿势和运动

俯卧，双手和双脚并拢，双臂在头前弯曲。右转上半身和头部，将左肘放在地上，与右肩呈一条直线。伸展上半身，将右肘举到空中，轻轻地将左肘向下压向地板。保持这个姿势呼吸几次，然后换边。

注意

- 采用激活的风筝姿势。
- 保持脊柱的轴向伸展。
- 双脚并拢在一起。

作用

- 静态拉伸体侧线、螺旋线、前深线。
- 增强脊柱的灵活性。
- 稳定和强化肩关节。

讨论

毫无疑问，只有具有很强灵活性的人才能正确地完成这项练习。胸椎的旋转非常有趣，因为它们可以改善呼吸，从而促进肌肉组织的废物排出。

俯卧大开瓶器

策略

静态拉伸

起始姿势

俯卧，双腿伸直并拢，双臂向外伸展并与肩膀齐平，掌心朝下。

运动

伸展并缓慢地抬起右腿，然后向左移动，越过左腿。左腿始终保持笔直，并放在地板上。继续运动，将骨盆和右侧胸部抬离地面，保持右肩贴近地面。回到起始姿势，换至左腿，根据需要进行重复。

注意

- 固定点：肩膀。移动点：脚。
- 抬起的一条腿保持竖直，不要弯曲。

作用

- 静态拉伸体侧线、螺旋线。
- 增强胸腔的灵活性。

改变刺激

增强手臂线（胸大肌、肱二头肌、手指屈肌等）的伸展。旋转到左腿抬起的姿势后，继续转动上半身，将左臂举向空中。重心放在右肩上，试着扩大胸腔，使胸骨远离肩膀，加大胸大肌的伸展程度。回到起始姿势，然后换边。

螺丝刀式

策略

动态拉伸

起始姿势

左侧卧，左腿伸直，右膝屈曲，与骨盆对齐。左臂伸直，放在地板上。右手放置在靠近地板的左侧肋骨上。用手辅助上半身转动。双臂向天花板伸展，与肩齐平。

运动

想象一下，每只手拿着一个把手，把手上各拴着一条弹力带，其中一条弹力带系在天花板上，另一条系在地板上。双臂伸直，吸气，右手向地板方向拉，左手向上推，从而增加胸部的旋转。呼气并释放在旋转中产生的张力，以产生弹性反冲。重复这项练习3次。

完成所需的重复次数后，吸气，将右臂缓缓举过头顶，从而增强上半身的拉伸。左臂保持抬起，与肩膀保持在一条直线上。保持这个姿势呼吸几次，然后回到起始姿势。重复3次后换边。

注意

- 采用激活的风筝姿势。
- 动作范围小但有控制地进行动作，逐渐扩大动作范围。
- 固定点：骨盆。移动点：手臂和胸部。

作用

- 动态拉伸体侧线和螺旋线。
- 增强胸椎和肩关节的灵活性。
- 改善呼吸和扭转。

讨论

针对地板或墙面进行的上半身旋转训练非常有效，因为它能限制代偿动作的发生。这种训练通过限制活动范围，使动作的实际效能得到凸显。与此同时，接触点的体感能提供即时反馈。此项训练同时作用于身体双侧的旋转能力，所以也特别适合需要转体动作的运动员，例如高尔夫、网球和排球选手。

翻书式

起始姿势

左侧卧，双膝屈曲至与骨盆齐平，双臂向前伸展至与肩膀齐平，双手手掌合十。

运动

吸气，伸展，右臂向天花板抬起。手臂的运动会带动上半身，使其旋转（多米诺骨牌效应）。继续移动右臂，在不过度用力的情况下尽可能旋转上半身，右手手背尽量去触碰地板。回到起始姿势，完成所需的重复次数，然后换边。

聚集

- 采用激活的风筝姿势。
- 在动作范围内尽量移动，逐渐增加活动幅度。
- 固定点：骨盆。移动点：手臂和胸部。

作用

- 动态拉伸体侧线和螺旋线。
- 增强胸椎和肩关节的灵活性。
- 改善呼吸和扭转。

改变刺激

扇子式：与翻书式训练中描述的起始姿势相同，将双手指尖放在地板上，开始向头部移动右手，然后稍微超过头部。此时，转动右手，使手掌朝上。指尖轻触地板，开始转动上半身。最后，通过反向动作回到起始姿势。

6.8.6　体侧线、螺旋线靠墙筋膜拉伸

靠墙转体深蹲

策略

动态拉伸体侧线

起始姿势

　　侧身站立在墙边，离墙大约45厘米，双脚分开，与髋同宽，手臂伸直，并垂放在身体两侧。

注意

- 固定点：脚。移动点：髋部。
- 采用激活的风筝姿势。

作用

- 激活、滑动和拉伸体侧线。
- 针对髋部的灵活性进行训练。

进阶

　　如果发现用髋部接触墙面很容易，那就离墙远一点。

运动

　　将骨盆向墙壁移动，双手伸直举到胸前，并稍微弯曲双腿。回到起始姿势。如有需要，可以多次重复。

改变刺激

　　靠墙旋转深蹲：当髋部接触墙壁时，将上半身转向左边。（参见第173页）

靠墙侧向伸展

起始姿势

侧身站立在墙边，离墙大约45厘米，双脚分开，与髋同宽，手臂伸直并垂放在身体两侧。

注意

- 固定点：脚和手。移动点：骨盆。
- 采用激活的风筝姿势。
- 保持肩膀和髋部对齐。

作用

- 静态拉伸整条体侧线和手臂线。
- 增强髋关节的功能灵活性。

运动

双脚并拢，左臂举过头顶，左手放在墙上，手指朝上。右手的手掌放在墙上，手指朝下，手臂垂于下方。骨盆向左移动，远离墙壁，身体呈弓形，保持2~3次呼吸。动作结束后骨盆回归中立位，重复3次。然后换边。

改变刺激

骨盆离开墙壁时，同时屈曲外侧膝盖。

旋转分立式靠墙深蹲

策略

主动动态拉伸

起始姿势

双腿并拢，站直。侧身靠墙站立，骨盆贴着墙壁。上半身向右转，双臂抬至与肩同高并贴在墙上，左腿向后迈一步。

运动

首先屈曲髋关节（稍微向后移动髋关节）。慢慢顺着墙壁往下滑，直到左膝触地，前脚脚跟和第一跖骨发力推起，回到起始姿势。按需要多次重复，然后换边。

注意

- 采用激活的风筝姿势。
- 向下：首先向后移动髋部。

作用

- 拉伸体侧线、螺旋线、手臂线。
- 强化下肢和核心部位的肌肉。
- 增强胸椎和肩部的功能灵活性。

讨论

这个练习有利于保护膝关节。

为什么我们在下蹲之前要屈髋（向后移动坐骨）？因为身体下蹲时激活了腘绳肌（大腿后面的肌肉），这些肌肉起自坐骨结节并止于胫骨和腓骨头（详情见第150页）。当坐骨结节向后移时，会在胫骨和腓骨上施加轻微的牵引力，并拉动腘绳肌，这样既可以保护膝关节又可以稳定膝关节。如果在下蹲之前没有进行这种激活，会发生什么？体重会移动到股四头肌，导致膝盖向前移动，超过脚趾，从而带动前表线的拉伸。

结果如下。

（1）膝盖疼痛。

（2）股四头肌（大腿前面）训练得更多。

当你重新站起来的时候，需要把脚跟和第一跖骨头抵在地板上，同时向后移动坐骨结节来激活腘绳肌。下次在上楼梯时候要记住这些动作，它们可以保护你的膝盖、训练腘绳肌，这是留给你的作业。

在这个练习中，你处于一个闭合的运动链中。有趣的是，与用自己的体重训练相比，墙壁会阻碍你的动作。同时，墙壁也会给予即时的反馈，帮助你了解自己的活动极限（把手放在墙壁上形成了接触点，这有助于激活手臂和核心肌群的肌筋膜线，使整个动作更高效和稳定）。

退阶

如果胸椎的旋转受到限制，或者在手臂线上产生代偿，你可以离墙壁稍微远一点，从而使训练变得更容易。

改变刺激

反向分开式深蹲：右腿向后退一步。

测试

在右边完成了训练后做以下测试。

（1）去散步：注意到左右两侧身体有什么不同吗？

（2）站起来，抬起右臂，上半身向左倾斜，然后在另一侧重复。

不要告诉我你无法感觉到两侧在柔韧性、灵活性和敏捷性方面存在巨大差异。

靠墙风车训练

策略

主动动态拉伸

起始姿势

站直，脚趾顶着墙。右臂举过头顶，左臂垂放在身体一侧，将双手手掌都放在墙上，双脚同时向左侧方转动。

注意

- 固定点：脚。移动点：髋部。相对点：手。
- 每次重复之后可以稍微增加动作幅度。
- 双手靠墙，双腿尽量伸直。
- 采用激活的风筝姿势。
- 伸直（但不是过度伸展）膝关节。

作用

- 主动动态拉伸体侧线、螺旋线、后表线、手臂线。

- 针对髋部、胸椎和肩部的灵活性进行训练。

运动

开始这个动作时，把左髋部向后推动。与此同时，开始将上半身向左倾斜。双腿伸直，上半身继续尽可能地下降，保持这个姿势几秒。然后把右脚向地板轻轻下压，慢慢地抬起上半身，直到站直。根据需要，进行多次重复。最后，换另一侧重复整套动作。

退阶

你如果发现自己很难弯曲上半身，就可以离墙壁稍微远一点。如果大腿后部的张力完全阻止下沉，那么你可以弯曲双腿。记住，我们的目标是直着腿向下运动，拉伸腿上的肌筋膜线，而不是不惜一切代价地触地。

改变刺激

慢慢地弯下身体来增强拉伸，积蓄能量。利用筋膜的弹性势能，以一种充满活力但受控制的方式回到起始姿势。

讨论

风车训练是我最喜欢的练习之一。我推荐大家可以尝试所有这个训练的变式，因为对我来说，这个练习体现了各个维度的自由变化。

很少有练习能像风车训练一样有效、完整、优雅。这个练习为自重风车训练或风车与壶铃相结合的训练做出了完美的准备。当你尝试它的时候，你会很快意识到墙使这个动作变得更加困难，因为墙会阻止上半身向前移动，但是运动的轨迹是垂直于地板的（因此增加了上半身的扭曲）。换句话说，它只允许很少的代偿。

我在我的个人训练和小组训练中都包含了风车训练，我经常看到人们很难在不向前移动手臂的情况下保持一只手臂直立并转动上半身（胸椎扭转和手臂伸展的限制）。借助墙壁迫使人的身体不能自然倾斜，同时也提供了两个接触点，这有助于更好地激活手臂的肌筋膜线。

靠墙伸展

策略

动态拉伸

起始姿势

站直，将双手放在墙上，处于胸部的高度，双手分开，略大于肩宽。向后退两步，屈曲上半身，使之与地面成直角，上半身与地面平行，双脚分开，略宽于肩。头放在双臂之间，保持肩胛骨彼此远离，保持胸椎后凸。

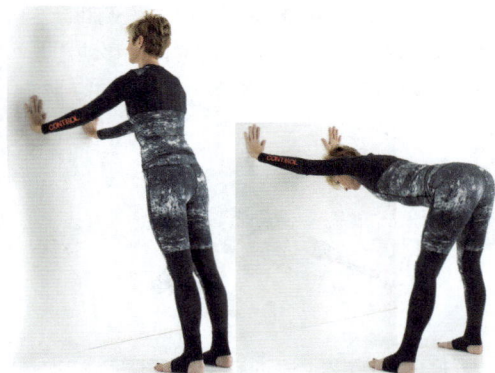

注意

- 固定点：脚和骨盆。移动点：胸骨和手。
- 采用激活的风筝姿势。
- 双臂伸直，手掌靠墙。
- 双腿直立。

作用

- 动态拉伸体侧线、螺旋线、后表线、手臂线。

- 增强胸椎的灵活性。

退阶

使用跳箱来完成靠墙伸展训练（第204页）。

运动

开始旋转上半身（胸骨）时，右手从墙上移开，移到左脚外侧。在转动上半身时，保持左臂伸直，骨盆稳定不动。保持这个姿势2~4秒，然后将上半身转回起始姿势。在另一侧重复，完成所需的重复次数。

讨论

如果把靠墙伸展和跳箱伸展（第204页）相比较，你会看到什么差别？手的位置才是关键。靠着墙的时候，我们会增加手臂线的伸展，特别是手腕（臂前表线）。

当手臂笔直地举过头顶时，这种连接只起到拉伸机械连接的作用。

三足风车靠墙训练

起始姿势

四点支撑跪姿，双手分开，与肩同宽，右腿向外侧伸展。右脚跟与左膝对齐，右脚外侧抵靠在墙上。

注意

- 固定点：脚靠墙。移动点：上半身和手。
- 采用激活的风筝姿势。
- 四点支撑跪姿。

作用

- 动态拉伸体侧线、螺旋线、前深线、后表线。
- 拉伸骶结节韧带。
- 针对脊柱和髋部的灵活性进行训练。
- 稳定肩胛骨。
- 改善呼吸。

讨论

当上半身朝向地板时，你应该做的是，绕着脊柱的中轴运动，这是上半身的旋转而不是弯曲。最初是骨盆向脚跟移动，但注意你的臀部必须始终与膝盖成一条直线。

改变刺激

参见第178页的训练。

运动

转动上半身，右臂朝向天花板。

然后上半身转向地面，右手放在左侧肋骨下方。与此同时，右膝屈曲，左肘向外移动。上半身尽量靠近地板，同时眼睛一直看着左手肘。然后回到起始姿势。

换至左臂重复上述动作。每只手臂完成2次，然后换另一条腿，从头开始重复。

6.8.7　体侧线、螺旋线器材筋膜拉伸

跳箱象式拉伸

策略

动态拉伸

起始姿势

站直，离训练跳箱约50厘米，双脚分开，与髋同宽。右脚跟放在跳箱上，右膝微微屈曲，骨盆在起始姿势。保持左腿伸直，脚趾朝前指向跳箱。

动作

右膝伸直，上半身前倾，双手向右脚外侧移动。继续移动上半身，双手放到右脚内侧。继续这些动作，每重复一次就扩大一点活动范围。完成所需要的次数，然后换边。

注意

- 舒张。
- 保持双腿伸直。
- 移动上半身，带动手臂移动。
- 弯曲腰椎。
- 头垂向地板。
- 保持骨盆位于中立位。

作用

主要是增强后表线的柔韧性和弹性。

讨论

与象式运动（第147页）中的动作不同，在跳箱象式拉伸中，主要是背部和腿后部的伸展，在这个训练变式中，你会感觉到集中在腘绳肌和小腿肌群（腿后部）上的拉伸。这进一步强调了一个简单概念的重要性：不断变化动作，以尽可能多样化的方式刺激筋膜。

跳箱伸展

策略

动态拉伸

起始姿势

站直，双手放在一个训练跳箱或两把椅子的靠背上，双手分开，略宽于肩。向后退两步，胸部降低并与地面平行，确保身体、跳箱或椅子与地面形成近似于正方形（跳箱或椅子和地板组成另外两条边）的结构。双脚分开，略宽于肩。头放在双臂之间，肩胛骨彼此远离，保持胸椎后凸。

运动

把左手从训练跳箱上拿开，开始旋转上半身（胸骨），并把左手移到右脚的外缘。右臂伸直，转动上半身时骨盆保持稳定不动。在这个姿势的基础上，左手移到右脚内侧，然后再移到右脚外侧，逐渐扩大活动范围。

完成所要求的重复次数，回到起始姿势，在另一侧重复。

注意

- 固定点：脚和骨盆。移动点：手。
- 采用激活的风筝姿势。
- 保持手臂和腿伸直。

作用

- 动态拉伸体侧线、螺旋线、后表线、手臂线。
- 增强胸椎的灵活性。

再看看第201页的靠墙伸展练习。

跳箱勇士式

策略

静态拉伸

起始姿势

在离训练跳箱半步的地方，采用半跪的姿势，左脚放在跳箱上，与髋部在一条线上。将左手放在左腿上，将右臂伸展到头顶上方。上半身向上伸展。

运动

采用激活的风筝姿势（肩胛骨向裤子口袋方向推），右腿（或者更具体地说，股骨）稍微向跳箱方向移动，从而增强髂腰肌和股直肌的拉伸。如果觉得不能伸展到这个位置，你可以保持这个姿势并呼吸。如果可以，向天空方向伸展上半身，稍微向对角线方向和向后伸展并倾斜，以增强伸展。想象一下胸腔远离骨盆。回到起始姿势，重复3次，然后换边。

注意

- 固定点：膝盖。移动点：第五肋骨。
- 采用激活的风筝姿势。
- 上半身扩张。

作用

静态拉伸前表线、前深线。

讨论

在训练过程中，注意不应感到腰椎受压，因为这会导致身体进行代偿而不是拉伸。

退阶

在没有平台的地板上进行练习或降低训练跳箱的高度。

205

6.8.8　前深线筋膜拉伸

大猩猩式训练

策略
动态拉伸

起始姿势

　　站直，双腿分开，略宽于肩。上半身前倾，双腿伸直，把除大拇指外的手指都放在脚底下。

注意

- 始终保持手臂伸直。
- 采用激活的风筝姿势。
- 脊柱处于中立位。
- 膝盖与脚趾成一条直线（激活髋部外旋肌）。

运动

　　慢慢屈曲膝盖，使骨盆完全下沉，做一个完整的深蹲，头朝前方，同时保持双臂伸直。脊柱向天花板伸展，膝盖微微向外推。保持这个姿势呼吸1次。伸直双腿，头朝向地板，回到起始姿势。如有需要，可以多次重复。

作用

- 动态拉伸前深线、后表线。
- 针对髋部的灵活性进行训练。

退阶

　　在手前面放置一个平台（台阶、训练跳箱等）辅助练习。

青蛙式训练

策略

静态拉伸

起始姿势

做一个完整的深蹲姿势，将手肘放在大腿内侧，双手合十放在胸前。手肘轻轻地抵住大腿内侧，增加双腿的外旋，同时挺直脊柱。

运动

双手分开，放在地板上，与肩同宽，身体重心向前，同时保持大腿和肘部贴在一起。慢慢地把重量转移到手上，腿抬起并离开地板。坚持呼吸几次，然后回到起始姿势，完成所需的重复次数。

注意

- 采用激活的风筝姿势。
- 肘部和膝盖朝外。
- 注：本训练动作适合有训练基础的人士进行。

作用

- 静态伸展前深线。
- 强化手臂和核心稳定肌群。
- 增强平衡性。

讨论

对于那些髋关节和踝关节活动能力有限的人来说，这显然不是一个合适的起始姿势。对于这些人来说，可以从比较简单的训练开始，比如第133页的训练。

改变刺激

- 动态青蛙式训练：动态地进行整个训练，不在开始和结束的姿势停顿，继续训练。
- 动态跳蛙式训练：为了让运动更有活力，将手臂伸直在面前；用腿做一个小幅度跳跃，用大腿内侧托着肘部；然后跳回原来的姿势。

注：本训练动作适合有训练基础的人士进行。

退阶

只完成动作的一半，即向前移动时不要把腿抬离地面。保持这个姿势，然后回到起始姿势，每次重复后扩大活动范围。一旦你开始觉得做这个动作很舒服，就试着抬起一只脚，然后放下，再抬起另一只脚。

蝎子扭转训练

策略

动态拉伸

起始姿势

坐在脚跟上，双膝尽量分开，双脚脚尖并拢。双手放在前面的地板上，手臂伸直，脊柱伸展。试着把手轻轻地向骨盆方向拉动，感受双臂的激活。

注意

- 采用激活的风筝姿势。
- 脚处于锤状姿势（脚尖点地）可保护膝盖。

作用

- 拉伸腰大肌，股骨头随后移动（前深线）。
- 髂骨和股骨头的运动时序。

讨论

这是一个很好的拉伸腰大肌的动作，进而可以活动股骨头。

改变刺激

- 旋转腿时，右手外侧向前滑动，同时可以伸展背阔肌。
- 等长拉伸：保持这个姿势5秒，向外挪动右脚，以增加拉力。然后以这个姿势放松下来，扩大活动范围（股骨内旋），再重复3次。你可以与同伴一起进行这项训练，它可以提供抗阻训练。

运动

抬起骨盆离开脚跟，前后移动骨盆。重复4次。

现在可以继续动作。将骨盆转向左侧，同时将右脚抬离地面（踝关节背屈）。把右手放在左手前面。右脚尽量向外转，股骨向内旋转。将手稍微向后拉来实现激活的风筝姿势。向上伸展胸骨（第五肋骨），让骨盆向地面下降。保持3秒，回到起始姿势，在右侧重复3~6次，然后换腿。

侧箱训练

策略

静态拉伸

起始姿势

仰卧，双腿并拢伸直，手与肩齐平，手臂伸直，掌心朝下。

运动

将手和脚跟轻轻地放在地板上。稍稍抬起右腿，而后慢慢向右打开，保持骨盆在中立位。保持2~3次呼吸。回到起始姿势，然后用左腿重复这个动作。

注意

- 固定点：骨盆。移动点：脚。
- 保持抬起腿伸直，不要弯曲。
- 打开肩胛骨。

作用

静态拉伸前深线。

甲虫滚动

策略

动态拉伸

起始姿势

右侧卧，双臂伸直，双腿弯曲。

运动

抬起左臂和左腿，并使它们远离右臂和右腿。你应该感觉到腹部被激活，同时，大腿内侧在伸展。继续旋转躯干，直到左臂和左腿接触地板，右臂和右腿被动地跟随移动。用右臂和右腿进行同样的动作，回到起始姿势。

注意

- 移动骶骨（保持骨盆在中立位）。
- 流畅且可控地进行运动。

作用

- 动态拉伸前深线、功能线。
- 针对髋关节和骶髂关节的灵活性进行训练。
- 强化核心和控制能力。

讨论

将举起的手臂和腿移动到尽可能远的地方，并尽可能晚地抬起低处的手臂和腿。这实际上包含多米诺骨牌效应。如果经常进行这个练习，你们会看到深蹲姿势的真正改善。这也是一个有趣的训练。

改变刺激

- 甲虫拉伸：仰卧，用食指和中指握住大脚趾。确保手臂在大腿内侧。吸气时，伸展和分开双腿，保持背部处于伸展的中立位。你不应该感到任何疼痛：确保脊柱处于中立位，尽可能地拉伸，然后进行2次呼吸，再次弯曲腿，从起始姿势开始重复，小心地增加伸展程度。
- 头部贴在地板上完成整个训练。

进阶

- "甲虫滚动"动作的进阶变式，即翻身动作：将手臂放在大腿内侧，用食指和中指抓住大脚趾，有控制地、流畅地从一边滚动到另一边。当手向胸部拉时，双脚向远离胸部的方向推蹬，创造一股对抗力量，以增强对滚动的控制。

- 你想让这个动作变得更困难吗？从一边滚动到另一边，就像上面描述的变式一样。当向一边滚动时，伸直一条腿的同时，弯曲另一条腿使其更靠近地板。

- 为了进一步在上一个变式中进阶，向一边滚动时，保持流畅的滚动直到坐起。控制力量，逐渐恢复坐姿以完成动作，手与脚轻轻对抗。坚持做这个训练，你的动作很快就会变得更加流畅和可控。

- 按照整个顺序，每侧重复3~6次，然后以坐姿停止动作。交叉双腿，上半身前倾，双臂向前伸展，保持几次呼吸，朝下背部方向呼气。

讨论

按照与甲虫滚动训练相同的原则进行训练（第210页），但在难度较高的情况下，你需要有效地分配力量，确保平衡而流畅地完成动作。这引发了一系列的动作组合，比如站立等，将训练模式从单一的动作扩展到具有复杂形式的动作。这些动作会让你的身体功能变得更好。

6.8.9　前深线、手臂线靠墙筋膜拉伸

分立式靠墙

策略

静态拉伸

起始姿势

　　靠墙仰卧，双腿伸直放在墙上，髋部紧贴墙壁。保持骨盆在中立位。双臂伸展至与肩齐平，掌心朝下，手肘朝外。

注意

- 骨盆保持中立位，将腰椎离地，胸椎贴地。
- 采用激活的风筝姿势。

作用

　　静态拉伸前深线、手臂线、后表线。

运动

　　尽可能缓慢地张开双腿，同时保持骨盆处于中立位。扩大胸腔，朝靠近地板上的方向呼吸。屏住呼吸。当感到紧张感减轻时，放松一下，双腿再张开一点。

讨论

　　在这个训练中，成功的关键是保持骨盆的正确位置。当骨盆向后（使腰椎变平）时，内收肌的起止点会靠得更近，从而抑制拉伸效果。

退阶

　　如果骨盆不能保持在中立位，就将髋部从墙壁移开，直到骨盆处于正确的位置。如果腿部不能保持伸直，就屈曲膝关节并使之形成一个菱形。

蜘蛛靠墙训练

> ### 策略
> 静态拉伸手臂线

起始姿势

　　背靠墙站直，骨盆和脊柱处于中立位。双臂垂放在身体两侧，手掌贴在墙上，手肘朝外。

运动

　　向前走一步，双手平放在墙上。手掌在墙上滑动。稍微内旋肱骨，并试着再向前走一步，稍稍抬高双手。保持这个姿势呼吸几次，然后回到起始姿势，重复3次。

注意

- 相对点：手和胸骨。在这两点之间创造空间。
- 避免进行代偿。
- 轻微内旋肱骨，锁骨打开，手肘朝外。
- 采用激活的风筝姿势，肩胛骨彼此分开，保持胸椎后凸。
- 想象一下，你的胸前有蜘蛛侠的徽章，你想要向所有人自豪地展示，但没有任何代偿（比如肩胛骨靠得太近，锁骨靠得太近，手掌或手腕离墙太远等）。

> ### 讨论
> 　　这个训练真的很难，因为我让80%的训练者背靠墙时，他们明明认为自己非常强壮、身体有弹性。它乍一看似乎很简单，但实际做起来就完全是另一回事了。但好处是人们可以通过这个训练感受到自己身体的局限性。

作用

- 静态拉伸前臂线。
- 强化后臂线的肌肉。

变式1：蜘蛛侧移靠墙训练

起始姿势

　　侧身对着墙站立，大约离墙一臂距离。把右侧手掌放在墙上，手指向后。右臂稍微弯曲，肘关节稍微向后屈曲。在这个位置，激活肩胛骨和背阔肌，慢慢伸直手臂。

运动

　　从胸骨开始运动，让它远离右手。不需要大幅动作你就能感觉到手臂的张力在增加。保持3秒，放松，然后重复。如果你觉得还可以继续，可以使全身转动。保持正确的姿势呼吸几次。重复两次，然后换另一侧手臂练习。

注意

- 固定点：手。移动点：胸骨。
- 创建空间。
- 采用激活的风筝姿势。

变式2：蜘蛛靠墙舞动

起始姿势

站直，离墙大约50厘米。把右臂举过头顶，右手放在墙上。眼睛注视右手。

运动

开始跳舞吧！

想象一下有一个舞伴牵着你的手。把头放在你的右臂下面，左脚在墙和右脚之间移动，然后转动整个身体。（相对点：右手和右脚。在这两个点之间留出空间）在这个位置上，继续向右转动骨盆。保持住这个姿势并进行呼吸。你应该感到胸部和右腿外侧的张力增强。慢慢地向后移动骨盆。想象螳螂的动作，在一个地方轻微地来回晃动。训练身体筋膜线，感受哪里的动作更流畅，哪里受到阻碍。在这个位置上，髂嵴周围经常会有阻碍，我喜欢称之为"逐渐进入工作状态"。慢慢地进入训练姿势并且进行呼吸，以清除体内的障碍。随着张力的缓和，逐渐增加动作幅度。

讨论

这是一个非常有效且有趣的练习。

如果你成功地完成了上一个练习，并且能够稳定肩胛骨，保持肱骨头在正确的位置（拧灯泡姿势），那么就尝试下一个练习。继续向左转，直到身体背着墙。手不要动，手肘要伸直。保持这个姿势呼吸两次。你应该感到手臂和前表线的伸展，不会有太大的张力。如果你感到太紧张，此时就不适合做这个练习，反向运动，回到起始姿势。

回到起始姿势。把右脚移到墙和左脚之间，身体转向左边。继续看向右手（相对点：右手和右脚），从另一边开始重复。

总之，让你的"舞伴"把你的身体向各个方向拉伸。只需遵循3条规则：让肩胛骨保持激活状态，在相对点之间创造空间，动作幅度不要太大，以防肩膀脱臼。

注意

- 固定点：手。移动点：脚、骨盆。
- 采用激活的风筝姿势。

退阶

靠近墙壁，稍微屈曲肘关节。

6.8.10 前深线器材筋膜拉伸

跳箱侧向勇士式

策略

动态拉伸

起始姿势

侧身站立，离训练跳箱一步远，将左脚放在跳箱上，并向外转动左脚。确保左脚跟和右脚跟对齐。左手放在左膝上。

运动

将左膝向脚尖方向推动并超过左脚脚趾。将右臂举过头顶，上半身稍微倾斜。左手向下放在跳箱上，用左手肘轻轻地推动左侧大腿内侧，保持腿外旋。回到起始姿势，完成所需的重复次数，然后换腿。

注意

- 固定点：放在地板上的脚。移动点：弯曲腿的膝盖。
- 骨盆对齐，上半身不旋转。
- 采用激活的风筝姿势。

作用

- 等长静态拉伸前深线。
- 静态拉伸体侧线和手臂线。
- 针对髋部和脚踝的灵活性进行训练。

讨论

在做强化腿部肌肉的运动（深蹲、弓步等）之前，应先进行动态拉伸、活动和激活骨盆的外展肌、内收肌、屈肌和伸肌。这样可以平衡骨盆的张力。

改变刺激

让我们把这个动态训练转化为等长静态拉伸：保持这个姿势，用膝盖轻轻地推动肘部。坚持3秒，然后呼气，增加动作幅度。重复3次，然后换腿。

长颈鹿式抗阻挥臂

策略

负重动态拉伸

起始姿势

站直，左腿向前迈一步。右手拿起哑铃，将手臂举向空中，将肩胛骨向下推。保持脊柱在中立位。

运动

首先激活双臂，然后开始轻轻地前后摆动左臂，动作要小、流畅且有控制。慢慢增加动作幅度。根据需要完成重复次数并换边。

注意

- 采用激活的风筝姿势。
- 手臂伸直，肘部朝外。
- 小而可控的动作。
- 保证脊柱处于中立位。

作用

- 动态拉伸前臂线（胸小肌）和前表线。
- 强化后臂线。

- 改善呼吸。
- 改善姿势。
- 改善动作。

讨论

这是一个有趣的练习，因为我们知道，只有当手臂伸直、往上举（超越水平线），并且胸小肌的纤维垂直放置时，才会产生连接。这个姿势是用来拉伸胸小肌的纤维的。

训练了臂前深线（第48页），我们知道胸小肌和肱二头肌短头之间以及喙突处的喙肱肌之间有筋膜连接，但只有当手臂高于水平线或在空中时（根据托马斯·迈尔斯的肌筋膜脉络），这些结构与肌筋膜线的功能连接才能得以实现。我们利用这种连接来伸展臂前深线，特别关注胸小肌并强化下斜方肌拮抗肌。在进行训练时，一定要保证脊柱处于中立位，不要弓起胸椎或腰椎，因为这样会改变胸腔的位置并抵消拉伸的效果。

退阶

利用自身体重或弹力带进行训练。

能量：弹性能量运动

第 7 章

能量

如果你想要更快地提高运动成绩，筋膜必须训练有素！

7.1 能量策略

能量策略背后的概念是储存然后释放能量。在本章中，我们将详细讨论为什么以及如何决定将能量策略纳入训练计划。

弹性能量的定义

弹性能量是与固体或液体的弹性形变有关的势能（筋膜具有固体和液体特性）。一旦弹性推力的冲量产生，它就会变成动能。弹性反冲是筋膜的弹弓效应。

形变是什么意思？

形变是由外力引起的物体形状和大小的变化。有些材料在形变时表现出黏性和弹性。

让我们一起看看筋膜系统在受力时是如何反应的。英国物理学家、生物学家、地质学家、建筑师罗伯特·胡克（Robert Hooke）的一项研究说明了这种情况，胡克是 17 世纪伟大的科学家之一，也是科学革命的关键人物，许多物理定律都以他的名字命名[71]。

在无机材料中，对作用力的反应受胡克定律（力学弹性理论中的一条基本定律）

219

支配。该定律指出，形变及其方向与作用力成正比。人体组织的反应更为复杂，有4种不同类型的变形。

（1）预弹性。

（2）弹性。

（3）可塑性。

（4）黏弹性。

7.1.1　预弹性

预弹性是指物体经历压缩后，在释放时产生相反方向的运动。

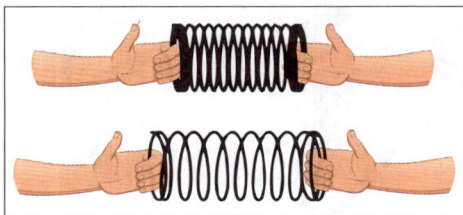

通过观察弹簧的运动，你就可以很好地理解这个概念。想象你正在用两只手握住弹簧的两端。一旦把它们拉开，施加牵引力，弹簧就会变形和拉伸，它的起伏或卷曲减小，从而储存能量。简单地说，弹簧由静止变为紧绷。

以筋膜网为例，它的起伏或卷曲被拉伸时，结缔组织的阻力是最小的。

预弹性阶段的持续时间取决于胶原纤维的卷曲程度，因此皮肤、肌肉、肌腱或韧带会产生不同的结果。

7.1.2　弹性

弹性描述了对液体或固体施加的力，并表示长度的变化。当力消除时，液体或固体恢复到原来的长度。

让我们再举弹簧的例子。如果我们持续拉，弹簧会发生线性变形，其反应与施加的力成比例，而拉伸长度则取决于我们产生的拉力大小。如果我们停止用力（手拉弹簧），弹簧就会回到初始状态。

我们的筋膜组织也是如此。

7.1.3　可塑性

可塑性描述的是物质在受力超过极限后发生不可逆变形的特性。

7.1.4　黏弹性

黏弹性是指筋膜组织纤维的弹性和基质的黏性。

黏弹性指的是材料具有的弹性或黏性的综合性质。因此，黏弹性物质表现出液体和固体性质。这种性质受到时间和温度的影响。黏度越高，液体越稠（液体越少）；黏度越低，液体越稀（液体越多），因此，在相同的条件下，它可以更快地流动。

当力被施加到黏弹性物质上时，它的形状会永久改变。相反，当施加某种力到弹性物质上时，弹性物质的长度发生变化；力被移除时，弹性物质又会恢复到原始长度。

我们身体的弹性主要由两种结构蛋白质引起。

（1）胶原蛋白，它稍微坚硬一些，起着回弹弹簧的作用。

（2）弹性蛋白，它起着分布弹性势能和部分可塑性能的作用。

两者都是筋膜组织的重要组成部分，相互依赖。

再次想想弹簧的特性，两者的相似之处就在于此。与弹簧相比，筋膜优异的黏弹性意味着筋膜可以容纳纤维，其中一些纤维会暂时变形，而另一些纤维会永久变形。即使在弹性阶段，也有一些变形是不可逆的：当拉力在一段时间内持续施加时，组织的变形与时间成正比，而不再是仅仅与负荷成正比了。简单地说，弹性和黏弹性之间的平衡改变了。

有趣的是，一旦负荷或力被移除，它不会立即返回到初始状态。如果一个组织被拉伸多次，拉伸幅度就会逐次增大。

7.2 训练应用

说了这么多，现在是时候把它应用到我们的筋膜训练中了。

你准备好让"时光倒流"了吗？这一章都是关于重温我们的童年的训练，因为我们的童年有很多乐趣，如荡秋千、跳高等。这些运动可以刺激我们的筋膜组织中储存的弹性能量，这是运动的基础。这通常适用于肌肉周围的所有筋膜结构，尤其适用于肌腱。一个健康的肌筋膜网络的工作方式类似于储存大量动能（运动能量）的弹簧，这种功能对于快速、有力、自发的运动，如弹跳、跳跃、奔跑、投掷和躲闪是必不可少的。

人体是非常杰出的"高效合作者"，肌肉和筋膜一同工作，来划分和共享任何给定的动作。

肌肉运动＝筋膜释放＝高能量消耗
筋膜运动＝肌肉放松＝低能量消耗

对于一个拥有健康肌筋膜网络的人来说，随着上半身进一步向前倾斜，筋膜网络的张力增加，肌肉运动减少。

①倾斜20～30度 以肌肉运动为主。
②从30度开始：筋膜张力增加。
③从90度开始：主要是筋膜运动。

7.3 弹弓效应

我想你年幼时一定用过弹弓，或者至少看到别人用过。

它是如何工作的？一只手握弹弓，另一只手握弹丸，同时拉回弹丸和橡皮筋，

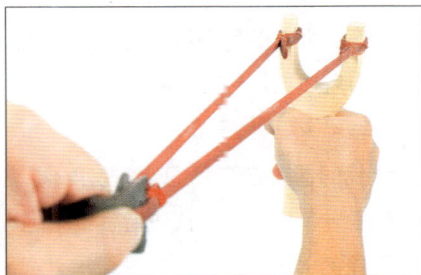

使橡皮筋紧绷。瞄准，然后放手。橡皮筋拉得越紧（尽可能拉伸），弹丸的速度就越快，威力也就越大。哪一部分最难？向后拉橡皮筋，不发射弹丸的时候。

我们的筋膜组织就是这样工作的。这就是工作中的能量策略，它基于储存和释放能量的效果。这就是弹弓效应。

施莱普对这个话题的解释非常有趣："澳大利亚袋鼠可以跳9~13米，这种非凡的跳跃能力不能简单地用下肢肌肉收缩而产生的力量来解释。"[56]

通过分析跳跃运动，科学家首次发现了所谓的弹弓效应。把袋鼠腿上的肌腱和筋膜想象成处于预张力或预拉伸状态的弹簧（弹力带），随后将弹性能转换成机械能，使它们能够跳跃不可思议的距离。

利用现代便携式超声设备分析人体运动中肌肉和筋膜的相同的分工机制。人们发现以下几点。

- 储存在人腿筋膜中的动能不低于储存在袋鼠腿上的动能，甚至，在某些情况下可以超过袋鼠腿上的动能（在这种情况下，这种差异可以通过释放弹性能量的原理来解释，看看人的腿和袋鼠的腿的区别）。
- 我们以上述方式产生的大量动能，不仅可以在我们跳跃或奔跑时使用，而且还可以在我们行走或投掷某物时起作用[57]。

让我们看看它在我们体内是如何工作的。想象一下扔网球：首先把手臂抬起来，然后把球扔出去。

这被称为预张力或预拉伸：筋膜组织被快速预拉伸，储存弹性能量，然后释放并完成投掷动作。

如果观察一天中的动作会发现，我们会使用预负荷策略和弹弓效应来执行我们的许多动作，如行走、跑步、跳跃、投掷、推、打，换句话说，任何需要加速运动的动作。

预张力是一种相反的运动。这通常适用于肌肉周围的所有筋膜结构（包裹肌肉和肌腱的肌外膜和肌束膜），但它特别适用于肌腱。通过这种相反的运动，肌腱和韧带上的张力增加，能量得以储存。想象一下拉伸橡皮筋。当放开橡皮筋时，积聚的能量就会突然释放出来。

这一策略或许可以解释：为什么运动员和普通人即使没有特别强壮的肌肉，也能做出令人惊讶和难以置信的跳跃。然而，这种现象并不只存在于体育活动中。例如，当我们走路时，通过跟腱的动态弹性来发展动能。

通过有针对性的持续训练，你的筋膜组织将为肌肉提供高性能的辅助。

在此说明一下，在实际的弹弓效应发挥作用之前，需要先具备一系列"弹簧"。在"弹簧"中，筋膜的弹性结构被短时间拉伸，并使用弹性反冲。弹弓效应可以被认为是这些弹簧的累积，由此储存在肌筋膜结构中的能量被积极释放。

为什么在运动中使用弹性能量很重要？

因为它使身体能够更加轻松地工作，如果没有必要，为什么要花这么多精力呢？越多地使用这个策略，你的肌肉就会节省越多的能量，因为筋膜承担了大部分的工作。这种节能对整个身体有积极的影响，同时弹性训练使身体更加灵活；身体能够伸展，恢复到它想要的形状，并保持弹性。该策略的优势包括以下几点。

- 它可以改善和支持我们的日常生活。
- 它可以提升并支持我们的运动表现。
- 它让我们的身体更加有弹性。
- 它使身体工作更轻松。
- 它使筋膜组织有弹性及回弹性（更容易复原）。

7.4 能量技术

首先，我想解释一些用来描述训练强度和目标的术语。

起跳：此动作发生在下肢，它的特点是一只脚停留在地板上，没有腾空阶段，冲击力小。就全身而言，肌肉只增加张力。筋膜结构、肌筋膜、肌腱和韧带产生振动和反弹。

摆动：上肢或下肢的运动幅度增加，分为以下两种类型。

- **重力摆动：**是指身体前倾，手臂向地面摆动，仅仅需要筋膜组织发挥很小的一部分弹性。
- **反重力摆动：**是指从低到高摆动手臂，或者反过来，当运动返回到站立姿势时，从高到低的摆动需要筋膜有更多的弹性。

弹跳：双脚或单脚交替、连续且有节奏地跳跃。筋膜组织在腾空阶段比跳跃要短得多，肌肉参与的比例也更低。在健康

的肌筋膜组织中，弹跳增加了肌肉和肌腱周围的肌外膜和肌束膜的参与比重，并增强了结缔组织的弹性。

跳跃：双脚离开地面，有一个真正的腾空阶段。如果在跳跃时，筋膜组织处于预拉伸状态，你将跳得更高；筋膜结构会适应负荷的类型。通常，跳跃为肌肉收缩以及其周围筋膜组织支持的结合。肌肉对能量的需求越高，周围组织的支持就越大，相邻肌肉之间的交流就越多，跳跃就越好。在进行弹跳之前，你需要跳跃几次，而跳跃需要肌肉和周围组织之间的和谐互动。

为了更好地理解这个概念，可以比较功能性训练和肌筋膜训练。两者最明显的差异可以在通过自身负重和使用弹力带的运动以及跳跃时看到。在功能性训练中，阻力必须被克服，或者保持稳定；而肌筋膜训练使用弹跳、牵引、离心力来有效地激活筋膜结构，尽可能地利用预拉伸。

研究表明，筋膜的质量不同、动作的执行也不同。跳跃时膝关节有明显的屈曲、脚触地时间长的动作，比跳跃时膝盖屈曲较少、触地时间短的动作对筋膜的依赖更少。换句话说，跳跃的激活越短、越快，筋膜组织的参与程度就越大。

另一个重要的标准是施加刺激的质量。身体通过向心和离心的运动来克服阻力。两者结合代表了对肌肉最好的训练，但身体很少在保持完全伸展的同时进行摆动，而这是对筋膜最好的训练。我们知道身体必须适应新的需求（新的运动）。由于成纤维细胞对刺激的质量有反应，而不是刺激

的数量，因此对于筋膜的训练量将比传统的训练少。

总之，训练成纤维细胞的不是重复的次数，而是接受刺激的强度。刺激的强度取决于几个重要的组成部分。动作中融入的筋膜成分越多，对筋膜结构就越有效。让我们更详细地看一看。

摆动中的筋膜成分

（1）摆动。

（2）一端到另一端摆动。

（3）一端到另一端摆动的角度变化。

（4）在反转点进行加速的一端到另一端摆动（爆发性运动，包括负重运动）。

弹跳中的筋膜成分

（1）均匀弹跳。

（2）无声且均匀地弹跳，膝关节角度有显著变化。

（3）僵硬均匀地弹跳，膝关节角度变化不大。

（4）跳上平台，从平台跳到地板上，安静而均匀，膝关节的角度有明显的变化。

（5）跳上平台，从平台跳到地板上，膝关节的角度变化不大。

技巧

- 稳定身体。
- 预先拉伸肌筋膜线。
- 放开：使用所储存的能量来执行一个受控的动作。

预拉伸越强，弹弓效应就越明显。在短距离冲刺跑的起跑线上可以使用这些技巧。

记住以下几点。

- 尽管筋膜结构对牵引负荷非常抵抗，但如果过度拉伸或承载，可能会损坏筋膜结构，妨碍其恢复到原始形状。
- 在扩大活动范围之前，先做一些幅度较小的运动。
- 感受身体变化（这里常伴随预拉伸）。
- 总是寻找弹性反冲。
- 选择与当前能力匹配的练习。
- 使动作更丰富。

7.5 能量策略计划

现在我们来看看训练计划，或者在现有的训练中适当地纳入能量策略计划。请记住，在本章中，我只讨论能量策略以及如何将其最有效地纳入我的训练内容中。在一个实际的训练课程中，我还纳入了其他FReE策略，你可以在接下来的内容中找到。

FReE训练中的能量练习

阶段

你将在以下FReE训练阶段中找到能量练习。

- 热身。
- 中间阶段。
- 结束阶段。

重复次数：每次训练3~10次。

训练时长：30~55秒。

一般健身/特定运动训练课程中的能量训练

1. 热身

- 从轻度有氧运动开始，确保身体足够暖和。

- 为所有肌筋膜线选择不同节奏、速度和角度的练习。
- 在提高速度之前，先从慢动作开始，但要使一切处于可控范围之内。
- 从起跳、摆动、弹跳开始，然后跳跃。
- 包括热身后将要进行的具体运动。

重复次数：每次训练3~10次。

热身时长：5~20分钟。

在比赛前做一些弹跳来释放紧张感，并给自己充电。看看伟大的尤塞恩·博尔特（Usain Bolt，牙买加短跑运动员）在起跑线上的位置。跳舞，释放所有压力。

2. 中间阶段

- 在中间阶段的开始进行跳跃。
- 在力量练习中通过弹跳来缓解紧张。

3. 结束阶段

- 使用弹跳和摆动。

伸展/普拉提阶段的能量训练

阶段

- 在热身中进行摆动、弹跳和预拉伸。你会惊讶地发现这对训练阶段有相当大的改善。

重复：3~10次。

7.6 训练类别和集合

在这一章中，能量训练将按照难度和使用的器材进行分类。

- 难度分类：从简单到困难。
- 按使用的器材分类：能量自重训练、能量靠墙训练、能量器材训练。

7.6.1 能量自重训练

人字拖

策略
能量－弹性能量

起始姿势

身体直立。

动作

轻轻地把右脚跟放在地板上，然后做一个非常有力量的动作，抬起脚跟（向前推脚踝），保持前脚贴于地面，再把脚跟向下落于地面，拉动跟腱。做5次这个动作，然后抬起腿，以鹳式姿势在髋部高度弯曲膝盖，再做5次动作。

注意

- 固定点：前脚。移动点：脚跟。
- 推力来自脚跟。

作用

- 发挥后表线的弹性能量，特别是足底筋膜和跟腱。

- 增强踝关节的灵活性。
- 稳定和强化体侧线（支撑腿）的肌肉。

讨论
你可能会问：为什么我给这个训练起了这么奇怪的名字？"人字拖"训练之所以被称为"人字拖"，是因为人们走路时它们会发出奇怪的声音。走路时，人字拖的后部会离开地面，撞击脚跟。这种人字拖发出的声音就是我们可能会听到的"音乐"，或者可能只是拖着凉鞋的人在地板上发出的恼人噪声。在这个训练中，想象一下穿着人字拖走路时发出很大的声响，用力地把人字拖抬离地面，让鞋后跟撞到脚跟。

改变刺激

做同样的动作，但这次将右脚稍微向后移动，以增加对后表线的拉力；当脚跟向下压向地板时，抬起腿直至呈鹳式姿势。

弓步变式

初级动态弓步

向后迈一大步，双腿呈弓步姿势。后脚脚跟发力后蹬，增加对跟腱的拉力，然后以一种可控的方式做出鹳式姿势（利用向后推产生的能量来推动身体向前）。向后移动右腿时，抬起手臂到身体两侧，与肩同高。恢复到鹳式姿势时，将上半身和右臂转向右侧，左手放在右膝的外侧。重复3~5次，然后换边。

弯腰支撑弓步

把右前脚放在地板上时，伸直左腿，左髋部移向天花板，以增强左大腿后部的伸展。右腿向上伸并腾空，把体重转移到手上，再让自己的重心落在左前脚，缓冲冲击力，同时伸展左腿。以流畅和有弹性的动作重复整个练习。

注：本训练动作适合有训练基础的人士进行。

弯腰无支撑弓步

做上述相同的动作，但这一次在弯腰前抬起手离开地板，然后把自己往前推；这个动作更不稳定。

支撑弓步

做动态弓步的第一部分，但是这次将双手放在地板上或平台上。用脚跟推动，把自身体重转移到手上，举起右腿悬在空中。重复3次，然后换边。

注：本训练动作适合有训练基础的人士进行。

弓步变式

联合弓步

再次进行支撑弓步练习，但这次改变收回的姿势，改为单腿硬拉。

联合手臂弓步

完成后弓步动作，将右臂举过头顶。在移动到单腿硬拉的姿势时，放下右臂，右手指向地板，并将左臂在面前完全伸展。想象你正在用右手捡一个网球，并想把它向前扔出去。

弹性弓步

保持弓步的姿势，弹跳3次来抬高和降低骨盆。向后推脚跟，回到鹳式姿势，换腿。为了获得更强的稳定性，将手臂向两侧举，与肩平齐。

双脚弹性跳跃

策略

能量-弹性能量

起始姿势

身体直立，脊柱处于中立位，手臂垂放在身体两侧。弹跳之前，在原地走一分钟，把脚跟压在地板上。然后双脚一起进行抬起和放下脚跟动作。推力必须总是来自脚跟。

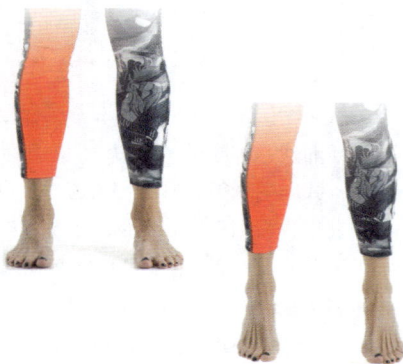

讨论

脚着地时应该保持稳定。先用前脚着地，然后用脚跟着地；让脚的减震系统（前脚的弹簧结构）吸收冲击力。安静而有缓冲地落地不会给被动结构（关节）带来负担，反而会让你受益于弹弓效应（更多地使用筋膜而不是肌肉），这使运动符合人体工程学和功能性。落地时伴随着很大声响通常是由扁平足或脚跟先着地引起的。

正确地落地也会刺激淋巴和静脉回流。如果正确地进行适当的重复次数，并将其纳入训练计划，这些弹跳就可以达到对抗脂肪组织的最佳效果。

运动

开始原地弹跳。双脚稍微抬离地面，静静地落地。弹跳5~8次，原地行走，然后按照"起始姿势"中的描述抬起和放下脚跟，再一次进行弹跳。重复整个动作3~5次。

注意

- 用脚跟推地。
- 静静地着地。
- 采用激活的风筝姿势。

作用

- 发挥足部、踝关节和小腿肌肉的弹性能量（后表线）。
- 改善血液循环（对任何有脂肪的人都有用）。

改变刺激

- 来回弹跳、侧向弹跳和扭转弹跳（脚跟向内、向外移动）。这让你想起什么了吗？这些是滑雪前用来热身的动作。

- 双脚向内或向外转动时弹跳。
- 双腿交替弹跳：用右腿前后弹跳，左右摆动3~6次，然后换腿。

- 随着这一变化，我们仿佛回到了自己的童年时代。跳房子——会让你想起什么吗？我以前玩得很开心！真遗憾，我们现在很少看到孩子们玩跳房子游戏或跳绳了。以前的游戏更像是在"训练筋膜"。跳房子是这样玩的：右腿向前跳两下，半蹲，右腿向前跳，捡起地板上的石头或球；转过身，用左腿重复。重复整个动作2~3次。改变节奏和速度。

测试

为什么要花时间做这么简单的练习？这个测试可能会给你答案。

双腿伸直，上半身向前弯曲，试着用手触地。在心里记下手与地面的距离，以及感觉到的小腿肌肉、腘绳肌、竖脊肌、颈后和头部的紧张程度。回到起始姿势，做双脚弹性跳跃练习，然后重复上述测试。大多数人应该会看到后表线的拉伸能力有了明显的增强。

跳绳

起始姿势

为了让训练发挥最大的作用，你应该选择一根可调节的绳子，这样就可以相应地调整其长度。要找到适合自己的绳子长度，只需要用一只脚站在绳子中间，将手柄从身体的两侧向上提。对于初学者，手柄应在肩膀的高度；对有经验的人来说，手柄应在肚脐高度。

讨论

哎……真累人。许多年后，当我重新发现跳绳这项运动，不得不说，最初几次尝试它时，我发现很难协调一切和流畅地移动。跳绳作为心血管和筋膜的热身运动，我把它纳入我很多的训练项目中。无论是在训练室进行功能性训练时，还是作为心血管训练站项目，或者在白天需要释放一些紧张感时，我都会拿出跳绳。每当我开始跳绳时，总能听到学生说："我做不到……我不知道该怎么跳"。但按照以上3个简单的步骤，你将立即得到改善。我可以保证，训练效果非常不错。如果你有机会观察一个拳击手，就会发现他们的平衡性非常好，他们充满活力，而且不觉得费力。这是为什么？当你不再感到筋疲力尽，是因为你在利用弹性能量。想象一个弹簧在释放能量之前被压缩。这个练习锻炼的是整个身体，而不是个别的肌群。

改变刺激

改变节奏，双腿跳、单腿跳、摇绳两次只跳一次、向前跳或侧向跳、双腿交叉跳……希望你能玩得开心。

运动

如果你不确定自己是不是初学者，试试以下这些步骤。

第1步：在没有绳子的情况下原地弹跳，模拟跳绳动作。重要的是找到规律的节奏。

第2步：使用绳子。右手握住两个手柄，像以前一样弹跳，提高跳绳的频率。绳子不会妨碍移动，反而会帮助你实现跳跃与甩绳的同步协调。

第3步：双脚放在绳子前。用手和手腕将绳子甩过头。保持手臂不动，限制手腕的运动。在绳子回到脚边的时候跳。集中注意脚踝的运动。屈曲膝关节会使它更加费力。跳两三次后，原地走，放松，然后重复。逐渐增加跳跃的次数，减少中断的次数。你会发现每次休息后，跳跃比之前更容易了。你最好进行几次快速跳跃，而不是一次长时间跳跃。

注意

- 脚踝要像两个弹簧。
- 试图安静地跳起来。你应该觉得自己像只羚羊，而不是大象。
- 需要付出的努力越少，肌筋膜反应就越好。

作用

- 发挥弹性能量。
- 增强敏捷性。
- 增强协调性。
- 增强有氧能力。
- 强化下半身和上半身肌群。

站立位伸展

策略

能量－弹性能量

起始姿势

站立位，双脚分开，与肩同宽，上半身向前倾，让头部向地面倾斜。

注意

- 固定点：脚。移动点：上半身。
- 流畅的、爆发性的但受控的运动，不需要过度地发力或拉伸肌肉。
- 始终保持扩张。
- 采用激活的风筝姿势。

作用

- 发挥弹性能量。
- 利用预拉伸进行弹性反冲。

讨论

在第一次摆动训练中，利用起始姿势的上升阶段，扩张后表线来释放能量，但仅限于直立或轻微摆动的姿势。

我强烈建议不要跳过任何步骤，否则，你可能会因为背痛而无法继续进行。从简单的摆动开始，按以下步骤进行。

（1）摆动。

（2）一端到另一端摆动。

（3）一端到另一端摆动的角度变化。

（4）一端到另一端摆动，在反转点加速（一种爆发性动作，包括负重情况下）。

退阶

上半身前倾时，双膝微微屈曲，脊柱保持在中立位。

运动

轻轻地前后摆动上半身。呼气，通过将双臂在双腿间移动来弯曲背部，从而增强后表线的拉伸。吸气，手臂微微前移，胸部微微抬高。继续前后摆动胸部3次，每次逐渐增加动作幅度。在第四次摆动时，深呼吸；脚跟向下推到地板上；然后，以一种爆发性但受控的动作，抬起胸部和手臂，在身体直立时，停止运动。想象一下，向身后扔一个球，以拉伸前表线。慢慢呼气，上半身再次前倾，回到起始姿势。根据需要进行重复。

改变刺激

- 从高到低摆动：从伸展开始并预先拉伸前表线，反向进行。
- 不间断的一端到另一端摆动：如前一个训练所述，前倾，并预拉伸后表线。从这个姿势开始，使用弹弓效应来提升运动表现，但在前后摆动的过程中，通过将骨盆稍微向前推，使身体形成一个弓形来增加伸展（第247页，"进阶"部分）。在反转点不停留，用弹性反冲回到起始姿势，立即再次执行动作。动作应该是流畅、有弹性、可控的。它是弹性成分（筋膜）和肌肉之间的协同作用。

- 从一端到另一端摆动并改变运动轨迹：与前面描述的动作相同，但当身体伸展（直立）时，将上半身稍微向左转，从而改变运动轨迹。

- 从一个中立的、站立的姿势开始。当上半身向前弯曲时，将其向右转，将手臂移到右腿的外侧。使用后表线、体侧线的预拉伸回到起始姿势。按需要多次重复，然后换边。

进阶

- 加速和减速摆动：在反转点，身体加速上升和下落。这是为优秀学员设计的一种训练变式。在尝试此操作和后续步骤之前，请确保已成功完成了前面的练习。

- 健身人群和运动员应用手腕负重进行所有的训练。这是一项很好的运动，因为它涉及加速、减速和旋转，这些动作模式在很多运动中都能找到，比如排球、篮球、高尔夫球、网球等。

- 走路时侧身摆动 左腿向前迈一步，双臂举过头顶，进行轻微伸展，增加前表线的预拉伸。通过流畅而有活力的运动，让上半身向前倾，把手放在前脚的外侧。利用后表线（弹三效应）增强的预拉伸回到起始姿势。

- 走路时侧身旋转：回到起始姿势时，将上半身转向右边，增加体侧线、螺旋线的锻炼效果。
- 优秀学员都需要负重来完成上述所有的这些摆动。

猴子侧移

策略

能量－弹性能量

起始姿势

上半身向前弯曲，双脚分开，略大于肩宽，双臂伸直，双手放在右侧的地板上。

注意

- 采用激活的风筝姿势。
- 骨盆和腿的剧烈运动。
- 像羽毛一样轻。
- 轻轻地着地。

作用

- 发挥腿部的弹性能量。
- 提高本体感觉。
- 用手平衡身体重量。
- 增加动作的稳定性和协调性。
- 强化手臂和肩膀的肌肉。

讨论

猴子是灵长类动物。它们从一根树枝跳到另一根树枝，从一棵树跳到另一棵树，在地上时四肢着地行走。因为它们的躯干很短，所以上肢和下肢的长度不一样。许多所谓的不对称物种的移动方式是惊人的：鉴于它们的体重，它们的上肢的绝对力量令人印象深刻。

我首先选择侧身动作，因为它比猴子前移动作简单，猴子前移动作更容易失去控制，导致摔倒。

运动

稍微屈曲双膝蓄力。向上跳起时把体重转移到你的手上，同时提髋摆腿，然后平稳地落至右侧。再次屈曲双膝，重新进行负重跳跃。以爆发性且流畅的动作提髋摆腿跳向另一侧。根据需要完成重复次数。

改变刺激

做同样的动作，但是让它更流畅。当你在右边着地后，抬起双手，移到左边，双手触地后爆发性地抬起骨盆，同时把双腿向左拖。注意保持动作的流畅性。

进阶

抬起骨盆，直到上半身垂直于地面。

猴子前移

策略

能量–弹性能量

起始姿势

采用狗准备攻击的姿势（四点支撑跪姿，膝盖离开地面），骨盆向脚跟靠近。

注意

- 活动肩胛骨。
- 运动是有爆发性的、流畅的和受控制的。
- 轻轻着地。

作用

- 发挥腿部的弹性能量。
- 提高本体感觉。
- 用手平衡身体重量。
- 增加动作的稳定性和协调性。
- 强化手臂和肩膀的肌肉。

讨论

这项训练让我们对身体的感知完全颠倒了。这是准备倒立的动作。激活手臂线，先用手外侧将小指向下推到地板上，以激活臂后深线，然后轻轻向下推拇指，以激活臂前深线。这样就在两条线之间建立了平衡。但我们还没有结束。现在想象一下手下有吸盘。试着把手轻轻地拉向膝盖，你会感觉到胸大肌和背阔肌在活动。感觉不到吗？确保肩胛骨处于激活的风筝姿势（下沉）。

运动

以跳跃的方式移动。骨盆朝脚跟方向降低，膝盖朝地板靠近，然后稍微向上抬起。此时你应该感觉到身体已经蓄力，准备把骨盆爆发性地抬向空中。第四次弹跳时，把重量转移到双手，以一个具有爆发性但可控的动作，抬起骨盆。轻轻着地。重复4~6次，逐渐增加动作幅度。

注：本训练动作适合有训练基础的人士进行。

退阶

- 跳的幅度小一些。
- 如第243页所示，靠着墙做本训练。

小心那些不受控制或太高的跳跃：这可能会导致你仰面着地。如果想更安全地进行训练，就在墙壁旁边做这项训练。这样墙壁会防止你在失去控制时摔倒。

蝎子攻击式

起始姿势

　　站直，双脚分开，与髋同宽。保持双腿伸直，上半身向前倾，直到双手触地。双手向前移动3步，与肩同宽，手指张开，肩胛骨向下。把脚跟尽量压在地板上。你现在应该处于骆驼式的姿势。

注意

- 保持手臂线的激活。
- 采用激活的风筝姿势。
- 流畅且有控制地运动。
- 后腿伸直。
- 轻轻着地。

工作

- 发挥腿部的弹性能量。
- 提高本体感觉。
- 用手平衡身体重量。
- 增加动作的稳定性和协调性。
- 强化手臂和肩膀的肌肉。

讨论

参见第239页。

运动

　　屈曲右膝，把脚抬离地面，向上半身靠拢。同时，稍微屈曲左膝。准备将右腿向上踢。将膝盖向胸前移动可以产生能量，使腿在有控制的运动中向上伸展。重复2次。

　　第三次重复时，骨盆更用力地蹬伸，使左脚抬离地面。重复2次，然后换边。

　　注：本训练动作适合有训练基础的人士进行。

"Yo-Yo"俯卧撑

策略

能量−弹性能量

起始姿势

双膝跪地，脚趾触地，双脚呈锤状，双手自然垂放在身体两侧。

运动

身体向右下沉时，双臂稍微抬起。

双手落在地板上时，确保双手之间的距离略宽于肩（参见第242页靠墙壁虎式俯卧撑）。弯曲肘部以缓冲手在地板上承受的负荷。

爆发性地伸直手臂，回到起始姿势。

不要停顿，让身体向左下沉，重复上面描述的所有动作要点。

注意

- 采用激活的风筝姿势。
- 激活核心。
- 和谐、流畅、爆发性、安静地完成动作。
- 手臂线上的力量分布。

作用

- 发挥手臂的弹性能量。
- 强化手臂和核心部位的肌肉。
- 增强动作的协调性。
- 保持正确的发力。
- 正确进行加速和减速运动。

讨论

我们在做俯卧撑时会面临什么困难？困难通常由缺乏力量、不正确的发力方式或缺乏协调性而产生，这些困难可以通过循序渐进的训练来解决。如果运用得当，训练就会产生显著的效果。但这还不够，我想把注意力集中到关节上，比如手腕和肩膀。

（1）关注正确的技巧。

（2）关注灵活性和动态拉伸的准备。

第二点很重要，要让关节自由活动、不受限制。没有这种关节活动自由度，训练就无法进行。这取决于教练的教学能力（教给学员正确的技术和计划方法的能力）。举例来说，在做俯卧撑或任何需要把重量放在手上的运动之前，提前做一些训练，比如蜘蛛女侠练习（第123页）、激活手臂线（第47页）等。

传统的力量训练俯卧撑是通过屈曲肘关节后伸直手臂进行的，主要作用于肱三头肌、胸大肌、菱形肌和中斜方肌，从肌肉强化的角度来看，这非常好。但我们试图通过提供另一种刺激来进行与众不同的训练。当你做"Yo-Yo"俯卧撑（第237页）时，保持锁骨张开，双肘稍微远离彼此，在肩胛骨之间创造空间。

现在试着让双肘彼此靠近：把肩胛骨推向髋部，保持肩胛骨之间的空间。这能在扩张中强化力量。我并不是说一种方法比另一种更好，只是每种方法的目标都不一样，以不同的变式进行锻炼和使用多种刺激能让你变得强壮，并有能力做好准备应对各种情况。

退阶

把手放在一个平台上，在你降低时可以减小动作幅度。慢慢地降低平台的高度，参照第242页的靠墙壁虎式俯卧撑。

改变刺激

向各个方向都移动一点，给予不同的刺激。我唯一要说的是，肩胛骨必须始终放在正确的位置，否则会给肩膀带来负担。

蟋蟀俯卧撑

策略

能量－弹性能量

起始姿势

四点支撑跪姿，脚趾往下压。骨盆向脚跟靠近，双手放在地板上，肩胛骨向髋部移动。

运动

想象一下用弹弓弹一块石头。双脚着地，脚跟向后用力，然后用一个爆发性但可控的动作，将上半身向上推到双臂之间，伸展双腿（膝盖抬离地面）。从这个平板支撑姿势开始，弯曲手臂，将上半身压向地板。利用手臂的弹弓效应，通过将骨盆推向脚跟使手臂伸直，像弹簧一样回到起始姿势。

再加一个动作。在弯曲手臂（见上图）后，爆发性地伸直手臂。手臂短暂地腾空后再回到地面。快速下压，缓冲与地面的冲击，然后用双臂推起身体回到起始姿势。

注意

- 采用激活的风筝姿势。
- 保持脊柱处于中立位。
- 下降时肘部紧贴身体两侧。
- 激活核心。
- 流畅、爆发性、安静地完成动作。
- 手臂线上的力量分布。

作用

- 发挥手臂的弹性能量。
- 强化手臂和核心部位的肌肉。
- 增强动作的协调性。
- 保持正确的发力。
- 正确进行加速和减速运动。

讨论

如果你准备好了进行整个训练计划，想象一下像蟋蟀一样移动。双腿做好负重准备，把双腿向上、侧向或向前伸展，但要确保动作协调并处于合适的强度。为此，重点是不要忽视运动和技术学习阶段，因为你需要具备良好的力量分配的能力（筋膜和肌肉），以及适当的能量消耗。

我可以用一整章的篇幅讲解俯卧撑，但还是不赘述了，在此只讲关键点。最重要的是，你的肩胛骨总是处于激活状态（激活的风筝姿势），特别是向上抬起的时候；否则，肩膀会向内旋转（此时肩关节会承受更大的压力，并使上斜方肌过度代偿）。激活肩胛骨有助于激活背阔肌。不要忘记平板支撑的关键点。

退阶

- 使用一个稳定的平台（如台阶或训练跳箱），把手放在上面，以减小动作幅度。逐渐降低平台的高度。
- 只做前后运动，膝盖保持在地板上。
- 弯曲手臂，放在膝盖上，做向前的动作。

- 可以在双臂之间纵向放一个沙袋。当降低上半身时，沙袋会起到支撑作用，从而减小动作幅度。
- 仅做起始姿势的第一部分，然后直接移动到平板支撑的姿势，然后再次返回。向前移动时，将脚掌（固定点）推向地板开始移动。同时，在不改变激活的风筝姿势（手臂和肩部）的情况下，向后推脚跟，向前推胸骨（第五肋骨）。这将激活和拉伸前表线，并有助于将力量分布到全身。以一种协调而富有爆发力的形式完成这些动作。重复5~10次，专注于弹性和力量的分布，以及激活手臂和核心。

进阶

在起始姿势，不要让膝盖碰到地板。

蚱蜢式训练

策略

能量 - 弹性能量

起始姿势

采用犬式跪姿（四点支撑跪姿并抬起膝盖）。

运动

将膝盖稍微靠近地板，同时屈曲肘关节朝向膝盖，然后进行小的弹跳。回到起始姿势。在进行第四次弹跳时，骨盆迅速向上抬，双手双脚离开地面。通过轻微屈曲肘关节和膝关节来缓冲着地带来的冲击力。重复4次。

注意

- 采用激活的风筝姿势。
- 激活核心。
- 流畅而爆发性地完成运动。
- 轻轻着地。

作用

- 发挥手臂和腿的弹性能量。
- 强化手臂、腿部和核心部位的肌肉。
- 增强动作的协调性。
- 保持正确的发力。
- 正确进行加速和减速运动。

讨论

把自己想象成蚱蜢不是一件容易的事，有些人觉得这个训练有困难，因为它需要胳膊和腿之间完美的同步和协调。

退阶

弹跳时，只使用胳膊或者只用腿。

进阶

向前跳、跳到一边或者斜着跳。

7.6.2　能量靠墙训练

靠墙壁虎式俯卧撑

策略
能量–弹性能量

起始姿势

　　站直，离墙1~1.5米，这取决于你的身高（身高越高，离墙就越远）。保持脊柱在中立位，并采用激活的风筝姿势。

注意

- 采用激活的风筝姿势。
- 移动时，保持整个身体移动（就像一块木板）。
- 进行弹性能量运动，缓冲靠墙时，不发出任何声音。

作用

- 发挥手臂的弹性能量。
- 强化核心和肩关节的肌肉。

进阶

　　壁虎靠墙飞行：做同样的运动，但这次向前倾时，手臂稍微弯曲，双脚离开地面。利用弹性，双脚回到地板上（稍微屈曲膝关节），把自己弹回来。回到地面后，双脚立刻推向地板发力，跳向墙壁。每次跳跃时改变角度。

运动

　　向前倒向墙壁时，将脚跟抬离地板。当手落在墙上时，停止倾倒动作，呈右手略高于左手，肘关节微微屈曲状，让整个身体向前滑动。

　　做一个有爆发力和可控的动作，把自己向后推，双手离墙，回到起始姿势，但保持脚跟离地。再次倒向墙壁，但这一次要反转手的位置（左手高于右手），并稍微向外移动肘部。利用弹性能量将自己弹回起始姿势，而不要将脚跟落在地板上。重复几次，每次改变手臂的角度。

讨论

　　这些弹性弹跳可以流畅地、富有弹性地进行，而且在各个方向上都不需要很费力。与在地板上进行同样的训练相比，这是一个很好的选择。让我们来比较一下。几乎任何人都可以进行靠墙的训练。此外，它更多地利用弹性成分（筋膜），而不是肌肉。相比之下，在地板上的运动只适合那些肌肉力量、弹性和协调性足够强并且已经掌握了运动技能的人。更重要的是，在地板上的运动如果执行不当，会更依赖肌肉，从而给关节带来负担。

靠墙猴子前移

策略

能量－弹性能量

起始姿势

采用犬式跪姿（四肢着地并抬起膝盖），脚靠近墙壁。将身体重量转移到双手上，抬起右脚并放在墙上，使右膝和右髋的连线平行于地面。激活手臂和腹部，然后抬起左脚并放在与右脚相同高度的墙上。

轻轻向前推，你会感觉到后臂线被激活（特别是下斜方肌，它的筋膜连接到尾骨）。把肩胛骨往臀部推。想象一下你正在把地板往前推。

注：本训练动作适合有训练基础的人士进行。

运动

激活腹部和手臂，弹跳两次；第三次跳跃时，骨盆和双脚向上抬起，动作要有爆发性，但要有控制，跳到空中。重复这个动作，但这次要跳得低一些。转变训练方式：向上跳两次，向下跳两次。重复4~6次，逐渐增加动作幅度。

注：本训练动作适合有训练基础的人士进行。

注意

- 相对点：手和肩胛骨。
- 双手的支撑点：小指和拇指。
- 采用激活的风筝姿势。
- 流畅且可控地运动。

作用

- 发挥腿部的弹性能量。
- 提高本体感觉。
- 增强用手平衡身体重量的能力。
- 增加动作的协调性和稳定性。
- 强化手臂和肩膀的肌肉。

退阶

- 跳的幅度小一些。
- 执行第235页的训练。

三点支撑侧向靠墙

策略

能量－弹性能量

起始姿势

　　四点支撑跪姿，双手分开，与肩同宽。右腿向右侧抬起，把脚放在与髋部同高的墙上。右脚跟应该和左腿膝盖对齐（从左膝到墙画一条垂线；右腿和脚跟应该和这条线平行），形成一个长方形。

注意

- 固定点：放在地上的膝盖。移动点：靠在墙上的脚。
- 采用激活的风筝姿势。
- 四点支撑跪姿，脚跟与膝盖对齐。

作用

- 发挥弹性能量。
- 拉伸大腿内侧（前深线）。
- 增强髋关节的功能灵活性。
- 强化体侧线、功能线、手臂线的肌肉。

- 稳定肩关节。

运动

　　有节奏地屈曲并微微伸直右膝关节。第三次重复时吸气，用一个弹性动作将右脚从墙上抬起，并将右腿伸直。轻轻地回到起始姿势。重复4~6次，然后换边。

退阶

- 做同样的动作，但这次要把放在墙上的腿降低到骨盆下方的位置。把脚抬离墙壁并抬高一点，然后把脚放回墙上，进行下一次跳跃。
- 在膝盖下方的地板上放置一个平台。

改变刺激

　　改变脚的位置：低一点，高一点，稍微向内或向外转。

讨论

　　这个训练有趣的一点就在于对前深线的拉伸和激活。让我们找出原因。在这个姿势中，你将通过内收肌刺激盆底肌，因为它们是紧密相连的（见前深线、盆底筋膜、肛提肌），它也与左腿内收肌有联系。

　　如果你开始轻微地改变脚的姿势，正如"改变刺激"部分所述，将从不同的方向刺激内收肌和盆底肌。

　　按照逻辑推测，这就引出了下面的问题：这个训练也可以锻炼盆底肌吗？它能改善膀胱脱垂吗？是的，答案是肯定的！

7.6.3 能量器材训练

跳箱侧向摆动

策略

能量-弹性能量

起始姿势

站直，距离训练跳箱约50厘米，双脚分开，与髋同宽。右脚跟放在训练跳箱上。上半身向左转动，双臂举过头顶。脚跟在训练跳箱上向下压并施加轻微的压力，以激活后表线的下部（等长预拉伸）。

注意

- 固定点：脚跟。移动点：胸部。
- 保持双腿伸直。
- 进行爆发性、流畅、可控的运动，不需要过度用力，以免拉伤肌肉。
- 采用激活的风筝姿势。
- 加速和减速。

作用

- 发挥后表线、体侧线、螺旋线的弹性能量。
- 利用预拉伸进行弹性反冲。
- 提高本体感觉和增强对动作的控制。
- 正确进行加速和减速运动。
- 强化肌肉。

运动

动作要有力，并且更有控制，上半身向前倾并稍微向右转，伸直的手臂移至右腿的外侧。

在反转点不要停止动作，使用弹性反冲返回起始姿势，然后立即进行下一次动作。上半身下降时，控制动作并减速。根据需要完成重复次数，然后换边。

改变刺激

先从低处向高处摆动。当上半身向下摆动时，向脚跟、膝盖或大腿移动，不断改变张力。

讨论

这与第233页（左下）中描述的运动不同，因为这个练习使用了一个平台，你将感觉到腘绳肌和小腿肌肉区域（腿的后面）被拉伸。

退阶

- 处于起始姿势时，上半身不要转动。
- 降低箱子的高度。

进阶

在手腕上增加负重。

弹力带侧向摆动

策略

能量－弹性能量

起始姿势

使用至少120厘米长的中等至高强度的弹力带。在弹力带的一端打个结，这样你就可以用手握住它。右脚踩住弹力带的另一端，使其从后背延伸到左手位置，将左手放入绳结中。将左臂向上拉伸，举过头顶，拉紧弹力带。左脚往后退一步。

- 采用激活的风筝姿势。

运动

做一个爆发性的动作，将上半身向前弯曲，左手放在右脚外侧。你应该感到弹力带的紧张程度增加了。在这个姿势，试着拉弹力带，使它与骶骨、腰椎、胸椎和头部保持接触。这非常简单，因为你可以通过预拉伸弹力带回到起始姿势。根据需要完成重复次数。

注意

- 固定点：脚。移动点：胸部。
- 保持双腿伸直。
- 进行流畅的、爆发性的、可控的运动，不需要过度用力，以免拉伤肌肉。
- 抵抗弹力带进行拉伸。

作用

- 发挥后表线、体侧线、螺旋线的弹性能量。
- 利用预拉伸进行弹性反冲。
- 提高本体感觉和增加对动作的控制。
- 正确进行加速和减速运动。
- 强化肌肉。

讨论

必须强调的是，使用弹力带对这个练习至关重要。用弹力带比用自己的体重更容易理解和感受预拉伸策略。如果弹力带移动，那是因为身体没有拉伸：你可能被弹力带的力限制，从而失去张力。

手持球棍摆动

策略

能量-弹性能量

起始姿势和运动

从预拉伸前表线的拉伸动作开始。让你的手臂下垂，同时向前推动上半身。继续手臂的运动，把球棍带到背后。膝关节微微屈曲。在反转点，通过弹性反冲返回起始姿势，然后立即再次执行。

讨论

我不会详细讨论所有的细节，你可以在第232页的"讨论"部分找到此练习的其他细节。唯一改变的是球棍的使用，球棍是非常棒的，因为它们有助于增加挥杆重量，延长杠杆，并增强锻炼效果。球棍并不是一种新器材，艺术体操运动员和其他学科都会使用球棍。我也发现它们是一种宝贵的筋膜训练工具，因为它们比较轻，并且易于使用。

进阶

- 从预拉伸前表线的拉伸动作开始，上半身尽可能地向前弯曲；你应该感觉到后表线的预拉伸增强了。从这个姿势开始，利用弹弓效应将上半身抬起来，提高拉伸幅度，将骨盆稍微向前推，使身体呈弓形。不要停下，再往下压。

- 以一种充满活力、富有弹性且可控的方式挑战自己的平衡感。按照前面描述的动作完成整个动作，但只用一条腿站立进行，将拉伸的鹳式姿势与单腿硬拉动作结合起来。重复整个动作5次，右腿抬高（不要落到地板上），然后换边。

上肢负重水平摆动

策略

能量－弹性能量

起始姿势

双手各持一根球棍，站直。

注意

- 固定点：左脚。移动点：胸部和右脚。
- 进行动态、流畅、可控的运动，不需要过度用力，以免拉伤肌肉。
- 采用激活的风筝姿势。
- 加速和减速。

作用

- 发挥体侧线、螺旋线弹性能量。
- 利用预拉伸进行弹性反冲。
- 提高本体感觉和增加对动作的控制。
- 正确进行加速和减速运动。
- 强化肌肉。

运动

把手臂举到肩膀的高度并向右移动，同时右腿向前迈一大步，双腿屈膝。在反转点，使用弹性反冲加速，手臂快速向左移动，同时右腿向后迈一大步。有节奏地做5~10次这个练习，充分利用手臂的加速和减速，只需来回移动右腿。然后用左腿从头开始重复。

改变刺激

- 手臂向右移动时，右腿向前迈一步。手臂向左移动时，用弹性反冲使左腿向前迈一步。以弓步姿势向前走，以流畅有力的动作加速和减速。
- 改变角度。
- 在手腕上增加负重。

讨论

不要只将手臂和球棍从左向右移动！这样做只会使肩膀疲劳，你不会从上半身的弹性能量中受益（把上半身想象成一件湿T恤：拧干并旋转，先释放能量再恢复）。

哑铃投掷摆动

策略

能量-弹性能量

起始姿势

右手举起哑铃，左腿向前迈一步，将右臂举过头顶。拉伸身体并产生轻微的伸展，增强前表线的预拉伸。

运动

做一个充满活力且流畅的动作，上半身向前倾，把右手带到左腿外侧。利用增加的后表线预拉伸回到起始姿势。利用反转点加速。根据需要完成重复次数。

注意

- 固定点：脚。移动点：胸部。
- 保持双腿伸直。
- 进行流畅、爆发性、可控的运动，不需要过度用力，以免拉伤肌肉。
- 采用激活的风筝姿势。
- 加速和减速。

作用

- 发挥后表线、体侧线、螺旋线的弹性能量。
- 利用预拉伸进行弹性反冲。
- 提高本体感觉和增加对动作的控制。

- 正确进行加速和减速运动。
- 强化肌肉。

讨论

在这个练习中，学员在走路时侧身摆动（第233页）和弹力带侧向摆动（第246页）中所学的和训练过的动作都将派上用场。哑铃投掷摆动只适合优秀学员，因为你需要知道如何能让自己充分利用回弹力创造预拉伸和扩张，否则则可能会伤到背部。

对许多运动员来说，这是一个非常有用的热身动作。你能想到有多少种运动可以用到这个动作吗？有网球、排球、篮球等。这是对整个身体的预拉伸练习。

进阶

右手举起哑铃，右脚向前迈一步，右臂举过头顶。预拉伸前表线。左腿向前跨一步并屈曲双腿膝关节，爆发性地转身并将上半身和右臂向左弯曲。回到起始姿势。改变节奏：加速和减速。

退阶

进行走路时侧身摆动练习（第233页），这样更有弹性。

软壶铃交替摆动

策略

能量 – 弹性能量

起始姿势

站直，双手各拿一个软壶铃，采用激活的风筝姿势。

注意

- 固定点：头部。移动点：上半身和骨盆。
- 进行有节奏、流畅、有控制的运动，不需要过度用力，以免拉伤肌肉。
- 采用激活的风筝姿势。
- 加速和减速。

作用

- 发挥体侧线、螺旋线的弹性能量。
- 增强胸椎和肩关节的功能灵活性。
- 利用预拉伸进行弹性反冲。
- 协调手臂和腿以及软壶铃的轨迹。
- 强化肌肉。
- 正确进行加速和减速运动。

讨论

这是一个非常实用的动作，因为它再现了行走时躯干的运动，同时改善了呼吸。

运动

进行有节奏、有弹性的动作，轻轻转动上半身，右臂向前，左臂向后。继续流畅地摆动，伴随着手臂的节奏，小幅度地屈曲和伸展膝关节。逐渐扩大上半身的旋转幅度和手臂的活动范围。保持头部面向前方。根据需要进行重复。

退阶

球棍交替摆动：不用软壶铃，用球棍进行这个练习。

进阶

- 继续摆动时，当右臂向前摆动时，左腿向前迈一步。保持这个姿势，继续摆动。经过3次摆动后，改为左臂向前，右腿向前迈一步的姿势。
- 移动一步，摆动一次。

软壶铃弓步同步摆动

策略

能量-弹性能量

起始姿势

站直，双手各拿一个软壶铃，确保背部和骨盆处于中立位。

注意

- 固定点：头部。移动点：上半身和骨盆。
- 进行有节奏、流畅、有控制的运动，无须过度用力，以免拉伤肌肉。
- 采用激活的风筝姿势。
- 加速和减速。

作用

- 发挥多条线的弹性能量。
- 增强胸椎和肩关节的功能灵活性。
- 利用预拉伸进行弹性反冲。
- 正确进行加速和减速运动。
- 协调你的手臂和腿以及软壶铃的轨迹。
- 强化肌肉。

讨论

这个练习的难点在于协调身体动作和软壶铃的摆动。

这个练习的关键在于，软壶铃同时在同一个方向上摆动，因为手里的软壶铃作为重物，以一种精准控制的方式向前摆动，使动作流畅和谐，你就像在跳舞一样。这就是我所说的同时性：你可以想象自己在跳狐步舞或探戈，而你的舞伴却在做与你完全相反的动作。如果你们的时间不同步，舞蹈就会变得让人身心俱疲。

运动

开始前后摆动手臂。软壶铃以适当的节奏朝同一方向摆动。当两个软壶铃都在背后，并且即将向前摆动时，利用反弹力使左腿向前迈一步。

保持这个姿势，继续来回摆动两次。第三次摆动时，右腿向前迈一步。按照要求的重复次数继续行走。

进阶

- 左腿向前迈一步，继续摆动软壶铃。在第三次摆动时，手臂在背后时，做一个弓箭步（屈曲右膝关节，直到半蹲着地），利用软壶铃的反弹力从弓步的位置上升，右腿向前迈一步。完成所需的重复次数。
- 为了使整个运动更流畅，你也可以随着每个动作进行摆动。向前做弓步时，将软壶铃移到背后，然后利用反弹力向前迈一步时将软壶铃向前移动。
- 记住：进行有节奏、流畅、有控制的运动，无须过度用力，以免拉伤肌肉。

单侧壶铃摆动

策略

能量－弹性能量

起始姿势

站直，右手拿一个壶铃，左腿向前迈一步。

运动

将右臂向后摆动并向外旋转，直到手臂位于背后，同时将体重转移到右腿。在反转点，将手臂稍微向内旋转，借助身体重量一起向前移动。保持摆动，随着重心转移到左腿，手臂随之移动到你的左侧和背后，保持它向内旋转。反向运动，使壶铃回到右侧，右腿支撑身体重量。继续进行所需的重复次数，然后换边。

注意

- 进行有节奏、流畅、有控制的运动，无须过度用力，以免拉伤肌肉。
- 采用激活的风筝姿势。
- 加速和减速。

作用

- 发挥多条线的弹性能量。
- 增强胸椎和肩关节的功能灵活性。
- 协调手臂和腿以及壶铃的轨迹。
- 强化肌肉。

释放：筋膜释放

第 8 章

释放

筋膜喜欢被挤压，需要适当的压力，并且喜欢滑动。

8.1　释放策略

本章将详细讨论为什么以及如何将肌筋膜释放策略纳入训练计划。这是一个简单的训练技术，即时见效，并且可以刺激我们的中枢神经系统，包括压力、摩擦、震动、摆动、牵引和触摸。

在我的书《普拉提运动》[*Pilates per lo Sport（Pilates for Sport*）] [3]中，我谈

到了 BBR（健身球放松方法），专门用一整章的自我按摩作为训练计划的一部分。如今，它已经成为我的训练计划中不可或缺的一部分，但我对此又有了更深刻的认识。

筋膜组织就像体内所有细胞的过滤器。它处理代谢废物，直到它们可以被血液或淋巴系统运输，并为细胞提供新鲜物质。如果筋膜这一过滤器阻塞，进出物质的交换就会出现问题。没有得到充分供应的细胞将会死亡。因此我们可以使用释放策略来刺激筋膜，从而提升我们的新陈代谢能

力，并提高整体健康水平。球和泡沫轴是极佳的自我按摩工具，是放松肌筋膜结构并刺激筋膜更好再生的理想工具。

释放策略通过作用于肌肉和神经，对于扩张肌筋膜组织尤为有效。用球或泡沫轴对受影响的部位施加压力，可以帮助筋膜组织重新变得滋润，消除紧张，使肌肉更有弹性、更有活力、更强壮，并且将其功能重新激活。想象一个很少或根本没有活水的池塘：过了一段时间，它就开始发臭，其中的物质开始腐烂。相比之下，有活水的湖泊则比较干净和新鲜。

释放策略专门针对间隙液体（肌肉的润滑剂），以增强运动的流动性。此外，它还能使覆盖在肌肉上的筋膜组织免于紧张、僵硬，使肌纤维在鞘内自由滑动。你可以把它想象成一块海绵，拧出其中所有的死水之后，它就可以吸收干净的水了。释放策略的效果是立竿见影的，尤其是在体育比赛中。良好润滑的肌肉"运动单位"将促进个体实现最佳的运动表现，并有助于防止肌肉损伤。这就是我为什么要特别将肌筋膜按摩推荐给运动员，很多人都能从中受益。

肌筋膜释放策略的目的

- 使肌肉组织重新变得滋润。
- 消除紧张。
- 增强柔韧性。
- 增强肌肉的再生能力。
- 减轻疼痛。

什么是所谓的触发点？

健康的肌肉是松弛、有弹性的，摸起来不会痛。你可以想象一根20厘米长的绳子，如果在中间打结，它从头到尾的长度就会变短。这就是肌肉组织或相关筋膜的情况：触发点在邻近的组织中产生。

肌筋膜触发点，通常被称为触发点，是收缩肌束中的过度敏感的硬结，其特征是可触及。

当触发点形成时，会发生什么？一个后果是收缩的肌束会聚在一起并尽可能靠近，因而失去弹性；而其他筋膜（没有参与的筋膜）被迫伸展，就像一个紧绷的弹力带。这些情况会导致被动和主动活动能力的丧失，因为部分肌束已经被拉伸，从而限制了整个结构的活动范围。另一个后果是肌肉力量减弱，因为收缩时不是所有的纤维都被激活，这导致损伤的风险增加。这是运动员最可怕的噩梦。最常见的诱因可能是肌肉超负荷或负荷不当。在触发点，氧气和营养物质的供应受到抑制，导致肌肉组织或相关筋膜持续收缩。

形成触发点常见的原因如下。

- 花太多时间在计算机前。
- 不正确的姿势。
- 在车里坐得太久。
- 压力。
- 消极的情绪。
- 不良的饮食习惯。

但是，静坐少动的生活方式也可能会导致形成触发点，在这种生活方式下，个体长时间保持同样的姿势，没有给肌肉拉伸和放松的机会。

触发点的类型

触发点的种类繁多，各有特点，具体类型如下。

- 主要（或中央）触发点。它是最典型的，位于肌腹中间，通常是患者最容易识别和报告的。
- 次要（或附属）触发点。它在主要触发点周围形成，主要触发点仍然是首先需要处理的。
- 在肌腱中发现附着点的触发点。
- 弥散性触发点。它影响身体的其他部分，其形成与脊柱侧凸或腰椎前凸过度等姿势畸形相关。
- 主要或次要的活动触发点。它会引起牵涉性疼痛，被触碰也会产生疼痛。
- 潜在（或不活跃）触发点。它不会引起牵涉性疼痛，被触摸也不产生疼痛，但会导致肌肉僵硬，在刺激后可重新激活。

8.2 禁忌证

如有以下情况，则不能使用释放策略。

- 如果运动员的身体缝了针、有骨折或存在开放性伤口。
- 如果运动员正在服用抗凝剂。
- 如果运动员患有恶性肿瘤、骨质疏松症、急性类风湿性关节炎、糖尿病、皮肤过敏或循环系统疾病（如水肿、血肿、高血压或低血压）。

此外，请注意以下区域。

- 尾骨（因有骨折危险而应避开）。
- 第十一和第十二下肋后部（浮动）。
- 剑突（胸骨下端）。
- 腹部（身体前部，从耻骨到肋骨下方）。
- 颈椎和上颈椎区域（动脉、颅神经和脊神经）。

8.3 器材

很多器材都可以在自我按摩时使用，包括各种大小的球、泡沫轴。我最喜欢的是软感官球，因为它们可以刺激体表下的组织。在使用这些球时，肌肉筋膜组织发生变化的程度取决于压力的大小、持续的时间、变化的速度或渐进程度。

直径为13厘米、15厘米或18厘米的球对大多数人都适用，因为它们是三维的，你可以通过填充更多空气或释放一些空气来调整其硬度。

身高超过1.98米、体重超过90千克的初学者应该使用最大的球（直径达18厘米）。任何肌肉发生极度收缩或一触就疼的人，或者有多个触发点的人，也应该从用这种大小的球开始进行训练。这种球可用于身体一般的释放。

如果在使用18厘米的球进行自我按摩后没有任何不适，请使用直径为15厘米的球。这种球可以用于身体的各个部位，如股四头肌和背阔肌，适合体重较重的人。

最小的13厘米的球强度更高，建议用于更高级和更具体的训练计划。这种球可以用于更受限的区域，如髋部屈肌的深处或肩袖的深处。

如果你感到眩晕或恶心，就需要立即停止自我按摩。你可能还不知道，如果压力过大，身体的某些部位就更容易受伤，这就是为什么在这些部位附近或周围活动时要格外小心谨慎。

8.4　肌筋膜释放技术

施加正确的压力可以缓解筋膜和肌肉的紧张。首先，我将在此详细描述一些术语，以便更好地解释强度和目标。

按摩：在触发点上轻轻按压，用前后不超过1厘米的轻微动作来消除紧张感。

支持：在触发点保持不动，按3秒，然后放松，可用来消除紧张。

滑动：沿着肌筋膜线的方向在更大的区域轻轻按压，让你的皮肤滑过球/泡沫轴，从而产生弹性效果。

滚动：在更大的区域上缓慢或快速滚动；如果滚动缓慢，就在每次呼吸后，让球/泡沫轴向你的心脏方向移动，从而产生挤压效应。

放松：在触发点/疼痛点保持静止，继续呼吸，每次呼气时对球/泡沫轴施加轻微的压力，直到紧张感消退，然后向心脏方向移动1厘米并重复上述动作。在某些触发点上，也可以绕小圈移动或画一个星星。

这一系列的筋膜释放技术有助于松解筋膜，这要归功于力学、生物化学和神经反应的结合，这些反应目前仍在研究中。

记住以下事项。

- 我们的目标不是在球上痛苦地运动，因为这会产生相反的效果。

- 永远不要屏住呼吸，而应保持呼吸。
- 如果找到了疼痛点，就减少压力，试着保持在那个区域，深呼吸，做不超过1厘米范围的小动作，直到疼痛减轻。
- 如果找到了阻碍呼吸的地方，就慢慢移开；可以下次再试。
- 你进行动作的速度决定了运动的强度。经验法则是，你按压得越慢，感觉就越强烈，通常，组织也就会越放松。

8.5　训练计划或补充现有训练计划

请记住，在本章中，我只讨论肌筋膜释放策略以及如何在训练中更高效地使用这种策略。在一个实际的训练课程中，我会涉及其他FReE策略，你可以在第9章中找到相关内容。有很多方法可以将肌筋膜释放策略纳入自己的训练计划，下面列出一些方法。

记住，在做自我按摩之前，2~5分钟的有氧运动是一种很好的训练。有规律和有针对性的训练能使肌筋膜组织再生，促进长时间的紧张释放，从而提升运动表现。

像按摩一样，这里详细介绍的所有释放训练都包括对筋膜组织施加压力。这种机械作用会触发筋膜内的液体交换，就像是挤压海绵一样。这些液体也会运输代谢产物和淋巴液，然后筋膜再次充满液体。这种交换会促进新陈代谢，改善筋膜和周围器官的健康状况。这就是为什么通过施加压力来恢复和再生筋膜很重要。这种效果是通过整骨疗法和物理疗法，以及基于各种技术的按摩来实现的。记住，筋膜组织喜欢以合适的力量被挤压，也喜欢滑动。

一天结束后的肌筋膜释放

在紧张的一天之后，你需要给自己留点时间，以消除白天产生的紧张感，恢复肌肉和筋膜的正确长度和平衡。我喜欢选择集中在以下部位展开运动，因为这些部位通常容易引起紧张和肌肉挛缩。仔细选择你的训练。下面是一个全身放松的例子，从脚开始。

- 脚。
- 小腿肌肉。
- 大腿内侧。
- 髋部。
- 骨盆。
- 腰椎。
- 整个脊柱。
- 手臂。

重复次数：每个练习重复1~3次。

训练时长：20~30分钟，每周两次。

我建议你在完成这一系列特定的释放训练之后喝大量的水。记住：筋膜和组织需要大量的液体。这种方法会释放代谢废物。代谢废物通过水可以更容易地排出体外。

FReE训练课程中的释放训练

你将在FReE训练的以下几个阶段中发现肌筋膜释放训练。

- 热身。
- 中间阶段。
- 结束阶段。
- 重复次数：每个练习重复1~3次。
- 训练时长：30~55秒。

一般的健身活动或特定的训练课程中的释放练习

1. 热身

- 从轻微的有氧运动开始，以确保身体足够温暖。
- 通过训练来消除紧张感。
- 采用不同的节奏、速度和角度，为所有的肌筋膜线选择练习。在增加速度之前先放慢动作，但要控制好一切。
- 重复次数：每个练习重复1~3次。
- 热身时长：5~20分钟。

花几分钟时间在某个特定的问题区域进行热身会给你带来其他好处。对大多数运动员来说，髋部（包括6块内旋肌）和腰椎是收缩最严重的区域，是所有运动的关键。为了使背部、肩部和颈部变得完全柔韧，脊柱必须完全放松。

在进行高强度力量训练之前，我不建议使用球/泡沫轴在很大的区域（比如髂胫束）进行滚动，因为它会使筋膜脱水，导致筋膜不稳定，而筋膜需要时间来恢复和补充水分。

2. 中间阶段

- 选择练习来消除紧张感。
- 在训练过程中，运动可以迅速放松几个触发点。

3. 结束阶段

- 选择练习来消除紧张和放松。
- 此阶段的训练应有助于康复。

伸展/普拉提训练中的释放练习

- 在伸展运动前做一些释放训练，使之更有效、更放松。
- 在热身和训练期间做这些训练，以消除紧张。

- 在结束阶段选择放松练习。

重复次数：每个练习重复3~10次。

你将惊讶地发现这会对你的训练效果带来很大改善。

8.6　肌筋膜释放分类练习

在本章中，释放练习按肌筋膜线分组：后表线、前表线、体侧线、前深线、手臂线。

8.6.1 后表线释放

感官球骶骨滚动

> **策略**
>
> 后表线释放

起始姿势

仰面躺下，双腿弯曲，双臂舒适地放在地板上。在骶骨中间放置一个感官球。

运动

吸气，耻骨微微向肚脐靠近，腰椎弯曲贴向地面（骨盆后倾）。呼气，耻骨向远离肚脐方向移开。继续做向前、向后的动作，始终保持对感官球的轻微压力。

注意

- 流畅、轻松地完成动作。
- 千万不要将球放在尾骨下。

作用

- 释放骶腰区域的张力。
- 刺激副交感神经系统。
- 刺激组织。
- 改善循环。
- 增加组织氧合。

> **讨论**
>
> 完成训练后移开球，将骨盆放低。骶骨区域应该放松、放平，并牢牢地固定在地板上。

改变刺激

增加第278页的平衡呼吸练习，使身体更加放松。

感官球髋外展

策略

骶髂关节释放

起始姿势

仰卧，双腿弯曲，手臂舒适地放在地板上。将球放在骶骨中央，伸直左腿，将左臀部滑到地板上。将球稍微向右移动，放在骶骨和臀部之间（骶髂区域）。

运动

吸气，右膝向外，远离左侧髂嵴。呼气，让右腿通过弹性反冲回到起始姿势。重复10次，然后换边。

注意

- 流畅而非强迫地完成动作。
- 弯曲腿一侧的臀部必须始终保持在地板上。

作用

- 放松骶髂区域的后表线、体侧线。
- 打开股三角（腰大肌、髂肌和耻骨肌），前深线。
- 刺激副交感神经系统。

讨论

你想感受这个练习对臀大肌的影响吗？右腿训练完成后，把球拿开，躺在地板上。你能感觉到吗？你的右髋应该会感觉平坦。放松的感觉真是太棒了。这只是训练的一方面。但在这种情况下，无论怎样训练，都会给参与者带来好处。

髋部前面是股三角的开口（包括腰大肌、髂肌、耻骨肌和神经血管束，神经血管束从腹股沟韧带下面穿过）。这3块肌肉形成一个扇形（这就是为什么它们被称为"股三角"），它从股骨小转子延伸到髋骨和腰椎。保持这些肌肉的张力和平衡长度可以保证运动灵活性，从而保持组织健康。

这个练习适合哪些人来做呢？它适合任何存在严重腰椎前凸的人，他们经常感到腰痛或肌肉紧张。对大部分运动员来说，它能够帮助其放松肌肉、释放紧张感，从而达到放松效果。

8.6.2　骶腰区后表线、体侧线释放

感官球下肢侧向摆动

策略

骶腰区释放

起始姿势

仰卧，双腿弯曲，双臂舒适地放在地板上。将一个感官球放在右侧骶骨和髋部之间的区域，另一个感官球放在左侧对应的位置。双腿并拢，抬起双脚离开地面，放松双脚。

注意

- 流畅、轻松地完成动作。
- 千万不要将球放在尾骨下。
- 保持呼吸（不要屏住呼吸）。

作用

- 释放骶腰区的张力。
- 刺激副交感神经系统。
- 刺激筋膜组织。
- 改善循环。
- 增加组织氧合。

讨论

如果在移动的过程中发现了一个疼痛点，就停止，保持呼吸，试着放松它。如果疼痛已消退，就继续上述训练，逐渐扩大活动范围。

运动

吸气，双膝小心地向左移动。呼气，然后回到起始姿势。在右侧重复。重复上述动作。掌握了这个动作的技术要领之后，继续做下去，中间不要停下来。每侧完成5~8次。

改变刺激

- 将球移至髂骨顶部。
- 使用泡沫轴代替感官球。

靠墙感官球背部按摩

起始姿势

站直，背部贴墙壁，在墙壁和脊柱的左右两侧之间肩胛骨下方区域放两个感官球。

运动

双腿向前移动，开始在感官球上缓慢滚动，骨盆向地面方向降低。保持背部和骨盆处于中立位。当继续推感官球时，慢慢地上下移动，按摩背部。每个区域重复5~8次。

注意

- 持续地对感官球施加推力。
- 保持背部和骨盆处于中立位。
- 呼吸。

作用

- 释放胸腰椎的张力。
- 增强柔韧性。

改变刺激

- 使用泡沫轴。
- 腰椎按摩。将感官球放在腰部，从下向上开始滚动。
- 仰卧感官球背部按摩。这个练习可以改善呼吸。仰卧，将两个感官球分别放在脊柱左右两侧之间肩胛骨下方区域。把手臂举过头顶。如果感到太紧张或背部往上拱起，将手臂向旁边移动。保持这个姿势，呼吸，通过感官球放松。如果有必要，也可以把球移到腰部，然后重复这个练习。保持这个姿势，直到紧张感减轻或完全消除。

进阶

- 仰卧练习。这会通过体重增加压力。从肩胛骨间的小幅度动作开始，保持呼吸（不要屏住呼吸）。随着你对这个练习逐渐熟练，逐渐扩大动作范围，直到感官球到达腰部，但要轻柔地进行训练。

- 泡沫轴背部按摩。把泡沫轴放在肩胛骨下面，用小幅度的动作上下滚动。保持呼吸（不要屏住呼吸）。

泡沫轴颈后释放

策略

后表线颈后区域释放

起始姿势

仰卧，双腿弯曲。如下图所示，将泡沫轴放在颈后，双臂放在身体两侧。

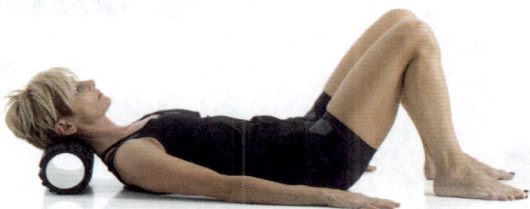

运动

开始缓慢地把头转向右边。用这种小幅度动作来寻找触发点。一旦找到了，就停下来，轻柔地按压或按摩该区域。然后换边。

注意

缓慢地运动。

作用

- 释放颈后区域的紧张感（这个练习适合经常脖子痛或头痛的人）。
- 刺激副交感神经系统。

讨论

就频率而言，你可以每天滚动5~8次。如果在晚上平躺着做这个练习，那就再好不过了，因为它会刺激主神经系统，激活副交感神经系统，从而让人很快入睡。

退阶

站起来，把泡沫轴靠在墙上进行训练。

8.6.3 前表线释放

感官球俯卧抬腿

> **策略**
> 前表线、体侧线释放

起始姿势

俯卧，将感官球放在骨盆左侧（在髂嵴和髂前上棘之间）。将前额舒服地放在手背上，采用激活的风筝姿势。

运动

伸直双腿，然后慢慢抬起左腿，将骨盆稳固地放在感官球和地板上。回到起始姿势。重复3次。

继续抬起左腿，屈曲左膝关节，左脚跟朝向髋部，然后再次伸直左腿，不要将左腿放在地板上。重复3次。

把伸直的左腿从身体中线上移开，然后回到起始姿势，但不要把左腿放在地板上。重复3次。

把左腿向同侧伸展，屈曲左膝关节，左脚跟朝向髋部，然后再次伸直左腿，但不要将左腿放在地板上。重复3次。

回到起始姿势，屈曲左膝关节，左脚跟朝向髋部，伸直左腿，然后将左腿放在地板上。右腿重复整个练习。

注意

- 大腿与球和地面始终保持接触。
- 采用激活的风筝姿势。
- 脊柱处于中立位。

作用

- 在前表线、体侧线上释放骨盆前部的张力。
- 增强股直肌和阔筋膜张肌的柔韧性。
- 强化腘绳肌和臀肌。

> **讨论**
> 这些练习也可以单独进行。

改变刺激

当处于如下图所示的位置时，只需将左腿从中线移开，然后移回中线，即可增加髋内外旋肌的工作量。

俯卧位感官球挺胸

策略
前表线释放

起始姿势

俯卧，双脚并拢，将感官球放在胸骨中间。手臂放在地板上，肘部约与肩同高。伸长脖子，从而采用激活的风筝姿势。

运动

吸气，用胸骨轻轻向前推感官球，向同一方向伸展和抬高胸部和头部。保持这个姿势，然后在下一次呼气的时候回到起始姿势。重复5~8次。

注意

- 采用激活的风筝姿势。
- 找到正确伸展的位置。

作用

- 释放胸骨前表线、臂表线的张力。
- 改善胸部和肩部的灵活性和柔韧性。

讨论

完成练习之后，移开感官球，躺在地板上。你的胸部会感到更加放松。

265

坐姿感官球胸骨滚动

策略

前表线释放

起始姿势

舒适地坐在地板上或椅子上，用右手拿着感官球。采用激活风筝的姿势，把球放在胸骨的左下方。

把感官球轻轻地贴着皮肤（让感官球"抓住"皮肤），然后慢慢地把感官球滚到左侧锁骨。滚动的时候，感官球要贴着皮肤。把感官球从皮肤上拿开，回到胸骨的左下方。重复3次，然后把感官球移到右下方。

注意

- 采用激活的风筝姿势。
- 缓慢地滚动感官球。

作用

- 释放胸骨、前表线、臂表线的张力。
- 改善胸部和肩部的灵活性和柔韧性。

讨论

完成左侧训练后，把感官球放下，然后感受自己身体的变化。你能注意到左右两侧有什么不同吗？左侧可能感觉更长，如果照镜子，肩膀可能不一样高。这个练习的好处就是，能为你塑造好的体形。

滚动感官球时产生的放松感不能仅通过将感官球压在胸骨上或滚动来重现。滚动会在结构中留下痕迹：这会告诉它们应该沿哪个方向滚动。

看看有多少人有驼背的困扰。对于许多有驼背体态的人来说，他们的肩膀向前收拢，胸骨向骨盆方向下沉。有上述这些症状的人非常适合做这个练习。施加压力时，感官球会"抓住"皮肤。慢慢地把感官球往上滚动的时候，你会感觉到感官球在扯动皮肤，此时可能是因为感官球碰到了身体某个较硬的部位，这会阻止感官球继续滚动。在这些地方停止滚动，直到感觉筋膜组织放松，使感官球能够继续滚动。这是拉伸筋膜的有效方法。记住：筋膜可以适应任何施加在它上面的外力需求。

测试

在你完成左边滚动感官球之后，向右边滚动之前，转动你的手臂。这时你会注意到两侧存在显著差异。按摩过的一侧应该感觉更轻、肩部更灵活。

8.6.4 体侧线释放

梨状肌花生球释放

策略

梨状肌释放

起始姿势

仰卧，将花生球放在右侧股骨头和髂骨之间。在地板上伸直左腿，弯曲并抬起右腿。在地板上伸展双臂。

吸气，将右膝向外侧移动并开始做画圈动作。

在股骨外展到最大限度时，向内转动右腿，把右脚内侧放在地板上。

呼气，右脚内侧着地，继续做这个动作。

右膝回到起始姿势，以完成整个画圈动作。

重复这个动作5次。然后在另一边重复整个动作。

注意

固定点：骨盆。移动点：膝盖。

作用

- 释放梨状肌的张力。
- 增强灵活性和柔韧性。

改变刺激

增加圆圈的大小：抬起膝盖，尽量靠近胸部，然后向外靠近腋窝，再向内旋转，以完成这个画圈动作，不要移动骨盆，因为这个练习的目标是调动髋部。

讨论

这是一种巧妙的梨状肌放松运动。我想表达什么呢？我经常看到感官球被放在髋部中央的梨状肌上，梨状肌是坐骨神经的重要通路，这样做会压迫或收缩坐骨神经。然而，以本练习中所示的方式放置花生球，会使靠近股骨头的肌肉和跟腱放松，既会刺激坐骨神经又不会压迫它。这种训练很明智，不是吗？

267

"Z"形感官球松解

策略

梨状肌释放

起始姿势

坐成"Z"形，右腿向前，左腿转向一侧。把感官球放在股骨头和髂骨之间（大腿和骨盆之间的外侧），伸直脊柱，手臂向下伸直放在身体两侧。

注意

固定点：骨盆。移动点：手臂。

作用

- 释放梨状肌的张力。
- 增强髋关节的灵活性和髋关节周围肌肉的柔韧性。

运动

挺直身体，然后向右倾斜，抬起左臂来增加对感官球的压力。起身时，从肋骨开始移动（它们应该是首先移动的部位），手臂和头部跟着移动。重复5~8次，然后换边。

讨论

这个动作可使身体更容易保持"Z"形姿势（参见第185页的练习）。

感官球股外侧滚动

策略
髂胫束体侧线释放

起始姿势

右侧卧，右前臂放在地板上，右肘关节放在肩膀正下方。把感官球放在右侧髋部上方，右腿伸直，放在地板上。弯曲左腿，左脚放在右腿前面的地板上。

运动

开始将感官球稍微向前移向耻骨，然后再移回髋部。当感官球来回滚动时，它也应该开始慢慢地向膝盖移动。继续这个"之"字形动作，直到感官球几乎到达膝盖。

此时，转体，面朝下，将感官球稍微移到右大腿外侧（正好在股四头肌外侧头和髂胫束之间）。慢慢地将感官球向骨盆方向滚动，直到感官球到达髂前上棘。完成整个训练3次，然后在另一边重复。

注意

- 流畅、轻松地完成动作。
- 采用激活的风筝姿势。
- 呼吸（不要屏住呼吸）。

作用

- 放松髂胫束体侧线的张力。
- 促进髂胫束和股四头肌/腘绳肌之间的滑动。
- 增强腘绳肌（大腿后部）的柔韧性。
- 改善循环。
- 增加组织氧合。
- 增加强度。

讨论

当然，这不是最舒服的姿势。我的建议是保持类似激活的风筝姿势，否则你的脖子后部会承受过重的负荷。

这个练习是如何增强力量的？想象一下不同层次的肌肉和筋膜组织被粘在一起。它们的运动会流畅吗？有可能强化这些肌肉吗？当然有，但只能有限地强化。随着动作进行，我们试着将髂胫束与外侧股四头肌分开，而"之"字形运动减少了髂胫束的张力。通过该练习，不同肌肉和筋膜组织层（股四头肌、髂胫束、腘绳肌）在连接、力量传导和滑动上将获得显著提升。

这个练习不适合哪些人呢？它不适合有静脉曲张的人。

改变刺激

张力通常在腓骨头周围的体侧线处积聚，进而导致膝关节紧张。如果把感官球放在膝盖外侧的正下方，你会发现一个突出的骨头（正好在腓骨的头部）。轻轻按压3秒，松开，重复5~8次。

退阶

如果这个练习不适合你，你可以选择靠墙站着做此练习。把感官球放进袜子里，用右手握住袜子的一端。将袜子绕过右肩。把感官球放在骨盆一侧和墙壁之间。用身体重量顶住感官球，然后开始慢慢地前后移动感官球，按摩体侧线。把感官球往下移得越多，就越需要拉伸袜子。这种方法可以防止感官球脱落。

8.6.5 前深线释放

感官球脸部滚动

策略

前深线咬肌释放

起始姿势

舒适地坐在地板上或椅子上，用右手握着感官球，采用激活的风筝姿势，把感官球靠在右脸颊上。

运动

轻轻下压并来回滚动感官球5~10次，按摩脸颊和下巴，然后换边。

注意

- 采用激活的风筝姿势。
- 呼吸。

作用

- 放松紧张的脸颊和颈部。
- 放松咬肌张力、前深线。

讨论

为了减轻压力引起的紧张，训练时，有时会咬紧牙关，这在白天和晚上都可能发生。这会使咀嚼肌疲劳，导致挛缩和疼痛。本练习是众多有助于缓解紧张情绪的训练之一。

这个练习适合谁呢？它适合任何咬紧牙关或是颈部疼痛的人。

8.6.6　手臂线释放

靠墙感官球肩部活动

起始姿势

　　靠墙侧身站立，双腿分开，与髋同宽。把感官球放在肩膀和墙壁之间。轻轻地向墙壁推动感官球。采用激活的风筝姿势。

注意

- 采用激活的风筝姿势。
- 缓慢移动。

作用

- 放松紧张的肩部。
- 增强灵活性、柔韧性和力量。

运动

　　慢慢移动感官球（先移动1厘米，屏住呼吸，再继续移动1厘米），先向前，然后向后，按摩整个肩部区域。如果发现疼痛点，就每次移动球小于1厘米，缓慢地移动感官球。当张力减小时，每个区域继续移动5~8次。

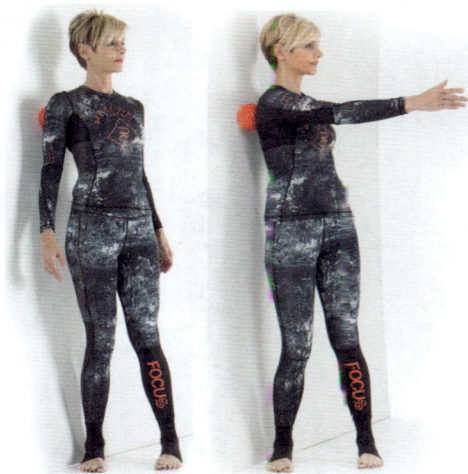

讨论

　　为了保持筋膜组织的弹性，你应每周重复这个练习2~3次。

改变刺激

　　把感官球向上移动，然后向下移动。

271

靠墙迷你泡沫轴肩部运动

策略

放松肩胛骨的外侧边缘

起始姿势

　　靠墙侧身站立，双腿前后分开。将右臂举过头顶，在肩胛骨外侧缘和墙壁之间放一个迷你泡沫轴。轻轻地滚动它。

注意

　　不停地滚动迷你泡沫轴。

作用

　　消除肩胛骨外侧区域的紧张感。

讨论

　　当长时间坐着时，肩胛骨上下的肌筋膜结构会承受压力并发生变化。这就是为什么该区域的紧张感会日益加剧。

运动

　　试着在最敏感或最疼的地方慢慢地上下滚动迷你泡沫轴。如果你找到一个疼痛点，就在这个区域小幅度滚动迷你泡沫轴。如果不能找到任何触发点或疼痛点，就尝试将泡沫轴移动越过肩胛骨，这是产生紧张感的区域。重复5~8次后，疼痛会减轻，4~5次训练后，疼痛通常会完全消失。

改变刺激

- 你的腿离墙越远，在迷你泡沫轴上施加的重量就会越多，训练也就越难。你可以使用这个技巧来调整训练强度。
- 使用一个大的泡沫轴。
- 侧卧泡沫轴肩部运动：将肩胛骨外缘放在泡沫轴上，侧卧完成整个练习。小幅度地运动。

靠墙迷你泡沫轴前臂滚动

策略

前臂放松

起始姿势

　　靠近墙壁站立，双腿分开，与髋同宽。在墙壁和前臂之间放入迷你泡沫轴，抬起肘关节至大约与肩同高。

运动

　　慢慢地向上滚动（朝手的方向）迷你泡沫轴，按摩前臂，然后再向下滚动迷你泡沫轴。寻找疼痛点，在任何发现的疼痛部位做一些小幅度的运动。在这些位置，可以打开手掌、握紧成拳或屈曲、伸展腕关节。

注意

- 采用激活的风筝姿势。
- 不停地滚动迷你泡沫轴。

作用

　　放松手指屈肌。

讨论

　　任何每天在计算机前花费数小时的人都可以做这个练习，或者至少每周做两次。它对于预防或治疗"网球肘"非常有效，对于那些长时间在计算机前工作和经常使用鼠标的人也非常有效。

273

跪姿泡沫轴前臂运动

策略

手臂线释放

起始姿势

四点支撑跪姿，把右手放在泡沫轴上，呈激活的风筝姿势。

运动

吸气，身体向前伸展。手指向上伸展时，向下按压泡沫轴。呼气，然后回到起始姿势。重复5~8次。

注意

- 采用激活的风筝姿势。
- 持续按压泡沫轴。

作用

放松手指屈肌。

跪姿泡沫轴运动

策略

手臂线释放

起始姿势

四点支撑跪姿，右前臂放在泡沫轴上，掌心朝上，呈激活的风筝姿势。

运动

转动上半身，慢慢地将右手臂向左肩方向转动，然后再反方向转动。寻找疼痛点，在发现疼痛点时做一些小幅度的动作。重复5~8次，然后换另一侧。

注意

- 采用激活的风筝姿势。
- 不断滚动泡沫轴。

作用

放松影响手臂和肩部的筋膜线。

275

俯卧胸部活动

策略

胸肌释放

起始姿势

俯卧，将感官球置于胸肌下，双臂向外伸展至与肩齐平。

运动

慢慢地将感官球移向肩膀，寻找触发点。找到触发点时，做一些小幅度的动作，试着减轻紧张感。

注意

保持呼吸。

作用

放松前臂线。

退阶

靠墙胸部运动：靠墙完成整个练习。

8.6.7 呼吸释放

腹部负重呼吸

策略

刺激副交感神经系统

起始姿势

　　仰卧，双腿弯曲，手臂放在身体两侧的地板上。把1~5千克的杠铃片放在你的腹部（但这不是力量训练）。

运动

　　用鼻子吸气5秒，用嘴呼气10秒。重复10~15次。

注意

- 有控制地呼吸。
- 吸气时，杠铃片保持不动。

讨论

　　你也可以在没有负重的情况下做这个练习。负重有助于放松。

作用

　　刺激副交感神经系统。

平衡呼吸

策略

刺激副交感神经系统

起始姿势和运动

仰卧，双手放在腹部上。用鼻子吸气5秒，屏住呼吸1秒，用嘴呼气5秒，保持1秒。重复10~15个呼吸周期（一个周期包括一次吸气和一次呼气）。

注意

有控制地呼吸。

工作

- 使心跳和呼吸同步。
- 平衡心率变异性。

讨论

这个练习可以使心跳和呼吸同步，刺激产生脱氢表雄酮（一种皮质醇的拮抗剂），从而消除血液中的皮质醇。你会感觉更放松，心情也会变好。随着年龄的增长，脱氢表雄酮和皮质醇曲线趋于平缓，这意味着我们的身体很难自主分泌这两种激素。这种情况不仅会影响其他激素系统的节律，而且对免疫系统有负面影响。通过瑜伽和冥想这样的训练，可以协调这两种激素之间的关系。

训练方案

第9章

经过这么多的理论学习，我们终于可以开始了解具体的训练方案。

在本章中，我提出了一系列包含不同重点的训练方案示例，你需要做的就是选择自己的目标。正如我们所知，筋膜结构都是不同的，因此我的训练建议也是不同的，要"对症下药"。

欢迎大家对训练方案进行实践，并提出改进的反馈。

第1步：选择自己关注的方面。

- 足部（跟骨骨刺/踇趾外翻）。
- 腕管。
- 肩部。
- 颈部。
- 大腿和脂肪组织。
- 跑步。
- 柔韧性。
- 灵活性。
- 普拉提训练。
- 功能性训练。
- FReE训练。
- 功能性筋膜训练。

第2步：选择最适合自己的训练方案

并持续执行它，你会对自己进步的速度感到惊讶。

第3步：永远不要带着疼痛训练。

第4步：在方案结束后，根据训练指南部分所列的训练和作业指导，完成每个方案中列出的训练。

注意：你也可以将各种训练方案中的训练纳入其他训练方案，以充分满足训练需求。

9.1 健康足部计划：跟骨骨刺和踇趾外翻

概念：不间断的训练方案。

结构：由6~15个练习组成的训练方案。

注意：平衡下肢筋膜线（后表线、前表线、体侧线、前深线）的张力。消除疼痛，优化功能和运动表现。

策略：释放、感受、拉伸、能量和灵活性。

跟骨骨刺——方案1
器材：感官球、泡沫轴、训练跳箱

足底感官球按压，每侧1×30秒（第54页）

踝前部泡沫轴激活1×5次（第86页）

跪式泡沫轴后表线激活，1×5次（第88页）

小腿肌肉泡沫轴按压，每侧1×5次（第89页）

小腿内侧泡沫轴按压，每侧1×5次（第90页）

大腿内侧泡沫轴按压，每侧1×5次（第91页）

髋屈肌静力收缩，每侧1×5次（第82页）

髋屈肌拉伸，每侧3×3秒（第83页）

双脚弹性跳跃，3×10秒（第229页）

跳箱象式拉伸，每侧1×5~10次（第203页）

跳箱勇士式，每侧1×5~10次（第205页）

感官球俯卧抬腿，每侧一次（第264页）

双脚弹性跳跃，3×10秒（第229页）

跟骨骨刺——方案2
器材：感官球

足底感官球按压，每侧1×30秒（第54页）

双脚弹性跳跃，3×10秒（第229页）

前后走动，每侧1×10次（第101页）

L步，每侧1×10次（第102页）

象式绕足旋转运动，每侧1×10次（第148页）

感官球股外侧滚动，每侧1×3次（第269页）

三足式运动，每侧1×5次（第155页）

弯腰支撑弓步，每侧1×5次（第227页）

半跪姿回旋镖式，每侧1×5次（第180页）

鹳式提膝，每侧1×5次（第115页）

半跪风车转体，每侧1×5次（第176页）

蜥蜴式，每侧1×20秒（第182页）

仰卧大开瓶器，每侧3×15秒（第189页）

侧箱训练，每侧3×15秒（第209页）

训练指南

赤脚进行练习，将身体重量分散在脚的3个接触点上。

训练：每周进行2~3次，为期2周，然后继续执行方案2。

作业：每天晚上花一点时间用球按摩足部。

注意：你也可以将这些练习纳入其他训练方案，以充分满足训练需求。

跗趾外翻——方案1
器材：感官球 **目标：早期预防和改善跗趾外翻**
足底感官球按压，每侧1×30秒（第54页）
前后走动，每侧1×10次（第101页）
L步，每侧1×10次（第102页）
正面啄木鸟：半跪姿势，每侧1×5次（第106页）
鹳式靠墙训练，每侧5×3秒（第74页）
交替蹲，每侧1×5次（第173页）
鹳式移动，每侧1×5~10次（第111页）
三足式动作，每侧5次（第153页）
两点支撑胸椎旋转，每侧1×5次（第121页）
注意：你也可以将这些练习纳入其他训练方案，以充分满足训练需求。

跗趾外翻——方案2
器材：感官球、泡沫轴、弹力带 **目标：早期预防和改善跗趾外翻**
足底感官球按压，每侧1×20秒（第54页）
踝前部泡沫轴激活，1×10次（第86页）
跪式泡沫轴后表线激活，1×10次（第88页）
小腿肌肉泡沫轴按压，每侧1×5次（第89页）
小腿内侧泡沫轴按压，每侧1×5次（第90页）
弹力带辅助，每侧1×10次（第102页）
侧步，每侧1×10次（第103页）
螃蟹深蹲，每侧1×3~5次（第109页）
左右交替深蹲，每侧1×3~5次（第110页）
交替蹲，每侧1×5~8次（第173页）
跪坐式后倾训练，每侧3×5次（第161页）
三足风车训练，每侧1×5次（第178页）

跪姿-侧桥外展，每侧1×10次（第112页）	
仰卧开瓶器训练，每侧1×5次（第188页）	
注意：你也可以将这些练习纳入其他训练方案，以充分满足训练需求。	

跚趾外翻——方案3	
器材：弹力带 **目标：早期预防和改善跚趾外翻**	
双脚弹性跳跃，3×10秒（第229页）	
弹力带辅助，每侧1×10次（第102页）	
侧弓步，每侧1×5次（第104页）	
斜弓步，每侧1×5次（第104页）	
跪坐式后倾训练，每侧3×5次（第161页）	
象式动态拉伸，每侧1×5次（第149页）	
甲虫拉伸，1×5~10次（第210页）	
半坐分膝式，每侧1×3~5次（第107页）	
大猩猩式训练，1×5次（第206页）	
雕像训练，每侧1×20秒（第166页）	
转动分开深蹲，每侧1×5~7次（第174页）	
俯卧开瓶器，每侧1×5次（第191页）	

| 脚趾伸展，每侧1×10~20秒（第158页） | |

训练指南

　　赤脚进行练习，将身体重量分散在脚的3个接触点上。

　　训练：每周进行2~3次，持续2周，然后继续下一个训练方案。

　　作业：每次电话铃响或者收到短信时，检查一下体重是否均匀分布在脚的3个接触点上。

　　注意：你也可以将这些练习纳入其他训练方案，以充分满足训练需求。

9.2　腕管和胸廓出口综合征（TOS）治疗方案

　　概念：不间断的训练方案。

　　结构：6~15个练习构成的训练方案。

　　注意：平衡手臂线的张力。消除疼痛，优化功能和运动表现。

　　策略：释放、感受、拉伸、能量和灵活性。

　　讨论：任何有以下问题的人都可以使用这个方案来提升运动表现。

- 姿势不良；
- 腕管和胸廓出口综合征；
- 肩部的位置（向内旋转）；
- 双手支撑四肢；

　　在开始进行力量训练、壶铃训练、功能性训练等训练之前，使用这些练习进行热身，以提升运动表现，防止受伤。

方案1和方案2旨在缓解与炎症有关的紧张以及平衡手臂线。方案3和方案4旨在通过强化和拉伸薄弱环节来平衡手臂线。

腕管和胸廓出口综合征——方案1	
器材：感官球、迷你泡沫轴	
视觉训练（第79页）	
靠墙感官球背部按摩（第262页）	
靠墙迷你泡沫轴前臂滚动（第273页）	
靠墙感官球肩部活动（第271页）	
俯卧胸部活动（第276页）	
感官球脸部滚动（第270页）	
俯卧位感官球挺胸（第265页）	
两点支撑胸椎旋转（第121页）	
仰卧感官球背部按摩（第262页）	
感官球髋外展（第260页）	

训练指南

每个练习重复5~10次。保持呼吸（不要屏住呼吸）。

训练：每隔一天进行1次训练，共进行4次训练，然后进行下一个训练。

作业：视觉训练（第79页），每天都做这个练习。

注意：你也可以将各种课程中的练习纳入其他训练方案，以充分满足训练需求。

腕管和胸廓出口综合征——方案2	
器材：感官球、泡沫轴	
坐姿感官球胸骨滚动（第266页）	
仰卧感官球背部按摩（第262页）	
俯卧胸部活动（第276页）	
泡沫轴背部按摩（第262页）	
跪姿泡沫轴前臂运动（第274页）	
跪姿泡沫轴运动（第275页）	
分立式靠墙，1×30~45秒（第212页）	

训练指南

每个练习重复5~10次。保持呼吸（不要屏住呼吸）。

训练：每隔一天进行1次训练，共进行4次训练，然后执行下一个训练方案。

作业：视觉训练（第79页），旋转手腕，每天都要做这个练习。

注意：你也可以将这些练习纳入其他训练方案，以充分满足训练需求。

腕管和胸廓出口综合征——方案3
器材：球棍、弹力带、训练跳箱

球棍交替摆动
（第250页）

手臂贴墙训练，1×30秒
（第71页）

视觉训练
（第79页）

蜘蛛女侠
（第123页）

两点支撑胸椎旋转
（第121页）

长颈鹿式抗阻挥臂（利用弹力带）
（第217页）

蜘蛛侧移靠墙训练
（第214页）

靠墙手臂旋转
（第130页）

指挥棒
（第134页）

站姿躯干左右侧移
（第118页）

鸟狗式靠墙训练，每侧2×30秒
（第168页）

跳箱侧向勇士式，每侧3×3秒
（第216页）

训练指南

　　每个练习重复5~10次。

　　保持呼吸（不要屏住呼吸）。

　　训练：每隔一天进行1次训练，共进行4次训练，然后进入下一个训练方案。

　　作业：蜘蛛女侠（第123页），每天训练。

　　注意：你也可以将这些练习纳入其他训练方案，以充分满足训练需求。

腕管和胸廓出口综合征——方案4
器材：软壶铃

软壶铃交替摆动
（第250页）

动态小美人鱼
（第185页）

俯卧大开瓶器
（第193页）

蜘蛛靠墙训练，3×15秒
（第213页）

长颈鹿式抗阻挥臂
（第217页）

靠墙侧向伸展
（第197页）

鸟狗式靠墙训练，每侧2×30秒
（第168页）

靠墙风车训练
（第200页）

螃蟹走训练
（第160页）

仰卧开瓶器训练（第188页）

训练指南

　　每个练习重复5~10次。

　　保持呼吸（不要屏住呼吸）。

　　训练：每隔一天进行1次训练，共4次。

　　作业：蜘蛛靠墙训练（第213页），每天进行1次。

　　注意：你也可以将这些练习纳入其他训练方案，以充分满足训练需求。

9.3 强化肩部方案

概念：不间断的训练方案。

结构：6~15个练习组成训练方案。

注意：平衡手臂线的张力。消除疼痛，优化功能和运动表现。

策略：感受、释放、拉伸、能量和灵活性。

肩部——方案1
器材：感官球、迷你泡沫轴 **目标**：感受手臂线的拉伸
鹳式移动，每侧1×5次 （第111页）
靠墙感官球背部按摩，1×10次 （第262页）
靠墙手臂线训练，3×20秒 （第73页）
靠墙感官球肩部活动，每侧1×10次 （第271页）
靠墙迷你泡沫轴前臂滚动，每侧 1×10次（第273页）
俯卧胸部活动，每侧1×10次 （第276页）
靠墙迷你泡沫轴肩部运动， 每侧1×10次（第272页）
蜘蛛女侠，每侧1×5~7次 （第123页）
靠墙手臂旋转，每侧1×10次 （第130页）

肩关节活动（改变刺激），每侧
1×5~8次（第126页）

靠墙风车训练，每侧1×5次
（第200页）

蜘蛛靠墙训练，3×15秒
（第213页）

跪姿－侧桥外展，每侧1×10次
（第112页）

螃蟹走训练，5×15秒
（第160页）

训练指南

正确并有控制地进行练习（采用激活的风筝姿势）。

训练：每隔一天进行1次训练，共4次，然后进入下一个训练方案。

注意：你也可以将这些练习纳入其他训练方案，以充分满足训练需求。

肩部——方案2
器材：弹力带、泡沫轴、感官球、壶铃、哑铃、球棍 **目标**：平衡手臂线
视觉训练，每侧1×10次 （第79页）
弹力带下肢环绕，每侧1×10次 （第133页）
跪姿泡沫轴前臂运动，每侧 1×10次（第274页）
跪姿泡沫轴运动，每侧1×10次 （第275页）
俯卧胸部活动，每侧1×5次 （第276页）
侧卧泡沫轴肩部运动，每侧 1×5次（第272页）

手臂贴墙训练，
1×5秒（第71页）

单侧壶铃摆动，每侧1×10次
（第252页）

长颈鹿式抗阻挥臂，每侧
1×5~10次（第217页）

站姿躯干左右侧移，每侧1×10次
（第118页）

指挥棒，1×5~10次
（第134页）

鸟狗式靠墙训练，每侧1×30秒
（第168页）

蜘蛛靠墙舞动
（第215页）

蜘蛛侧移靠墙训练，每侧5×3秒
（第214页）

螃蟹走训练，4×10秒
（第160页）

训练指南

正确并有控制地进行训练（采用激活的风筝姿势）。

训练：每隔一天进行1次训练，共4次，然后进入下一个训练方案。

注意：你也可以将这些练习纳入其他训练方案，以充分满足训练需求。

肩部——方案3
目标：加强手臂线

重复方案2并添加以下训练：
横坐雨刷器，每侧1×5次
（第117页）

靠墙壁虎式俯卧撑，1×5~10次
（第242页）

螃蟹走训练，2×3秒
（第160页）

蟋蟀俯卧撑，1×5次
（第239页）

训练指南

正确并有控制地进行训练（采用激活的风筝姿势）。

训练：每隔一天进行1次训练，共4次。

注意：你也可以将这些练习纳入其他类型的训练方案，以充分满足训练需求。

9.4 颈部训练方案

概念：不间断的训练方案。

结构：6~15个练习组成的训练方案。

注意：缓解颈部紧张。

策略：感受、释放、拉伸、能量和灵活性。

FReE 颈部训练
器材：感官球、泡沫轴、训练跳箱 目标：缓解颈部紧张

足底感官球按压，每侧1×30秒
（第54页）

泡沫轴背部按摩，1×10次
（第262页）

靠墙手臂线训练，3×20秒
（第73页）

视觉训练，1×5次
（第79页）

蜘蛛女侠，每侧1×5次
（第123页）

小腿肌肉泡沫轴按压，每侧
1×5次（第89页）

坐姿感官球胸骨滚动
（第266页）

靠墙胸部运动，每侧3×4次
（第276页）

靠墙手臂旋转，每侧1×10次
（第130页）

靠墙侧向伸展，每侧3×5秒
（第197页）

跳箱象式拉伸，每侧1×5次
（第203页）

动态骆驼走，1×5次
（第152页）

感官球骶骨滚动，1×5~10次
（第259页）

泡沫轴颈后释放，1×3~5次
（第263页）

训练指南

正确并有控制地进行训练（采用激活的风筝姿势）。

训练：每隔一天进行1次训练，共4次，然后进入下一个训练方案。

注意：你也可以将这些练习纳入其他训练方案，以充分满足训练需求。

9.5　针对大腿松弛和脂肪组织的方案

什么是大腿松弛？

臀部和大腿外侧脂肪组织的堆积会造成大腿松弛并使身体失去平衡。对抗这种不成比例的脂肪堆积并不容易，但也并非不可能。为了达到一个令人满意的结果，你必须在以下几个方面努力。

- 合理的饮食。
- 正确的姿势。
- 有针对性地训练。

什么会导致大腿松弛？

- 超重。
- 不良饮食习惯、过度饮酒。
- 久坐不动的生活方式。
- 不正确的姿势。
- 液体摄入量低（没有喝足够的水）。
- 血液循环不良。
- 某些药物（口服避孕药是一个典型的例子）。
- 太紧的裤子和高跟鞋（妨碍血液循环，导致脂肪组织产生）。

讨论：我认为任何人都可以使用下列建议的方案，但它们是特别为大腿松弛和脂肪组织的人设计的。它们的目标如下。

- 疏通局部瘀滞部位的循环，通过引流积液，帮助化解脂肪组织。
- 通过平衡肌筋膜线来改善腿部的对齐状况。
- 恢复身体平衡（上半身和下半身）。
- 改善骨盆。
- 改善姿势。

大腿松弛常伴有以下症状：体侧线和前深线不平衡，以及伴随盆底肌群薄弱。

注意：训练课程应该包括哪些内容？对抗大腿松弛的训练应该在心肺训练、肌筋膜运动和肌肉强化运动之间找到正确的平衡。为此，循环训练是最佳选择，具体如下。

- 有氧运动促进脂肪分解。
- 肌筋膜运动可以帮助身体恢复平衡。
- 肌肉练习可以强化肌肉。

这些方案可以从各个方面解决大腿松

弛和脂肪组织的问题。

概念：不间断的训练及训练顺序。

结构：循环训练，6~15个练习组成训练方案，不间断或短暂休息。

注意：平衡腿部肌筋膜线（体侧线、前深线、后表线、前表线）的张力。

改善：姿势，微循环的功能和体形。

策略：释放、感受、灵活性、拉伸和能量。

循环训练——基本训练方案
器材：感官球、泡沫轴
目标：防止大腿松弛

热身
有氧运动5分钟
足底感官球按压，每侧1×20秒（第54页）

髋屈肌静力收缩，每侧1×3×3秒（第82页）

髋屈肌拉伸，每侧1×3×3秒（第83页）

前后走动，每侧1×10次（第101页）

站位拍打（轻拍大腿内侧和问题区域），1×20秒（第84页）
有氧运动5分钟

中间阶段
跪姿-侧桥外展，每侧1×10次（第112页）

三足风车靠墙训练，每侧1×5次（第202页）
前深蹲，1×5次
俯卧撑，1×5~15次
双脚弹性跳跃，3×10秒（第229页）
有氧运动，1分钟

以下训练：不停地重复2~3次

主动恢复3~4分钟
感官球股外侧滚动，每侧1×3次（第269页）

迷你弹力带侧向训练，每侧2×5次（第93页）

正面啄木鸟：半跪姿势，每侧1×5次（第106页）

靠墙臀桥，1×5次（第132页）

低位悬吊训练，1×10~15次
腹部X练习，每侧1×10次（第52页）
有氧运动，1分钟

以下训练：不停地重复2~3次

主动恢复3~4分钟
站位拍打（快乐轻拍整条大腿），1×30秒（第84页）

结束阶段
感官球下肢侧向摆动，每侧1×5~8次（第261页）

感官球股外侧滚动，每侧1×3次（第269页）

平衡呼吸，1×1分钟（第278页）
有氧运动，5~10分钟

训练指南
赤脚练习。
保持呼吸（不要屏住呼吸）。
训练：每周进行2~3次，持续2周，然后继续下一个训练方案。
包括每隔一天步行30~60分钟。
作业：每天进行站位拍打及3~4次双脚弹性跳跃。

增加强度
用1×5次的健身球弯曲腿代替靠墙臀桥训练。
注意：你也可以将这些练习纳入其他训练方案，以充分满足训练需求。

循环训练——中级训练方案

器材：泡沫轴、球棍、负重物
目标：解决大腿松弛和脂肪组织等问题

热身
有氧运动，5分钟
踝前部泡沫轴激活，1×10次
（第86页）

小腿肌肉泡沫轴按压，每侧
1×5次（第89页）

小腿内侧泡沫轴按压，每侧
1×5次（第90页）

跨步-转体，每侧1×10次
（第102页）

侧步，每侧1×10次
（第103页）

中间阶段
侧弓步，每侧1×5次
（第104页）

手持球棍摆动，1×10次
（第247页）

靠墙壁虎式俯卧撑，
1×5~10次（第242页）

螃蟹走训练，1×5~10次
（第160页）

斜弓步，每侧1×5次
（第104页）

手持球棍摆动，1×10次
（第247页）

以下训练：不停地重复2~4次

主动恢复3~4分钟
象式动态拉伸，每侧1×5次
（第149页）

站位拍打（轻拍整条大腿），
1×30秒（第84页）

鸟狗式靠墙训练，每侧
1×30秒（第168页）

旋转分立式靠墙深蹲，
每侧1×5次（第198页）

站姿侧向伸展（竹子），
每侧1×5次（第172页）

推举，1×5~10次
壶铃式划船，1×5~10次
弹性弓步，每侧1×5次
（第228页）

以下训练：不停地重复2~4次

主动恢复3~4分钟
快速激活，每侧1×20秒（第85页）

双脚弹性跳跃，1×20秒
（第229页）

站位拍打（轻拍整条大腿），
1×30秒（第84页）

结束阶段
仰卧开瓶器训练，每侧1×5次
（第188页）

俯卧开瓶器，每侧1×3次
（第191页）

感官球外侧滚动，每侧
1×3次（第269页）

平衡呼吸，1×1分钟
（第278页）
有氧运动，5~10分钟

训练指南

赤脚练习。

保持呼吸（不要屏住呼吸）。

训练：每周进行2~3次，持续2周，然后继续下一个训练方案。

包括每隔一天步行30~60分钟。

作业：每天进行站位拍打以及3~4次双脚弹性跳跃。

提高强度。

负重做侧弓步。

注意：你也可以将这些练习纳入其他训练方案，以充分满足训练需求。

循环训练——高级训练方案1
器材：跳绳、哑铃、感官球、软壶铃 **目标：解决大腿松弛和脂肪组织等问题**

热身
有氧运动，5分钟
鹳式靠墙训练，每侧1×30次
（第74页）

靠墙臀大肌训练，每侧1×5次
（第75页）

跪坐式后倾训练，每侧1×5次
（第161页）

象式动态拉伸，每侧1×5次
（第149页）

三足式动作，每侧1×5次
（第153页）

跳绳，1×30秒
（第231页）

靠墙手臂旋转，每侧1×3次
（第130页）

螃蟹走训练，1×5~10次
（第160页）

中间阶段
弹性弓步，每侧1×3~5次
（第228页）

哑铃投掷摆动，每侧1×5次
（第249页）

跳绳，1×30秒
（第231页）

高位"W"姿势训练，1×10次
腹部X练习，每侧1×10次
（第52页）

跳绳，1×30秒
（第231页）

以下训练：不停地重复2~3次

主动恢复，2~3分钟
足底感官球按压，每侧
1×20秒（第54页）

三点支撑侧向靠墙，每侧
1×5~10次（第244页）

壶铃抓举，每侧1×10次
甲虫滚动，每侧1×5次
（第210页）

跳绳，1×30秒
（第231页）

软壶铃弓步同步摆动，
1×7次（第251页）

按压地板，1×5~10次
屈膝侧桥转体，每侧1×5~
10次（第113页）

跳绳，1×30秒
（第231页）

以下训练：不停地重复2~3次

主动恢复，2~3分钟
站位拍打（轻拍整条大腿），
1×30秒（第84页）

结束阶段
蝎子摆尾式（第179页）
有氧运动，5~10分钟

训练指南

赤脚练习。

保持呼吸（不要屏住呼吸）。

训练：每周进行2~3次，持续2周，然后继续下一个训练方案。

每隔一天步行30~60分钟，增加路程。

作业：每天做两次快速激活和足底感官球按压。

注意：你可以用有氧运动代替跳绳，也可以将这些练习纳入其他训练方案，以充分满足训练需求。

循环训练——高级训练方案2
器材：感官球、弹力带、球棍、跳绳
目标：解决大腿松弛和脂肪组织等问题

热身
有氧运动，10分钟

中间阶段
跳房子，1×30秒（第230页）

站位拍打（快乐轻拍整条
大腿），1×30秒（第84页）

腹部靠墙训练，1×7次
（第171页）

弹力带引体向上，
1×5~10次
跳绳，1×30秒（第231页）

过顶深蹲，1×5~7次
三点支撑侧向靠墙，每侧
1×5~10次（第244页）

拍打（快乐轻拍），1×15秒
（第84页）

猴子侧移，每侧1×5次
（第234页）

指挥棒，1×10次
（第134页）

跳绳，1×30秒
（第231页）

跪姿-侧桥外展，每侧1×10次
（第112页）

弯腰支撑弓步，每侧1×5~10
次（第227页）

站位拍打（快乐轻拍整条大腿），
1×15秒（第84页）

蟋蟀俯卧撑，1×5次
（第239页）

螃蟹走训练，1×5~10次
（第160页）

跳绳，1×30秒
（第231页）
恢复时间：3~4分钟

以下训练：重复1~3次

结束阶段
有氧运动，10分钟
足底感官球按压，每侧1×20秒
（第54页）

蝎子扭转训练，每侧1×3~5次
（第208页）

训练指南

赤脚练习。

训练：每周进行2~3次，持续2周，然后继续下一个训练方案。

每隔一天步行30~60分钟，增加行走距离。

作业：当手机响起或者收到短信时，做一次深呼吸。

注意：你可以用有氧运动代替跳绳，也可以将这些练习纳入其他训练方案，以充分满足训练需求。

9.6　提升跑步表现的方案

概念：不间断训练。

结构：6～15个练习组成训练计划。

注意：优化关节功能并提升跑步表现。

策略：释放、拉伸、能量、灵活性。

跑步
器材：感官球、泡沫轴
目标：热身、放松

热身 靠墙手臂旋转，每侧1×10次 （第130页）	
旋转手腕，每侧1×10次 双脚弹性跳跃，3×10秒（第229页）	
交替蹲，每侧1×5次 （第173页）	
站位拍打（快乐轻拍整条大腿）， 1×30秒（第84页）	
前后走动，每侧1×5次 （第101页）	
L步，每侧1×5次 （第102页）	
象式绕足旋转运动，每侧1×10次 （第148页）	
站立位伸展，1×10次 （第232页）	
中间阶段 在跑步的过程中，每2千米进行30秒的双脚弹性跳跃练习，然后继续跑步。你会立即注意到，在每次积极恢复后，爆发力和速度都会提高，因为你的筋膜组织重新得到了水合，这会优化运动表现。	
结束阶段 在整条腿上做泡沫轴练习来加速恢复。	
足底感官球按压，每侧1×20秒 （第54页）	

训练指南

　　赤脚练习。

　　精确地进行练习。

　　注意：你可以将这些练习纳入其他训练方案，以充分满足训练需求。

9.7　增强灵活性和柔韧性的方案

概念：不间断训练。

结构：6～15个练习组成的训练计划。

注意：增强功能灵活性。

策略：灵活性和拉伸。

讨论：为了增强关节灵活性，我设计了以下的训练。

- 关节间隔的锻炼。
- 灵活性和拉伸运动的结合。

整合训练：在训练中包括针对特定关节系统的练习，如在剧烈地锻炼手臂之前，选择2～4个肩膀、肘部和手腕的灵活性练习。

灵活性——方案1
器材：弹力带
目标：增强主要关节的灵活性

功能灵活性训练：脚踝/脚 前后走动 （第101页）	
L步 （第102页）	
跨步－转体 （第102页）	
矢状啄木鸟：半跪姿势 （第105页）	

正面啄木鸟：半跪姿势
（第106页）

螃蟹深蹲
（第109页）

功能灵活性训练：髋关节
鹳式移动靠墙训练（第127页）

跪姿–侧桥外展
（第112页）

半跪姿侧桥
（第113页）

弹力带下肢环绕
（第133页）

功能灵活性训练：脊柱
靠墙臀桥（第132页）

两点支撑胸椎旋转
（第121页）

站姿躯干左右侧移
（第118页）

功能灵活性训练：肩关节
蜘蛛女侠（第123页）

肩关节活动（改变刺激）
（第126页）

靠墙手臂旋转
（第130页）

训练指南

　　赤脚练习。

　　精确地进行练习。

　　每个练习重复5~8次。

　　训练：每周进行3次。

　　注意：你可以将这些练习纳入其他训练方案，以充分满足训练需求。

灵活性——方案2

器材：球棍、壶铃
目标：增强主要关节的灵活性

功能灵活性训练：脚踝/脚
跨步–转体
（第102页）

侧弓步
（第104页）

斜弓步
（第104页）

半坐分膝式
（第107页）

鹅式半坐姿走路
（第108页）

功能灵活性训练：髋关节
屈膝侧桥转体
（第113页）

鹳式提膝
（第115页）

横坐雨刷器
（第117页）

功能灵活性训练：脊柱
站姿躯干左右侧移
（第118页）

四点支撑猫式移动
（第120页）

两点支撑胸椎旋转
（第121页）

靠墙臀桥
（第132页）

功能灵活性训练：肩关节
蜘蛛女侠
（第123页）

靠墙手臂旋转
（第130页）

指挥棒
（第134页）

单侧壶铃摆动
（第252页）

训练指南

赤脚练习。

精确地进行练习。

每个练习重复5~8次。

训练：每周进行3次。

注意：你可以将这些练习纳入其他训练方案，以充分满足训练需求。

灵活性和柔韧性——方案
目标：增强灵活性和柔韧性

前后走动
（第101页）

象式运动
（第147页）

跪坐式后倾训练
（第161页）

正面啄木鸟：半跪姿势
（第106页）

侧弓步
（第104页）

斜弓步
（第104页）

蝎子摆尾式
（第179页）

屈膝侧桥转体
（第113页）

甲虫滚动
（第210页）

横坐雨刷器
（第117页）

半跪风车转体
（第176页）

骆驼走
（第151页）

蜘蛛女侠
（第123页）

转动分开深蹲
（第174页）

脚趾伸展
（第158页）

三足式动作
（第153页）

肩关节活动（改变刺激）
（第126页）

半坐分膝式
（第107页）

鹅式半坐姿走路
（第108页）

臀桥训练
（第163页）

眼镜蛇式
（第165页）

进阶仰卧开瓶器
（第190页）

旋转眼镜蛇式
（第192页）

蜥蜴式
（第182页）

交叉步侧屈
（第119页）

训练指南

赤脚练习。

流畅、准确地进行训练。

每个练习重复3~6次或保持15~20秒。

训练：每周进行2~3次。

拉伸
目标：增强柔韧性

概念： 不间断训练。
结构： 由24个练习组成训练方案。
注意： 增强柔韧性。
策略： 拉伸和感受。

站位拍打（快乐轻拍大腿内侧和问题区域）（第84页）

双脚弹性跳跃，3×20秒（第229页）

快速激活，每侧1×20秒（第85页）

象式动态拉伸，每侧1×5次（第149页）

象式绕足旋转运动，每侧1×10次（第148页）

交替蹲，每侧1×5次（第173页）

跪坐式后倾训练，每侧3×5次（第161页）

象式动态拉伸，每侧1×5次（第149页）

三足式动作（改变刺激），每侧1×4次（第154页）

三足式动作，每侧5次（第153页）

翻书式，每侧1×4次（第195页）

甲虫滚动，每侧1×4次（第210页）

甲虫拉伸，1×4次（第210页）

桥式开瓶器，每侧1×4次（第187页）

蝎子摆尾式，每侧3次（第179页）

半跪风车转体，每侧1×4次（第176页）

三足风车训练，每侧1×4次（第178页）

仰卧开瓶器训练，每侧1×4次（第188页）

俯卧开瓶器，每侧1×4次（第191页）

蝎子式训练，每侧1×3次（第159页）

站立式开瓶器，每侧1×3次（第175页）

蜥蜴式，每侧1×20秒（第182页）

动态骆驼走，1×5次（第152页）

回到站立姿势

训练指南
赤脚练习。
正确地、有控制地进行训练。
训练：每周进行3次。
注意：你可以将这些练习纳入其他训练方案，以充分满足训练需求。

9.8　普拉提训练方案

普拉提——基础训练计划
器材：感官球、弹力带 **目标：提升训练的执行力**

概念： 不间断训练。
结构： 完整的训练序列构成训练方案。
注意： 增强柔韧性、灵活性、稳定性和提高强度。
策略： 感受、灵活性、拉伸、释放和能量。

双脚弹性跳跃，3×10秒
（第229页）

靠墙手臂线训练，3×20秒
（第73页）

背靠墙壁，抬起手臂，1×10次
（第73页）

感官球髋外展
（第260页）

百次拍击
卷曲
弹力带下肢环绕，每侧1×10次
（第133页）

单腿转圈
滚动
单腿伸展
脊椎伸展
俯卧位感官球挺胸，1×3~5次
（第265页）

感官球俯卧抬腿，每侧3次
（第264页）
天鹅潜水

训练指南
　　赤脚练习。
　　正确、有控制地进行练习。
　　训练：每周进行3次。

普拉提——中级训练计划
器材：感官球 **目标：提升训练的执行力**

足底感官球按压，每侧1×30秒
（第54页）

视觉训练
（第79页）

百次拍击
卷曲
"Z"形感官球松解
（第268页）

单腿转圈
滚动
单腿伸展
脊椎伸展
三足式动作，每侧1×5次
（第153页）

双腿张开滚动
锯式
单脚踢腿
半跪姿回旋镖式，每侧1×5次
（第180页）

螺丝刀式（第194页）

脊椎扭转
动态骆驼走，1×5次
（第152页）

俯卧撑
站立位伸展，1×10次
（第232页）

9.9 功能性训练方案

功能性训练
器材：哑铃、壶铃 目标：全身训练

热身
有氧运动，5分钟
站位拍打，1×30秒
（第84页）

随眼睛运动做侧弓步
（第80页）

肩关节活动（改变刺激）
（第126页）

跪姿-侧桥外展，每侧1×5次
（第112页）

屈膝侧桥，每侧1×5次
（第113页）

三足式动作，每侧5次
（第153页）

蜘蛛侧移靠墙训练，每侧1×5秒
（第214页）

转动分开深蹲，每侧1×5次
（第174页）

靠墙手臂旋转，每侧1×10次
（第130页）

斜弓步，每侧1×5次
（第104页）

哑铃投掷摆动，每侧1×5~7次
（第249页）

犬式呼吸（喘气），1×30~45秒
（第78页）

中间阶段
深蹲，1×10次
双脚弹性跳跃，1×30秒
（第229页）
｝ 以下训练：不停地重复3次

俯卧撑，1×10次
蜘蛛女侠，每侧1×5次
（第123页）
｝ 以下训练：不停地重复3次

腹部X练习，每侧1×10次
（第52页）
三足式运动（进阶），
每侧1×10次
（第156页）
｝ 以下训练：不停地重复3次

步行弓箭步，每侧1×5次
（借助壶铃）
拍打（快乐轻拍），1×30秒
（第84页）
｝ 以下训练：不停地重复3次

划船式训练（借助壶铃）
1×10次
长颈鹿式抗阻挥臂，
（第217页）
｝ 以下训练：不停地重复3次

腹部靠墙训练，1×10次
（第171页）
鸟狗式靠墙训练，每侧
1×30~45秒（第168页）
｝ 以下训练：不停地重复3次

放松阶段
双脚弹性跳跃，1×30秒
（第229页）

站立位伸展，1×10次
（第232页）

平衡呼吸，1×1分钟
（第278页）

训练指南

　　两个练习为一组，每组练习都应有一个筋膜训练。

　　注意：你可以颠倒练习的顺序，先做筋膜训练，然后再做等张训练。

功能性训练准备性练习	
器材：实心球、弹力带、感官球、泡沫轴 **目标：提升训练的执行力**	
深蹲准备 跪姿–侧桥外展，每侧1×10次 （第112页）	
鹳式靠墙训练，每侧5×3秒 （第74页）	
交替蹲，每侧1×5次 （第173页）	
甲虫滚动 （第210页）	
交替蹲，每侧1×5次 （第173页）	
弓步准备 开始、结束训练： 髋屈肌静力收缩（第82页）	
髋屈肌拉伸 （第83页）	
靠墙臀大肌训练（借助实心球） （第76页）	
单腿提举准备 推墙单腿硬拉 （第128页）	
弹力带单腿硬拉 （第129页）	
三足靠墙动作 （第157页）	
靠墙风车运动准备 靠墙风车训练 （第200页）	
动态小美人鱼 （第185页）	

按压准备 手臂贴墙训练 （第71页）	
蜘蛛靠墙训练，3×15秒 （第213页）	
背靠墙壁，抬起手臂 （第73页）	
鸟狗式靠墙训练 （第168页）	
长颈鹿式抗阻挥臂（利用弹力带）（第217页） 利用感官球、泡沫轴训练肩膀、手臂和背部	
平板支撑准备 蜘蛛女侠 （第123页）	
蜘蛛侧移靠墙训练（第214页） 所有肩膀、手臂和背部的训练，用感官球或泡沫轴进行	

9.10 S.O.S.训练

在训练期间肌肉痉挛？以下有一些补救措施。

靠墙感官球背部按摩 （第262页）	
泡沫轴背部按摩 （第262页）	

训练指南

放松：在单个疼痛的触发点上保持静止，保持呼吸，每次呼气时在感官球上施加柔和的压力，直到紧张感消失，然后向心脏方向移动1厘米，重复这个过程。在某些触发点上，你也可以画小圆圈或者画星星移动。

9.11 训练后练习

示例1

恢复（上肢高强度训练后）
跪姿泡沫轴前臂运动
（第274页）

跪姿泡沫轴运动
（第275页）

示例2

恢复（腿部剧烈训练后）
感官球俯卧抬腿，每侧一次
（第264页）

感官球股外侧滚动
（第269页）

感官球骶骨滚动，1×5~10次
（第259页）

梨状肌花生球释放
（第267页）

踝前部泡沫轴激活
（第86页）

小腿肌肉泡沫轴按压
（第89页）

小腿内侧泡沫轴按压
（第90页）

拍打（快乐轻拍）
（第84页）

9.12 FReE训练方案

FReE——方案
器材：杠铃片
目标：使筋膜快速恢复

概念： 不间断训练。
结构： 完整的训练序列构成训练方案。
注意： 为筋膜组织补水并保持其年轻。
策略： 感受、灵活性、拉伸、释放和能量。

足底感官球按压，45秒
（第54页）

跨步－转体，每侧1×10次
（第102页）

双脚弹性跳跃，3×30秒
（第229页）

站立位伸展，1×10次
（第232页）

交叉步侧屈，每侧1×5次
（第119页）

视觉反应训练，1×5次
（第80页）

斜弓步，每侧1×5次
（第104页）

螃蟹深蹲，每侧1×3~5次
（第109页）

左右交替深蹲，每侧1×5次
（第110页）

蜘蛛女侠，每侧1×5次
（第123页）

半坐分膝式，每侧1×5次
（第107页）

屈膝侧桥转体，每侧1×10次
（第113页）

横坐雨刷器，每侧1×5次
（第117页）

骆驼走，1×10次
（第151页）

肩关节活动（改变刺激），每侧
1×5次（第126页）

蝎子式训练，每侧1×5次
（第159页）

站立位伸展，1×5~10次
（第232页）

螃蟹走训练，1×5次
（第160页）

两点支撑胸椎旋转，每侧
1×5次（第121页）

象式绕足旋转运动，每侧1×5
次（第148页）

象式动态拉伸，每侧1×5次
（第149页）

弯腰支撑弓步，每侧1×5次
（第227页）

半跪姿回旋镖式，每侧1×4次
（第180页）

动态骆驼走，1×5次
（第152页）

蝎子攻击式，每侧1×4次
（第236页）

交替蹲，每侧1×4次
（第173页）

站立式开瓶器，每侧1×4次
（第175页）

三足风车训练，每侧1×4次
（第178页）

大猩猩式训练，1×5次
（第206页）

动态青蛙式训练，1×4次
（第207页）

转动分开深蹲，每侧1×5次
（第174页）

站立位伸展，1×5次
（第232页）

猴子侧移，每侧1×3次
（第234页）

屈膝足部支撑仰卧，
1×3次（第162页）

蜥蜴式，每侧1×3次
（第181页）

动态小美人鱼，每侧1×3次
（第185页）

仰卧开瓶器训练，每侧
1×3次（第188页）

进阶仰卧开瓶器，每侧
1×3次（第190页）

俯卧开瓶器，每侧1×3次
（第191页）

腹部负重呼吸，5~10次
（第277页）

训练指南

赤脚练习。

正确、有控制、有弹性地进行练习。

训练：每周进行2~3次。

功能性筋膜训练——方案
目标：自由移动

概念：不间断训练。

结构：完整的训练序列构成一个训练方案。

注意：保持筋膜组织的水分和弹性。

策略：灵活性、拉伸和能量。

训练指南

赤脚训练。

每个练习重复3~6次。

训练要流畅、有弹性。

训练：每周进行2~3次。

训练索引

参考书目

[1] Albini E. (2010) *Pilates Woodpole*. Red, Milano.

[2] Albini, E. (2008) *Pilates per tutti*. Elika, Cesena.

[3] Albini, E. (2010) *Pilates per lo sport*. Red, Milano.

[4] Bruscia, G. (2008) *Donne in palestra: l' allenamento giusto*. Elika, Cesena.

[5] Bruscia, G. (2010) *Addominali per tutti*. Elika, Cesena.

[6] Bruscia, G. (2010) *Kettlebell*. Elika, Cesena.

[7] Bruscia, G. (2017) *La verità sull' allenamento funzionale*. Elika, Cesena.

[8] Buckminster Fuller, R. (1975) *Synergetics*. New York: Macmillan.

[9] Calais-Germain, B. (2015) *Anatomia per il movimento. Introduzione all' analisi delle tecniche corporee*. Epsylon, Roma.

[10] Canepa, L., "Il benessere visivo. Il metodo Bates".

[11] Chetta, G (2010) "Propriocettori".

[12] Cook, G. (2010) *Functional Movement Systems*. On Target Publications, California.

[13] Denys-Stuyf, G. (1996) *Il manuale del mézierèrista*. Marrapese, Roma.

[14] Dipartimento di Scienze della vita e Biologia dei sistemi. "Connettivi propriamente detti", in Atlante di Citologia ed Istologia.

[15] Douglas, J. (1707) *Myographiae Comparatae Specimen*. Printed by W.B. for G. Strachan, London.

[16] Earls, J. (2014) *Born to Walk*. Berkeley: North Atlantic.

[17] Fascia Research Congress 2009, Boston.

[18] Frederick, C., Frederick, A. (2016) *Faszienstretching: Diagnose, Behandlung, Training*. Riva. Kindle edition, 58.

[19] Freiwald, J. (2009) *Optimales Dehnen. Sport-Prävention-Rehabilitation*. Balingen: Spitta Verlag.

[20] Freiwald, J. (2013) *Optimales Dehnen. Sport-Prävention-Rehabilitation* (2nd Ed.). Balingen: Spitta.

[21] Freiwald, J. (2014) *Effectiveness of Adjuvant (Supplementary) ThermaCare® Heat Packages in the Treatment of Chronic Low Back Pain Patients in a Multimodal Setting*. Wuppertal: Bergische Universität Wuppertal.

[22] Freiwald, J., Baumgart, C., Konrad, P. (2007) *Einführung in die Elektromyographie. Sport-Prävention Rehabilitation*. Balingen: Spitta.

[23] Freiwald, J., Greiwing, A. (2014) *Optimales Krafttraining. Sport-Rehabilitation-Prävention*. Balingen: Spitta.

[24] Frigo, G. (2008) *Anatomia e funzionalità della fascia crurale*, Thesis Università di Padova.

[25] Garfin, S.R., Tipton, C.M., Mubarak, S.J., Woo, S.L., Hargens, A.R., Akeson, W.H. (1981)

"Role of fascia in maintenance of muscle tension and pressure". *J Appl Physiol*, 51: 317–320.

[26] Hegge, J. (1993) "Alcune riflessioni sul rapporto tra visione, propriocezione e cinetica". *J of Behav Optometry*, 4: 95–97.

[27] Help Chemistry, Sacra chimica blog (2017) "Osmosi e osmosi inversa".

[28] Hinz, B., Gabbiani, G., Chaponnier, C. (2002) "The NH2-terminal peptide of α-smooth muscle actin inhibits force generation by the myofibroblast in vitro and in vivo". *Journal of Cell Biology*, 13; 157(4): 657–663.

[29] Hinz, B., Phan, S.H., Thannickal, V.J., et al. (2012) "Recent developments in myofibroblast biology: paradigms for connective tissue remodeling". *Am J Pathol*, 180: 1340–1355.

[30] Ingber, D.E. et al. (1993) "Mechanotransduction across the cell surface and through the cytoskeleton". *Science*, 260: S. 1124–1127.

[31] Jarvinen, T.A., Jozsa, L., Kannus, P., Jarvinen, T.L., Jarvinen, M. (2002) "Organization and distribution of intramuscular connective tissue in normal and immobilized skeletal muscle. An immunohistochemical, polarization and scanning electron microscopic study". *J Musc Res Cell Mot*, 23: 245–254.

[32] Kapandji, I.A. (2004) *Fisiologia articolare*. Monduzzi Editore, Bologna.

[33] Kawakami, Y., Muraoka, T., Ito, S., Kanehisa, H., Fukanaga, T. (2002) "In vivo muscle fibre behaviour during countermovement exercise in humans reveals a significant role for tendon elasticity". *J Physio*, 540: 635–646.

[34] Laborit, H. (2000) *L' inhibition de l'action. Biologie, physiologie, psychologie, sociologie*. Paris-Montréal.

[35] Langevin, H.M. (2006) "Connective tissue: a body-wide signaling network?" *Med Hypotheses*, 66(6): 1074–7.

[36] Langevin, H.M., Cornbrooks, C.J., Taatjes, D.J. (2004) "Fibroblasts form a body-wide cellular network". *Epub*, 122(1): 7–15.

[37] Langevin, H.M., Fox, J.R., Koptiuch, C., et al. (2011) "Reduced thoracolumbar fascia shear strain in human chronic low back pain". *BMC Musculoskelet.* Disord, 19: 203.

[38] Larsen, C. (2013) *Gut zu Fuss ein Leben lang*. Trias.

[39] Leinonen, V., Kankaanpaa, M., Luukkonen, M., et al. (2003). "Lumbar paraspinal muscle function, perception of lumbar position, and postural control in disc herniationrelated back pain". *Spine*, 28: 842–848.

[40] Levine, P.A. (2002) *Traumi e shock motivi, come uscire dall' incubo*. Macro Edizioni.

[41] Magnusson, P., Narici, M., Maganaris, C., Kjaer, M. (2008) "Human tendon behaviour and adaptation, in vivo". *J Physiol*, Jan 1; 586 (Pt 1): 71–81.

[42] Masunaga, S. (2000) *Meridian Dehnuebungen*. Felicitas Huebner, Deutschland.

[43] McGill, S. (2004) *Ultimate Back Fitness and Performance*. Waterloo, Ontario, Canada: Wabuno Publishers.

[44] Medicina per tutti (2010). "Tessuto connettivo propriamente detto".

[45] Medicina per tutti (2017). "Tessuto connettivo lasso".

[46] Mobile Sport. "Siamo vecchi come le nostre articolazioni" (source: 'mobile" journal 4/2008, 20–21, Jost Hegner).

[47] Mobile Sport. "Erwachsenensport Schwez ESA, Mobile praxis, Magglingen".

[48] Myers, T.W. (2006) *Meridiani Miofasciali. Percorsi anatomici per i terapisti del corpo e dei movimento*. Tecniche Nuove, Milan.

[49] Myers, T.W. (2007) *Meridiani miofasciali*. Tecniche nuove, Milan.

[50] Myers, T.W. (2014) *Anatomy Trains: Myofascial Meridians for Manual and Movement Therapists*. Health Sciences UK. Kindle edition.

[51] Myers, T.W. (2014) *Anatomy Trains: Myofascial Meridians for Manual and Movement Therapists* (3rd Ed.). Edinburgh: Churchil Livingstone Elsevier.

[52] Myers, T.W., Fredrick, C. (2012) "Stretching and fascia". In: Schleip, R., Findley, T., Chaitow, L., et al. editors, *Fascia, the Tensional Network of the Human Body*, Edinburgh: Churchill Livingstone Elsevier.

[53] Pilates, J.H., Miller, W.J., Robbins, J. (2000) *The Millennium Edition: Return to Life Through Contrology and Your Health*. Presentation Dynamics, ISBN 1–928564–00–3.

[54] Pollack, G.H. (2013) *The Fourth Phase of Water. Beyond Solid, Liquid and Vapor*. Ebner and Sons Publishers, Seattle, Washington.

[55] Rotolo. J., Roll, R. (1988) *Dall' occhio al piede: una catena propriocettiva coinvolta nel controllo posturale. (Postura e andatura: sviluppo, adattamento e modulazione)*. Elsevier Science Publishers, 155–164.

[56] Schleip, R. (2011) "Principles of Fascia Fitness".

[57] Schleip, R., Baker A. (2015) *Fascia in Sport and Movement*, Handspring Publishing Limited, Scotland.

[58] Schleip, R., Duerselen, L., Vleeming, A., Naylor, I.L., Lehmann-Horn, F., Zorn, A., Jaeger, H., Klingler, W. (2012) "Strain hardening of fascia: static stretching of dense fibrous connective tissues can induce a temporary stiffness increase accompanied by enhanced matrix hydration". *Journal of Bodywork and Movement Therapies*, 16: 94e100.

[59] Schleip, R., Findley, T.W., Chaitow, L., Huijing, P.A. (2012) *Fascia: the Tensional Network of the Human Body*, Churchill Livingstone Elsevier.

[60] Schleip, R., Müller, D.G. (2012) "Training principles for fascial connective tissues: Scientific foundation and suggested practical applications". *Journal of Bodywork & Movement Therapies*, 1–13.

[61] Schleip, R. (2002) "Fascial plasticity – a new neurobiological explanation: part 1" and "Fascial plasticity – a new neurobiological explanation: part 2". *Journal of Bodywork and Movement Therapies*, 7(1): 11–19; 7(2): 104–116.

[62] Slomka, G., Regelin, P. (2005) *Stretching – aber richtig!* Blv-Verlag

[63] Staubesand, J., Li, Y. (1996) "Zum Feinbau der Fascia cruris mit besonderer Beruck-sichtigung epiund intrafaszialer Nerven". *Manuelle Medizin*, 34: 196-200.

[64] Stecco, C. (2014) *Functional Atlas of the Human Fascial System*. Elsevier Health Sciences UK. Kindle edition.

[65] Stecco, C. (2015) *Functional Atlas of the Human Fascial System*. Churchill Livingstone Elsevier.

[66] Stecco, C., Porzionato, A., Macchi, V., Tiengo, C., Parienti, A., Aldegheri, R., Delmas, V., De Caro, R. (2006) "Histological characteristics of the deep fascia of the upper limb". *Italian journal of anatomy and embryology*, 111(2): 105-10.

[67] Stecco, C., Porzionato, A., Stecco, A., Macchi, V., Day, J.A., De Caro, R. (2008) "Histological study of the deep fasciae of the limbs". *Journal of Bodywork and Movement Therapies*, 12(3): 225-230.

[68] Stecco, L., Stecco C. (2008) *Fascial Manipulation*. Padua: Piccini Publisher.

[69] Still, A.T. (1899) *Philosophy of Osteopathy*. Academy of Osteopathy, Kirksville, MO.

[70] Tomasek, J.J., Gabbiani, G., Hinz, B., Chaponnier, C., Brown, R.A. (2002) "Myofibroblasts and mechanoregulation of connective tissue remodeling". *Nat Rev Mol Cell Biol*, 3(5): 349-363.

[71] Treccani. "Hooke, Robert".

[72] Vleeming, A., Mooney, V., Stoeckart, R. (2007) *Movement, Stability & Lumbopelvic Pain* (2nd Ed.). Churchill Livingstone Elsevier.

[73] Wikipedia, "Sistema nervoso parasimpatico".

[74] Wildman F. (2006) *The Busy Person's Guide to Easier Movement*. The Intelligent Body Press.

[75] Wilke, J., Schleip, R., Klingler W., Stecco, C. (2017) "The Lumbodorsal Fascia as a Potential Source of Low Back Pain: A Narrative Review". *Biomed Res Int*, 2017: 5349620.

[76] Willard, F. (2007) *Fascial Continuity: Four Fascial Layers of the Body*. Fascia Research Congress, Boston.

[77] Willard, F. H., Vleeming, A., Schuenke., M. D., Danneels, L., Schleip, R. (2012) "The thoracolumbar fascia: anatomy, function and clinical considerations". *J Anat*, 2012 Dec; 221(6): 507-536.

[78] Wolf, C. (2003) "Flexibility Highways".

[79] Wood, T.O., Cooke, P.H., Goodship, A.E. (1988) "The effect of exercise and anabolic steroids on the mechanical properties and crimp morphology of the rat tendon". *Am J Sports Med*, 16(2): 153-158.

作者与译者简介

埃斯特尔·阿尔比尼是埃斯特尔·阿尔比尼普拉提学院的创立者，也是功能训练学院（FTS）的创始人之一。她是一名私人教练和健身教练，获得了瑞士联邦健身认证。她还获得过一系列资深的专业认证，如解剖列车Ⅰ级和Ⅱ级证书、国际壶铃和健身联盟（IKFF）认证的Ⅰ级壶铃教练、TRXⅡ级证书、锐步大师级教练等。她曾在多所国际学校担任讲师，包括功能性训练、意大利健身联合会（FIF）、锐步（Reebok）和瑞士健身与体育学院（SAFS）。埃斯特尔·阿尔比尼是伍德波尔方法、健身球放松方法、FReE训练方法的创造者，还出版了相关的图书和光盘。

汪敏加，成都体育学院运动医学与健康学院教授、硕士研究生导师，副主任康复治疗师，北京体育大学博士，北京体育大学与成都体育学院附属体育医院联合培养博士后；中华医学会运动医疗分会第五届委员会医务监督与促进健康学组成员，中国残疾人康复协会残疾人体育与健康专业委员会常务委员，四川省康复医学会康复教育分会青年委员会主任委员、第二届康复教育分会常务委员，四川省医学会物理医学与康复专业委员会第三届青年委员会副主任委员兼秘书；美国运动医学会认证生理师（ACSM-EPC）；主持、参与多个国家队、省队的运动伤病防治与康复保障项目；参编、参译图书10余本，主持、参与国家级、省部级等科研课题12项，在SCI收录期刊和核心期刊发表学术论文20余篇；主要研究方向为女性康复与健康、运动损伤与肌骨康复。

叶正扬，成都体育学院运动康复教研室讲师。北京体育大学体能测评与训练硕士，波兰格但斯克体育大学体育科学博士；研究方向为体能训练、功能康复；现任中国青少年体能训练指导培训师考评员、四川省康复医学会康复教育分会委员；曾担任2024巴黎奥运备战周期国家乒乓球队体能教练，2020东京奥运备战周期国家击剑队运动损伤康复保障团队成员，国家女子篮球队、国家越野滑雪队体能康复教练；获中国体能训练师认证、美国国家体能协会私人教练（CPT）认证、德国MTT（Medical Training Therapy）运动康复技术国际认证、挪威REDCORD悬吊训练认证。